从经典作家进入历史

"浪漫星云"题解

当我在夜晚繁星如织的面庞

看到巨大的云符乃浪漫的表征

想到我永远无法用命运的神掌

趁有生之年追寻它们的踪影

(济慈,《当我害怕人生将尽》)

浪漫主义并不浪漫。这是后人的命名。"浪漫星云"之说偶然得之,倒也十分贴切。因为,以英国浪漫主义文学为例,这一时期恰是群星闪耀时,大诗人们共同造就了英国诗歌史上的巅峰。他们不仅拥有超越地心引力的璀璨壮美,更有一双始终凝视尘世的眼睛,既超然物外,又时常感到生存的"秘密重压",听到"那沉静而永在的人性悲曲"。

这些诗人们并不知道自己被称为"浪漫主义诗人"。虽然他们的作品中偶尔出现"浪漫"一词,但到底何为浪漫,亚瑟·拉夫乔伊教授列出的定义至少有二十多种。一言难尽。简单来说,首先,浪漫主义作家们不仅具有瑰丽的想象,创新的诗论,独特的审美,而且也是"自我书写"的先锋,华兹华斯的《序曲,或一位诗人心灵的成长》即是一部诗歌体自传。柯尔律治的《文学生涯》侧重梳理诗学思想。拜伦的《恰尔德·哈洛尔德游记》则记录了诗人壮游中的见闻和思考。这些带有自传色彩的作品与后人为他们所写的传记相互映照,值得探索。其次,法国大革命作为"时代的精神"是英国浪漫主义的宏大背景。两代诗人或亲历了这一历史事件,或诞生于它的历史余波,他们的经历也由此丰富、厚重。别的作家编织梦想,他们本身就是传奇,最终认识到无论世事的体系经历了多少风云变幻,人类的心灵有着"更神妙的材质与织体","比其居住的大地美妙千百倍"。此外,这些作家的生活方式与艺术创作高度融合,比如隐居湖畔思索自然与人性的华兹华斯,游历四方、投身希腊独立战争的拜伦,等等。研读他们的传记，我们感佩他们将生活与理想合而为一的勇气；吟诵他们的诗歌，我们珍惜这诗语与诗思表里如一的真诚。

浪漫主义的许多思想传统至今值得我们借鉴。他们热爱自然，但更关注与自然交流的心灵。他们重视生态，但深知生态实乃心态的反映。他们往往被贴上"自我"的标签，但对自我的反省与探索最终引向对人类的普遍同情。他们被称为叛逆者、反动派，但没有谁比他们更敬畏习俗与传统。他们对想象力的重视，对精神完美的追求，对唯理性主义的担忧，对视觉中心文化的反思，对"进步"与"速度"的怀疑，对"朴素生活，高贵思考"的信念……都拥有恒星般久远光明的价值。

第一代浪漫主义诗人的两大巨匠都曾为我们的心灵状态忧虑。华兹华斯认为，"在我们的时代里，众多因素正以一股联合之势钝化着心智的鉴赏力，使心灵不能发挥任何主动性，乃至陷入愚钝"。这股使心灵钝化的合力包括工业的发展、城市人口的激增和信息的高速传播——如今，有过之而无不及。他的好朋友柯尔律治也警示我们，在忙忙碌碌的世界里，"由于熟视无睹或者私心牵掣，我们视而不见，听而不闻,有心灵,却既不善感受,也不能理解"。他们认为,在任何时期,作家最重要的职责都是要提高人们心灵的灵敏度——"啊,灵魂自身必须焕发出／光芒、辉煌和美妙明亮的云章"。艾布拉姆斯教授曾通过镜与灯的对比来阐明浪漫主义的特征。我们看到,这些伟大的诗人们不是灯盏,是星辰。

　　浪漫主义的细腻文思和作家们的忧患意识,使得"浪漫星云"子系列绵延着"文学纪念碑"丛书的深厚关切。同时,作为一个欧洲现象,浪漫主义跨越文学、美术和音乐等多重领域,也让未来搭建更多的丰碑成为可能。我们希冀"浪漫星云"系列以一碑一契汇聚为一座巨石阵,浪漫之中不乏沉重,星云之下脚踏实地、悯念苍生。

致　谢

　　谨向劳特里奇和基根·保罗出版社、伯林根基金会致谢,感谢它们允我引用凯思琳·科伯恩编辑的《柯尔律治随笔录》,该书属于伯林根 L 系列丛书第一卷(1794–1804),由纽约的伯林根基金会于一九五七年出版。对于出自 E. L. 格里格斯编辑的《S. T. 柯尔律治书信集》的引用,谨向克拉伦登出版社致谢。

摹仿乔治·道(George Dawe，1781–1829)而作的
素描，1811 年。伦敦讲座期间的柯尔律治，时年
三十九岁。

by Walter Jackson Bate

柯尔律治
评传

S. T. Coleridge

（美）沃尔特·杰克逊·贝特 著 徐红霞 译

广西师范大学出版社
· 桂林 ·

献给我的友人和柯尔律治研究权威

杰罗姆·H. 巴克利

戴维·珀金斯

I. A. 瑞恰慈

To

Jerome H. Buckley

David Perkins

and

I. A. Richards

Friends and Coleridgeans

目 录

前　言

柯尔律治令英语世界着迷了一百五十多年。首先，
他有至少三种不同的职业身份，总有一种会吸引人们的
注意力。他是一位重要诗人，尽管写诗只占用了他少量
的时间和才华。他在三十五岁到四十几岁这段时间最为
痛苦，却初露头角，成为卓越的文学评论家和鉴赏家，部
分是因为他的兴趣远远超越了狭义的文学范畴。五十多
岁时，他更直接转向宗教思索，成为现代最具开创性的宗
教思想家之一，而这一点我们才刚开始意识到。

此外，柯尔律治还精通科学和哲学史，谙熟程度远甚
于这些领域的任何非专业人士。他也是一位政治思想
家，逝后百年影响不息。他在心理学领域也颇有造诣，洞

察和才智不逊于任何心理学家。

最后，他的生平境遇令人唏嘘，有些方面令人深感不安。即便我们考虑到他思想和成就的丰饶多样，拒绝简化孤立看待他的个人信息，他的生涯依然呈现出许多令人困惑的问题。

对于任何一位尝试为柯尔律治撰写评传的人来说，他丰富多样的兴趣都给评传作家带来了重重困难。他是如此天赋异禀的才子，我们该怎样开始关注他所有的兴趣和私人生活呢？即使假设可以做到这些，我们又该如何在寻找潜在的统一时，使各部分保持恰当的比例和平衡？于我而言，写作这样一本略传令人鼓舞，读者权当它为抛砖引玉，是撰写一部详传前的热身练习。我们在此理所当然地关注他生活和思想中主要而普遍的特点，不能像一本详传那样具备必要的论证、翔实和精微。如果我们至此没有对传主进行全面而综合的评介，以支持和保护这样一本小试牛刀之评传，冒昧源自这样一个事实：传主尚未有定论，人们尽可自由揣测。

然而任何一位试图为复杂人物撰写简略评传的作家，在写作结束之际都不如开始之时那么志得意满。他重新研究传主时发现，当初觉得应该舍弃或概述的地方，现在不仅需要承认，还得强调，即使他希望以后有机会浓墨重彩处理这话题。此外，他在研究的每个阶段都能发现传主生平和作品新的关联，或有旧的关联需要改写。但是作者又发现，如果加入相关讨论，就意味着其他地方需要删除或精简，而这些地方在他本人和别人看来又都不可或缺。

相比传记本身之短，我的致谢名单之长令人尴尬。但致谢必不可少，这本小传撷取了其他作者的精华，原本应有大量的注释随文详细标注。我尤其要感谢厄尔·莱斯利·格里格斯教授，他的权威著作《柯尔律治书信集》，连同宝贵的评论，是任何柯尔律治传记或研究的坚实基础。他个人对这部小传的兴趣也极大鼓舞了我；他还以一贯的慷慨寄来《书信集》最后一卷的校对稿，允我引用。感谢凯思琳·科伯恩女士允许我查阅尚未出版的柯尔律治晚年随笔，她的笔记编辑工作非常出色。感谢多伦多的维多利亚大学图书馆允许我查阅"大作"手稿。第七章里有关柯尔律治作为批评家的部分，曾以章节形式发表于哈利·列文教授主编的《批评的视角》一书，在此我要感谢列文教授和哈佛大学出版社允许使用。约翰·斯皮格尔博士曾将柯尔律治尸检报告的一份复印件呈交给了芝加哥的迈克尔·瑞斯医院，我要感谢他们允许我使用该复印件，并感谢路易·泽策尔博士和林肯·克拉克博士对该报告的解读,也希望二位原谅我在书中将他们详尽的分析浓缩成了寥寥几句。我还要感谢克拉克博士,他在药物的心理学影响方面是美国最重要的权威之一,曾在我写作本书的不同阶段给过多次建议。我要感谢麦克米伦出版社的总编路易·克罗森伯格先生和亚瑟·格雷戈尔先生,他们提供了许多帮助,并允许我的字数超出了这套丛书原计划的长度。感谢伯林根基金会(The Bollingen Foundation)和伦敦的劳特里奇和基根·保罗出版社允我引用柯尔律治的《随笔录》。本书有关柯尔律治晚年宗教思想的篇章受益于耶稣会会士J.罗伯特·巴斯的批评指正,他本人的专著《柯尔律治与基督教教义》也即将出版。

我自开始认真研读柯尔律治以来,深受两位老师的影响。他们二人非常不同,但对我的影响可谓殊途同归,我希望能在此简要向他们致谢。一位老师是约翰·利文斯顿·洛斯,当我重新考察柯尔律治的诗歌和早年生活时,经常会想起他。像许多其他人一样,我从他那里学到了重视风格、博学以及朗吉努斯式天才理想的结合。另一位老师是阿尔弗雷德·诺斯·怀特海,他为现代世界重释了宏大的机体哲学,照亮了无限的可能,清除了琐屑的关注，把我们导向柯尔律治自己曾渴求的普遍性层面。我要补充一点，两位老师都不会对此感到奇怪：我一个主要研究十八世纪的学生居然会对伟大的浪漫主义诗人感兴趣，毕竟浪漫派们生于十八世纪，而且是那个世纪的产物。他们认为一个时代最令人感兴趣的当属它造就和培育出来的青年。

最后，我要向以下这些朋友多年来的帮助表示感谢。他们是道格拉斯·布什、哈利·列文、厄尔·沃瑟曼、罗伯特·潘·沃伦、哈罗德·布鲁姆、勒内·韦勒克、M. H. 艾布拉姆斯、杰弗里·蒂洛森等教授，还有这本小书题献的三位同事——杰罗姆·H. 巴克利、戴维·珀金斯和 I. A. 瑞恰慈。在此我要特别提及珀金斯教授在一九六四和一九六五年间主持的著名的哈佛柯尔律治研讨会，他在会上详细重考了柯尔律治的思想，帮助我们解除了常规概念的枷锁，让我们对于柯尔律治本人对统一的求索有了更新和更深的认识。

W. J. B.

坎布里奇市，马萨诸塞州

一九六七年五月

第一章　早年；求学基督公学与剑桥；婚姻

一

塞缪尔·泰勒·柯尔律治于一七七二年十月二十一 1
日出生在德文郡的奥特里圣玛丽镇。集镇坐落在奥特河
的左岸，当时约有两千五百居民。柯尔律治家有十四个
孩子，塞缪尔最为年幼。他的父亲约翰·柯尔律治是教
区牧师和文法学校校长，结过两次婚，和前妻生育了四个
孩子，和后妻安妮·鲍登生育了十个孩子（其中一个在襁
褓中夭折）。约翰是个讨人喜欢、学识渊博、漫不经心的
牧师，后来被他著名的儿子比作菲尔丁笔下的帕森·亚

当斯①。柯尔律治出生时，父亲已经五十三岁，母亲四十五岁。二人对幼子宠爱有加，父亲的宠溺尤甚，经常会惹恼年长的孩子们。

作为幼子的柯尔律治，由于比周围所有人都稚嫩，很快养成了一些持续终生的习惯。他凡事依靠别人，却不能给人依靠，于是讨好别人的需求变得格外强烈，伴随的必然结果是时常感觉罪过，习惯性地害怕辜负别人，着迷崇拜性格刚毅之人，或至少看似自足的人物。尽管有时会爆发沮丧挫败，但他在一群可畏的兄长面前通常采取的自卫方式是退缩到被动状态。这种被动绝非抑郁不平，而是柔韧温和，敏于道歉，善意抗议和偶尔自贬。另一方面，他足智多谋，善于跨过兄长去取悦更年长、真正意义上更成熟的人，通过展露知识和见解赢得他们的许可乃至赞赏。不管是和父亲还是其他成人交谈，他都有一种被信任的笃定感。他变得非常早慧，"受宠若惊"，用他的话说，"被所有年长的妇人称奇。不到八岁我就成了

---

① 帕森·亚当斯是亨利·菲尔丁的流浪汉小说《约瑟夫·安德鲁斯》（1742）中的人物，是主人公安德鲁斯的旅伴，博学多识而朴实单纯，相信人性之善却经常受骗。（此类注释为译注，下同，不另标出。——编者按）

一个**人物**"。成年以后，对赞许或爱的渴望以及对否定的恐惧使他在两极之间摇摆：一极是满怀歉意的自我贬低，他会退居一旁，以替代的方式获得满足；另一极是妙语连珠的即兴言说，通常是支持广为认可的观念。在他最成功的作品中，我们会发现这两极的相互作用，不过一旦有新的情形出现，任何一极都派不上用场时，他就显得犹豫不决，意志瘫痪。

柯尔律治六岁时入读父亲执教的文法学校，很快就超过了同龄学生。他已经读完了姑妈的小杂货店里所有库存的书籍，包括《鲁滨逊漂流记》《贝利萨留》和《天方夜谭》。在牧师住宅旁的墓地里，他常把墓碑当观众，表演从书里读到的情景。《天方夜谭》中有一则故事尤其吸引他，这是"一个男人非得寻找一位纯洁处女的故事"，它"给我的印象如此之深（我在夜间读的这则故事，母亲当时在织补袜子），以至我在黑夜中总感觉被幽灵纠缠"。成年的他在多数时间都感觉必须执着地追求一种纯洁的信条，而这种追求又和他本身善变的兴趣和多样的爱好相抵牾。后来他会捍卫童话故事、浪漫传奇和魔法故事的价值，认为它们能锻炼儿童的想象力和好奇心，使他习惯于超出常规的概念（他的捍卫非常有效）。看过这些，

3

他就可以轻松阅读其他书籍了。柯尔律治拥有远比其他孩子更开放的想象力,这令父亲深感喜悦。父亲常把他抱在膝上,"跟我交谈许久"。柯尔律治记忆尤深的是一个冬日的夜晚,他们从农场往家走,

> 父亲告诉我星星的名字,告诉我木星比我们居住的星球大一千倍;其他闪烁的星星是恒星,都有环绕它们的卫星。我回家后,他向我展示星星是如何转动的。我对他的讲述深表喜悦和钦佩,没有一丝惊讶和怀疑。因为早年阅读的童话和妖怪的故事使我的头脑习惯于**浩瀚的天地**——我从未以任何方式把感觉作为判断信仰的标准。即使在那个年龄,我也用所思而非所见来管理我所有的信条。

柯尔律治八岁时发生的一件事,似乎比他童年经历的任何事情都更沉重地压在他良心上。几年以后他仍感到这件事的余波长远地影响了他的健康,使他容易患上某种神经痛。他自己经常认为是风湿热,时好时坏,折磨了他的余生。他的负罪感必定深重,因为病痛无论对身

体有何影响,都几乎不可能如风湿热这般严重。* 这件事一开始微不足道。有天晚上他让母亲把分配给他的一块奶酪切成小块,以便烤着吃。"那块奶酪本来**易碎**,这并不容易做到。"但是母亲小心翼翼满足了他的心愿。他们离开房间后,哥哥弗朗西斯抓起奶酪切成了碎片,下定决心要"打击宠儿"。塞缪尔回来后扑向哥哥一顿痛殴,弗朗西斯假装受了重伤倒在地上。塞缪尔惊恐万分,呜咽着俯身查看,不料哥哥突然起身大笑,一拳打在他脸上。他抓起刀子准备捅向弗朗西斯,却被刚回家的母亲撞见。塞缪尔预料会被鞭笞,于是逃出家门,在一英里外奥特河边的一座小山上停了下来。他口袋里装着一本小书,后面附有晨祷和晚祷词。他取出书,祈祷几遍,"带着忧郁的满足想着我母亲该如何痛不欲生"。十月的夜晚阴冷潮湿,他终于睡着了。村里的男人们彻夜都在找他。清早醒来他大声呼救,终被发现。他会始终铭记双亲的如释重负——父亲"老泪纵横",母亲"欣喜若狂"。他被放到床上,但是"此后多年都会打寒战"。

4

---

* 参见第 104 页。(此类注释为原注,下同,不另标出。——编者按)

二

　　一年以后的一七八一年十月，柯尔律治九岁生日前不久，父亲突然去世。父亲曾希望他预备从事圣职，母亲迫切地想实现这一愿望，但对继任牧师的文化水平毫无信心——柯尔律治经常急切地描述他犯的文法错误。在父亲教过的一名学生（弗朗西斯·布维尔，后来成为知名法官）的帮助下，柯尔律治进入伦敦著名的基督公学①，当时有七百余名学生就读。

　　家人担心突然的改变会使柯尔律治措手不及，也看他在本地的文法学校鲜有进益，就安排他提前几周出发，于一七八二年四月抵达伦敦，先在舅父家暂住一阵。舅父约翰·鲍登是针线街的烟草商。对于柯尔律治而言，进入一个与奥特里小集镇完全不同的世界非常刺激。和善的舅父对外甥表现出的健谈和博学非常喜悦，骄傲地

---

　　① 基督公学（Christ's Hospital），又译基督慈幼学校，由爱德华六世下诏创办于 1552 年，原为收容孤儿和穷人子弟的慈善学校，后成为知名公学。旧校址在伦敦，曾是天主教方济各派的修道院。柯尔律治、兰姆和利·亨特等作家都曾在此就读。1902 年后撤至西萨塞克斯郡以南的校址。现有学生约九百名，男女同校。

带他出入自己最爱光顾的场所。在那些酒馆和咖啡屋，九岁的塞缪尔同伦敦城里的大人们交谈，就像他过去在奥特里小镇和自己的父亲或偶遇的成人一样交谈。他发现，即便在这个更为广阔练达的世界，他张开翅膀努力展示自己时，依然会赢得人们的赞许、关注或愉悦。十五年后，展开的翅膀，就像《老舟子吟》中的信天翁，会让人联想到率真和单纯，还有在不可预测的人性恶意面前的脆弱。但是此时，他只陶醉于能够尽情表达自己，汲取一切资源，并以获得看似热情的欢迎作为回报。

5

夏天到了，他在七月十八日被送到基督公学位于哈特福德的初级学校学习六周。经过这段预备时期后，他被带回伦敦，进入初级文法学堂。多年以后，他（比好友查尔斯·兰姆和华兹华斯更甚）会把自己这段经历浪漫化：一位形单影只的少年，从家乡小镇被连根拔起，移植到了伦敦大都会（因在阴暗的修道院里，／除了天空和繁星外看不见美好事物）。① 但他很快便找到了朋友，而且通过一次愉快的机缘，获得了涉猎大量图书的机会。有天他在熙熙攘攘的斯特兰德大街行走，展开双臂，想象自

---

① 这两句出自柯尔律治《午夜寒霜》一诗。

己是利安德①，正在赫勒斯滂游泳，一不小心碰到了一位陌生人的外套，人家怀疑他是扒手。柯尔律治惊慌失措，连忙辩解，打动了陌生人，并获赠一张免费门票，可以使用齐普赛国王街的一个流通图书馆。访客可以一次借阅两本书。柯尔律治每天都会从学校赶来借书，从图书馆目录的顶端开始，一直借阅下去，直到穷尽馆藏。柯尔律治六岁时，对各类书籍嗜读心切已经成为他的特质之一，这种嗜读会持续终生，在他五十几岁时尤甚。约翰逊曾说，"好奇心是思维活跃的知识分子最恒久和明确的特征之一"，而且"总会占据主导地位，与思考力成正比"。与此同时，柯尔律治怀着同样的急切与人交流他所读到的，除非遇到明显表示不友好的听众。他只凭借日常的一点兴趣和努力，很快就在公学的班级里名列前茅，一如他之前在奥特里的文法学校那样出类拔萃。

6　　十六岁那年，他获准加入一个叫希腊学者（the Grecians）的学生小组，小组成员都是基督公学最出色的古典语言学生，在为赢得大学奖学金或研究员资格而努

---

①　利安德（Leander）是希腊神话中女祭司海洛的情人，泅渡赫勒斯滂（Hellespont，今称达达尼尔海峡）与她相会时淹死。

力。他们直接受教于高等学堂著名的校长詹姆斯·博伊尔牧师。即便在那个依然盛行鞭笞的时代,博伊尔使用桦杖鞭笞学生之严厉和频密也非同一般。他批阅学生的韵文习作时,对夸夸其谈和陈词滥调毫不留情:

> [柯尔律治二十五年后写道,]想象中我几乎可以听到他在喊叫:"竖琴? 竖琴? 里尔琴? 笔和墨,孩子,你指的是! 缪斯,孩子,缪斯? 奶妈的女儿,你指的是! 诗才的源泉(Pierian spring)? 哦,是的! 修道院的水泵,恐怕是。"

博伊尔把这类表达(尤其是呼语和半诗体的"呜呼,汝")斥为"愚蠢的作怪"。柯尔律治称赞他有一个惯例是允许学生在习作中累计用到四五个这样的词语,然后把习作在书桌上摊开,质问学生为何这个或那个表达不可以放之四海而皆准。如果有学生不能为自己辩解,或在同一篇习作中两次犯同样的错误,他就会撕掉习作,并且在当日作业之外重新布置同样主题的另外一篇习作。久而久之,柯尔律治说:

我从他那里学到，诗歌，即使是最庄严的那类，或者看似最恣意的颂歌，都有其自身的逻辑，像科学一般严苛，然而更挑战，因其更微妙，更复杂，依赖于更多、更飘忽的缘由。

与博伊尔的密切接触是无比宝贵的经历。柯尔律治首次遇到一位既聪敏又严厉的督导。迄今为止，他有些被宠坏了：大人们都乐意听他的言谈，现在他的听众圈又囊括了同龄人（与他交好的有查尔斯·兰姆，托马斯·范肖·米德尔顿，查尔斯和塞缪尔·勒格莱斯兄弟，罗伯特·艾伦和哈特维尔·霍恩）。他吸引不同类型听众的能力见长，很大程度上是由于他对任何话题都有真正的热情。相对而言他很少卖弄自己，尤为重要的是，他性格中没有好斗性和求胜心。他只是召唤人们分享他的喜悦，而且宽宏大度善解人意，会尽力避免非难别人。从二十几岁到四十多岁，他能出入任何圈子，与任何人等自如交谈，无论对方是屠夫、学者还是批评家，场合是政治集会还是一位论派的集会；他能在酒馆或厅堂对众人演讲，话题无所不包——教育、莎士比亚、哲学史等信手拈来。通常，至少是到中年，他能使听众倾倒，不仅因为他在话题面前毫无自我（他终生如此），还多少是因为他对交谈对象本能的同理心，不管对方是个体还是群体。他的书信亦是如此。他天性柔顺，总想照顾收信人的思想和兴趣（必须承认，通常的结果是，他只是说出了他认为别人想让他说的话）。

关于柯尔律治在基督公学后几年的生活，人们总会引用兰姆的记述，这无可厚非：

塞缪尔·泰勒·柯尔律治——逻辑家，玄学家，诗人！在我的记忆中，你好像还处于你那才思敏捷的黎明时期，那时，希望如大火烛天，尚未出现浓黑色的烟柱。我曾亲眼看到偶然穿过校园的生客，伫立于回廊之间，对你这位少年米兰多拉①不胜钦羡之至（只是觉得你那**谈吐**和**衣着**实在太不相称），他如痴如醉地听你用那深沉甜

---

① 乔万尼·皮科·德拉·米兰多拉（Giovanni Pico della Mirandola，1463–1494），意大利文艺复兴时期的哲学家，年仅二十三岁时就提出九百命题，邀请各国学者就宗教、哲学、自然哲学和奇幻术等进行辩论。他为此撰写的讲稿《论人的尊严》被称为"文艺复兴时代的宣言"。

美的语调阐明杨布里科斯①或者普罗提诺②的思想奥秘(你在小小的年纪,竟然对这种深邃的哲学题目侃侃而谈,毫无惧色),或者,拟用古希腊语背诵着荷马的史诗,品达的颂歌——在那灰衣僧古寺的墙壁上回荡着你**慈幼神童**的声音!③

纵观柯尔律治的大半生,兰姆此处所言,都会被别人重复证实。区别在于,人们普遍感觉到,在他三四十岁的时候,"浓黑色的烟柱"**已经**出现,尽管可能并非永久。

三

在考量柯尔律治的生涯时,人们容易忽略一种常见

① 杨布里科斯(Iamblichus,约250-约330),有时被称为卡尔基斯的杨布里科斯(Iamblichus of Chalcis),是新柏拉图主义哲学的重要人物,该学派叙利亚分支的创始人,致力把普罗提诺的哲学和各种宗教的礼拜形式和神话结合起来,发展成一种神学体系。

② 普罗提诺(Plotinus,204-270),又译柏罗丁,生于埃及,是古典时代的主要哲学家之一,被奉为新柏拉图主义之父。他的形而上学思想有"太一""理智"和"灵魂"等关键词,对基督教哲学和诺斯替教都有极大影响。

③ 该文出自查尔斯·兰姆的散文集《伊利亚随笔选》中的名篇,刘炳善译作《三十五年前的基督慈幼学校》,此处借用了上海译文出版社2015年版译文,人名译法稍有改动。

的经历:即便是思维极其活跃独立的人,如果总要达到他人的期许,也会时常经受压力,进而引发阶段性的内心反叛或倦怠。倘若此人生性习惯依赖他人,尤其是依赖他人的赞扬或喜爱,压力便会愈发集中。它会激励人们早慧,也可能成为挑战,甚至变成负担。要彰显自我就得公开拒绝别人的期许,应对方式通常不是反叛而是退缩。于是历史上的早慧者后来总会经历阶段性的倦怠或淡漠,或是发展业余爱好,寻求消遣,屈从诱惑,与此前持之以恒且高度专业化的自我需求截然不同。柯尔律治身为敏锐的心理学家,从二十多岁直到生命尽头,挥之不去的困扰就是他缺乏"意志"或动机。到底出了什么问题? 有时正如他对罗伯特·骚塞所言,他有

> 一种萦绕心头的感觉:我是一株草本植物,像一棵树那么大,干围很粗,枝条伸展,树荫葱茏,然而树干**之内是干茎**,而非木心。我有**能力**但无**毅力**,名不副实又无可奈何。

从他二十岁进入剑桥大学开始,这种自我不满的时刻逐渐增多,到了三十五岁左右几乎失控。

但是现在,在基督公学,兰姆所说的"浓黑色的烟柱"尚未"出现"。未来有无限的希望,很多事情都可能发生。有时他的确会考虑将来注定要从事圣职,但也不排除其他可能性。十三四岁的柯尔律治开始痴迷于投身体力劳动的想法,这个念头会反复再现。他想跟随一个叫克里斯平的鞋匠做学徒,还说服和善的鞋匠去征求校长博伊尔的许可。不幸的克里斯平见到了博伊尔,胆战心惊仓皇逃离("上帝保佑我这条命①,伙计,你说什么?"博伊尔边说边起身把克里斯平推出了房间)。不久以后,柯尔律治又立志从医,并且遍阅他所能找到的医学书籍。通过正在学医的兄长卢克的关系,他进入一所医院的公共病房当普通助手。他对病人身体上的疼痛总能很快感同身受;那时的伦敦医院公共病房里,还没引进现在习以为常的麻醉术,手术中病人的惨叫足以吓坏远比柯尔律治更自立的人。他放弃了学医之路,但在未来三十年里还会继续博览医学文献。

放假期间,他会和街上偶遇的牧师建立交情,把讨论引向哲学和宗教,质问他们,与之争辩。他在读伏尔泰的

---

① 原文"Od's my life",出自莎士比亚的《皆大欢喜》,第三幕,第五场。

《哲学辞典》,伊拉斯谟·达尔文的作品和《加图信札》①:他认定自己快要接受无神论了,于是告诉博伊尔,老师直接给了他一顿鞭笞。柯尔律治后来觉得自己挨打是罪有应得。

在基督公学的学习生涯临近结束之际,柯尔律治收到了正在剑桥读书的朋友托·范·米德尔顿寄来的一本薄薄的诗集,题为《主要关于如画风光的十四行诗》,作者是威廉·利斯勒·鲍尔斯牧师。这些诗歌语言凝练,意蕴隽永,给能言善辩的柯尔律治留下持久的印象。他的诗歌知识大都学自博伊尔,这点他也不会忘记。他期待好诗应该具备如下特点:逻辑清晰,结构严谨,遣词精准,感情丰沛。然而鲍尔斯的诗歌完全不具备这些特质,却也深深吸引了他。它自有一种直接和简练——博伊尔本人也重视这些(尽管他在简练之余还期待智识的缜密)。与此同时它**平易近人**,有种让人想起家人或朋友的气质。把文学只当作"朋友"——在提供知识、鼓舞人心之余还

---

① 《加图信札》(Cato's Letters)指的是英国作家约翰·特伦查得(John Trenchard)和托马斯·戈登(Thomas Gordon)以罗马共和国末期的政治家和演说家小加图的名义于1720年至1723年间连载的一系列信件。历史学家认为,这些信件在美国殖民地被广泛传阅,产生了巨大的政治影响。

能慰藉人心的朋友,偶尔为之有何不妥呢?通常人们不会(至少还没有)把伟大的英国诗人看作朋友。人们只研读最优秀的诗人——而且是他们最优秀的作品,要理解这类作品难免会费力劳神。在此意义上,这类诗歌和柯尔律治的其他读物并无二致——希腊文学和哲学,新柏拉图主义者,形而上学类作家,怀疑论者,论述科学和认识论的现代作家作品。但是在鲍尔斯这些恬淡的十四行诗中,对比尤为明显,因为鲍尔斯还是一个鲜活的生命,而非故纸堆里声名显赫却难以触及的逝者。柯尔律治在《文学生涯》中说:"历史上伟大的作品对年轻人来说似乎属于其他民族;在作品面前他的官能是被动而恭顺的,犹如面对星辰和山峦。"但是一个比他稍微年长、与他境况相似之人的作品,"对他而言具有一种**真实性**,能激发人与人之间真实的友谊"。柯尔律治立即想把这个发现同他认识的所有人分享(这确实是他一生中最重大的发现之一——诗歌**能够**像"朋友"一样被人喜爱)。由于囊中羞涩,无力购买原版书籍,他在随后一年半里制作了四十余本手抄本送给友人。

这些年来他似乎只在十二岁那年回过奥特里小住探亲。可能正是这次探亲之后,博伊尔见他哭泣时便说:

"孩子啊,学校就是你的父亲! 孩子啊,学校就是你的母亲! ……是你其他所有的亲戚! 别哭了吧。"三年之后,柯尔律治终于有机会体验居家生活时,他内心充沛的情感得以释放。与他交好的一位同学汤姆·埃文斯介绍他结识自己孀居的母亲和三个姐妹(玛丽、安妮和伊丽莎白)。埃文斯太太营造了一种通情达理、幽默风趣又亲切友善的氛围。柯尔律治讨论深奥的玄学问题无法吸引埃文斯一家的兴趣。他很快发现不必证明自己,如释重负。几个月内他便爱上了埃文斯家的长女玛丽。每逢周六他便和朋友罗伯特·艾伦,抱着"从小镇方圆六英里内劫掠的花朵,花束上缠着十四行诗或情歌",出现在玛丽和安妮工作的女帽店,然后护送她们回家。玛丽以轻松愉快的体贴友好回报他的爱慕之情,而他自己的感觉——至少在他离开伦敦之前——可能是倾慕眷恋,而非炽热爱恋。他在基督公学最后三四年的生活无疑是最快乐的,很大程度上要归功于埃文斯一家。

11

四

一七九一年二月,柯尔律治在基督公学的最后一年里,被剑桥大学的耶稣学院录取。次年十月十六日,距他二十岁生日还有五天,他前往剑桥住读。他获得了一笔每年八十镑的基督公学奖学金和一笔二十五镑的拉斯塔特奖学金①,接受这些奖学金就意味着他以后会在英国国教会领受圣职。

他在剑桥的第一年,大部分时间试图遵守这样的日程安排:每天花三个小时学数学,四五个小时学古典语言,晚上总去彭布罗克学院和他的老同学托·范·米德尔顿一起学习。米德尔顿那时正在努力攻读研究员资格②,他的沉稳性格对柯尔律治大有裨益,可惜几个月后就离开了。柯尔律治参与了几个奖项的竞争,写的一首关于奴隶贸易的希腊颂歌获得了奖章。学院潮湿的房间使他患上了神经痛或风湿病。他在十一月二十八日写给哥哥乔治的信里第一次提到服用鸦片——要知道鸦片在当时是常见的处方药。圣诞假期他在伦敦和埃文斯一家度过。

---

① 拉斯塔特奖学金由托拜厄斯·拉斯塔特(Tobias Rustat, 1606-1694)设立,获得者必须是耶稣学院的学生,且父亲为已故英国国教会神职人员。

② 此处原文为 fellowship,当理解为研究员职位。在牛津和剑桥的历史上,学院的低年级和高年级学生均称作"学者"(scholar),后来学者一词特指仍在就读的低年级学生,而 fellow 相当于已经毕业的研究员,经学院法人团体遴选,有资格在学院执教并参与管理,获取固定报酬。

柯尔律治刚进剑桥时决心坚定，但从入学第一年的春天到次年春天，他的决心开始消退。他还是博览群书，比以往涉猎更广，然而只凭好奇心引领。他的学习生活变得愈发不规律。他的社交圈在扩大，在剑桥遇到了来自基督公学的朋友。当时在三一学院的查尔斯·勒格莱斯说，柯尔律治"随时准备与人畅谈"，他的房间成了"爱好交谈的朋友们经常聚会的场所"。他谈到和柯尔律治一起参加的小型晚餐：

> 埃斯库罗斯、柏拉图和修昔底德以及一堆字典被搁置一边，讨论话题转向当时的宣传册子，间或会有伯克①的手笔。与会者不必携带读本，因为柯尔律治早在上午阅毕，晚间能够一字不差复述通篇。

柯尔律治和当时的很多本科生一样，支持崇拜威廉·弗

---

① 埃德蒙·伯克（Edmund Burke，1729-1797），爱尔兰作家、政治理论家和哲学家，曾在英国下议院担任辉格党议员，早先支持美国殖民地的独立革命，1790 年发表《法国大革命反思录》，批判大革命已经演变为一场颠覆传统和正当权威的暴乱，转而盛赞英国的传统和秩序。伯克被誉为英国保守主义之父。

伦德。弗伦德是耶稣学院的一名学者,他坚定的一位论信仰和自由主义政治观念使当局大为光火,最终于一七九三年五月因煽动反叛和诽谤教会受到审判,被驱逐出校。柯尔律治和其他同学一起出现在审判现场,他因朝弗伦德鼓掌而惹人注目。这几个月里以及此后一年,他开始研读耶稣学院毕业生大卫·哈特莱①的著作,首次发现了一种值得他全然投入的哲学系统。哈特莱的《对人的观察》(1749)一书基本奠定了(或至少是系统化了)后来英国心理学派的主流思想,即用观念、感觉和情绪之间的"联结"来解释所有的思维和情感过程。哈特莱本人比后来修正了其理论的继承者更为全面彻底。正是这种系统化的包罗万象吸引了柯尔律治。它似乎能解释一切现象,从最基础的生理学现实到最高级的意识活动、仁爱和宗教领悟。哈特莱把人看作某种像计算机一样能够渐进发展的机体。遇到外界刺激时,振动会把感觉通过神经

---

① 大卫·哈特莱(David Hartley,1705-1757),英国经验主义哲学心理学家,联想主义心理学(associationism)的创始人。他受牛顿运动理论的影响,将其振动理论用于解释神经传导作用,试图把观念联想和大脑振动相联系,并用观念联想说来解释知识来源问题。哈特莱著有《对人的观察》一书,结合了神经学、道德心理学和灵性研究,在英国乃至欧洲产生了深远影响。

中的白色髓质传导给大脑,然后更微弱的振动("振子")留在大脑中,随时准备和其他振动形成联结。由是产生了记忆,然后生成更复杂精确的反应,个体逐渐得以发展。从最原始的反应到利己情感的生成,纯正无私的道德价值逐步形成。

简而言之,哈特莱不似法国的联想主义心理学家们。不管他在心理学和生理学领域如何透彻通达,他似乎能用传统的英国式折衷妥协,将这种明显的唯物主义甚至机械主义和道德乃至宗教理想结合起来。如果我们不去过度追究其中逻辑(难道英国人的经验不总是证明抽象逻辑并非完全可靠吗?),这是一种能够联结"头脑和心灵"的哲学。柯尔律治完全为之痴迷。他遍阅希腊哲学,却发现它不能与哈特莱的哲学媲美:前者过于开放、不确定,任何解读都能自圆其说。柯尔律治虽然自己开放包容,长于推测,却渴求体验一种无所不包的系统。无论如何,他曾以另外一种心态学习古典哲学,带着好奇和想象的愉悦,也深知它受到普遍的尊敬。然而哈特莱却堪称他自己的发现。毕竟哈特莱是现代人,他清楚现代科学的所为和能为,而且热情捍卫科学,还关切现代社会问题。他把基督教、现代科学和人类的当下境况融会贯通,让它们彼此诠释交相呼应。

五

与此同时,柯尔律治的兄长们开始烦乱不安,不仅因为他热情支持颇有争议的威廉·弗伦德,还因为他频频伸手要钱。他开始债台高筑。他在剑桥的第一个月便欠下一笔债务,还有待偿清。初抵剑桥,一个家具商问他希望如何布置自己的房间。柯尔律治以为此人受雇于学院,便回答说,"悉听尊便"。对此兄长们还毫不知情。他竞争一个额外的奖学金项目失利,试图提前取悦兄长,说他有几本著作"即将出版"。他说自己正在翻译希腊和拉丁语的抒情诗,计划在半年之内出版。兄长们对此表示怀疑,但仍在一七九三年暑假预支给他一笔费用。他优哉游哉回到剑桥,取道伦敦时囊中已经所剩无几。在伦敦时,他试图弥补亏空,就买了一张爱尔兰乐透彩票。回到剑桥,他一边紧张地等待开奖,一边欢乐地呼朋引伴。他和勒格莱斯一起成立了一个文学社团(其中一位成员是克里斯托弗·华兹华斯,威廉·华兹华斯的幼弟)。在十一月十三日的第一次集会上,柯尔律治忘了准备众人

14

期待的论文，便即兴朗诵了诗歌，并承诺下周宣读论文。实际上他准备前往伦敦参加开彩。匆忙赶到后他发现并未中彩，顿时陷入绝望。更让他痛苦的是，他对玛丽·埃文斯的爱慕此时已经化为钟情，鉴于目前的困顿状况，他不敢表白，"即便是悄声私语"。他能谋得何种生计呢，不管多么卑微？

在赞善里，他遇到一位负责招募士兵的军官，便急切应征进入轻龙骑兵第十五团，于十二月四日在雷丁宣誓成为一名骑兵。他想隐瞒自己的身份，以免家人知晓其所为，但又不愿牺牲自己的姓名首字母（他很喜欢称自己为 S. T. C. ），便化名为塞拉斯·托姆金·康伯巴奇。作为一名骑兵他当然毫无前途，不会骑马，也不会刷拭马匹，甚至不能把自己的配饰穿戴整齐。骑兵团友们喜欢他，也乐于帮助他。作为回馈他会偶尔帮助团友写情书，或为生病的团友开处方。然而军官们很快认定他无可救药，分派他去清扫马厩或做医院的传令兵。

加入骑兵团一个月左右，他把自己的行踪告诉了仍在基督公学念书的朋友们，显然是希望通过他们传信求救。不久他就和最喜欢的哥哥乔治取得了联系。他感到罪过和无助时，有强大的自贬能力。他在二月二十三日如是写信给乔治："我的亲哥哥，你不止是哥哥……我愚笨到了疯狂。我还敢保证什么呢？……我扪心自问，只有一个愿望，就是请你忘了我，就像我不曾存在过！……哦，我多么希望问心无愧地请求造物主赐我一死。"对于已是一家之主的长兄詹姆斯，他写了一封正式书信坦白忏悔。兄长们经过和当局的一番复杂协商，使他于四月七日退出了骑兵团，帮他还清了学院债务。回到剑桥四天之后，柯尔律治踌躇满志，写信告诉乔治说他每天黎明五点即起，打算赢取所有奖项，还将"正确得体"和"厉行节俭"奉为典范。他制订了征订计划，打算出版一本"现代拉丁语诗人仿作"，连同一篇"文学复辟的评传性论文"。作品从未问世。他可能写了一两首诗，但论文依然停滞。此后的剑桥生涯，事实上完全是惨淡收场。他蒙受兄长救助之后又深感愧疚，这在他生涯里日益明显成为一种模式。

六

回到剑桥两个月之后，柯尔律治还只有二十一岁，是大三学生。六月九日，他和一个叫约瑟夫·哈克斯的朋友一起出发,开始徒步威尔士之旅。行经牛津时,他们去拜访了柯尔律治的老同学罗伯特·艾伦,艾伦介绍他们认识了贝利奥尔学院的罗伯特·骚塞①。骚塞从没见过如此才华横溢的人,而柯尔律治也被骚塞性格中的坚毅所吸引(尽管骚塞比他还小两岁),还有他的自由主义政治观点。骚塞正在阅读柏拉图的《理想国》,也在笼统考虑移民到新大陆,尝试一种类似的理想生活方式。柯尔律治立即滔滔不绝展开论述,似乎要将它从一个设想变成能即刻兑现的目标。徒步旅行计划暂时搁置,六月余下的日子,柯尔律治、骚塞、艾伦和另外两位朋友都在构思一个计划,打算建立一种理想国式的集体,冠名为"大同社会"(可能是柯尔律治造的词)——由所有成员平等治理。

甫一开始,抑或数月之内,柯尔律治的新朋友汤姆·普尔如此描述该计划:他们将集结十二名受过良好教育、

---

① 罗伯特·骚塞(Robert Southey, 1774-1843),英国浪漫主义诗人,1813 年被封为桂冠诗人。骚塞和柯尔律治是连襟,和华兹华斯是朋友。虽然如今他作为诗人的声名早被友人掩盖,但不可否认他是一位多产的作家,著有大量的书信、评论、史学和传记作品,如三卷本的《巴西历史》,为约翰·卫斯理和霍雷肖·纳尔逊作的传记,其散文风格受到同时代作家司各特和海兹利特等人的高度评价。

秉承开放政治观念的青年，移民到美国。他们要在宾夕法尼亚州的萨斯奎哈纳河畔（柯尔律治喜欢这个悦耳动听的名字）找到一个适宜的场所。每个成年男子每天只需花两三个小时在地里耕种或从事别的劳作，便可满足全体成员之需求。他们的妻子负责料理家务，照看幼童。要收集好书建成一个图书馆，鼓励完全自由的宗教和政治观念，闲暇时间可以探讨哲学问题。人性的自私会逐渐消除。他们能提供一个榜样，昭示如何解放人类，成就完美自我。这将是一座山巅之城。每位成员贡献一百二十五英镑便足以开始实施计划。这个打算确实有滑稽的一面，我们会一笑了之，却不能忘了这一事实：十九世纪前半叶，很多类似的乌托邦计划都曾在美国实施。[①] 它们未必持续很久，但是留下了影响，后世会满怀温情乃至钦佩感念其理想主义精神。

　　整个夏季威尔士徒步旅行期间，柯尔律治都在不停思考这个新计划，而且逢人便说。他从未对一个想法如此痴迷。它提供了一种全新的生活方式，能部分满足他

　　[①]　英国著名的空想社会主义思想家、企业家罗伯特·欧文（Robert Owen, 1771–1858）于 1825 年在美国印第安纳州买下两万英亩土地，开始"新和谐"社区计划，但该社区两年半后解散。

最崇高的道德理想，同时解放他备受压迫的灵魂。那里不会再有债务，也没有咄咄逼人的商人，没有政治暴君，没有既得利益和偏见，没有在英国国教会终身就职的思想重负。吸引他的也不仅是"空虚的自由"。他能卸下包袱，全身心投入明确的**行动**和具体的义务。

　　柯尔律治八月初从威尔士回到布里斯托会见骚塞 17 时，发现计划已经有了新的进展。他们的中心是弗里克一家——一个寡妇及其五个女儿（莎拉、玛丽、伊迪丝、玛莎、伊莱莎）及儿子乔治。年长的姑娘们靠做针线活谋生。骚塞与伊迪丝相爱已久，此时两人已订婚，好为移民计划做准备。玛丽的丈夫罗伯特·洛弗尔是个年轻的贵格派诗人，也以极大热情加入了他们的计划。确实弗里克全家都准备前往美国，数月之后就视自家不仅为移民计划的核心，而且可能是未来大同社会的繁育中心。弗里克一家热情欢迎柯尔律治的到来。只要有人待之以善，柯尔律治便报以感恩。骚塞和他随后拜访了他们的社友乔治·伯奈特位于萨默塞特郡的农场，讨论下一步行动计划。在那里他们也短暂拜访了托马斯·普尔，他后来成了柯尔律治的密友和帮手。普尔尽管对他们的总体理想抱有好感，却无法被说服入社。重回布里斯托后，柯尔律治、骚塞和罗伯特·洛弗尔决定发挥他们的诗才，既服务现实又实践理想。他们突然决定合写一部剧本《罗伯斯庇尔的覆灭》，由柯尔律治撰写第一幕，骚塞负责第二幕，洛弗尔写作第三幕，次日黄昏完笔。骚塞如期完成任务，柯尔律治只写了部分。洛弗尔也算及时完成，但骚塞感觉需要重写一遍。最终剧本组拼起来了，但是布里斯托没有书商愿意接收。*

七

八月的这些日子，在某个时刻，柯尔律治——或许在别人的帮助下——迈出了关键性的一步。他和弗里克家的长女、仍然单身的莎拉订婚了。至少骚塞会马上告诉柯尔律治，他们的婚约是不能更改的。（骚塞可能追求过莎拉，然后兴趣转向了伊迪丝——柯尔律治夫人几年后如此暗示。如果属实，就能解释骚塞何以如此热心莎拉的终身大事，他的良心因之得以宽慰）。可能业已达成的

---

　* 柯尔律治设法将其于当年秋天在剑桥出版。鉴于柯尔律治在剑桥小有名气，为了增加销量，剧本只以他的名义发表。

大致共识是,社群启动计划之后,柯尔律治将忠于莎拉,他认为订婚仪式之类的繁文缛节不适合大同社会的成员。更有可能是,柯尔律治本人一时冲动向莎拉提出了某种婚约,然后骚塞马上开始殷切撮合二人。柯尔律治在威尔士夏日徒步之旅中,和玛丽·埃文斯有过短暂的会面。她的出现一度使他动摇。他的生活漂泊不定,当时觉得自己缺少一位女性充满理解的陪伴和关爱。除了莎拉,还有谁能给他慰藉呢?此外,为了移民计划,每个人都得结婚,这样他们的社群才能壮大。弗里克一家对此计划坚信不疑。骚塞已经展示了达成途径,而且有充足的机会去鼓舞他缺少主见的朋友。是的,柯尔律治会加入其中,成为他们的一员。

在伦敦的"致敬朋友"①酒馆,柯尔律治和兰姆及其他朋友度过了几个愉快的夜晚,然后于九月中旬抵达剑桥,向他认识的每个人宣传大同社会的理想。他闲暇时开始学做木匠,出版了《罗伯斯庇尔的覆灭》,写了一些诗

---

① "致敬朋友"(Salutation and Cat)是位于伦敦纽盖特街(Newgate Street)的一个酒馆,名称源于酒馆墙上的一幅画,画上有位年迈的绅士在街上遇到一位朋友,绅士举起手杖致意,并从手杖顶端的鼻烟壶里取出鼻烟送给朋友,这个鼻烟装置被称为 cat,与猫并无关系。

歌,给骚塞写长信阐述与新计划相关的基本理想("我的头脑,我的心灵,全部复活了")。然而,令骚塞愈发不安的是,柯尔律治不愿给莎拉写信。弗里克一家明显不停给骚塞施压,骚塞反过来不停纠缠柯尔律治,要求他不负众望,表现出一个订了婚的男人对未婚妻的殷切关怀。玛丽·埃文斯寄来一封情深意切的书信,说她听说了他的移民计划,认为其"荒谬而奢侈",请求他三思而行,这唤醒了他对她的情感。玛丽的关切是否超出了姊妹之情?是否可能由她取代莎拉?但是那也意味着放弃大同社会计划——它和莎拉绑在一起了。他该怎么办呢?不久以后他就不必做决定了。他发现玛丽·埃文斯已经订婚。他向骚塞吐露心思:"要失去她!我可以克服自私的痛苦!……噢,骚塞!忍受我的弱点吧……但是迎娶一位我**不爱**的女人……"真的,他补充道,"你听好了,骚塞!**我会恪尽本分**。"平心而论,如果骚塞能够利用自己的影响帮他解除婚约,他会如释重负。

此时他本应去和骚塞及弗里克一家会合。(在十二月中旬,他永远离开了剑桥,尚未取得学位。)但是他却在伦敦逗留,为《纪事晨报》写了一系列关于当代名流的十四行诗,开始创作长诗《宗教冥思》,晚上躲进"致敬朋友"酒馆,与兰姆讨论宗教、玄学和诗歌。在一位朋友的帮助下,他开始协商应聘去为一位苏格兰贵族担任家庭教师。与此同时,随着时间飞逝,弗里克一家愈发焦躁。柯尔律治本应和他们团聚,却既不给骚塞也不给莎拉写信。

最终,在一月下旬,骚塞决意来到伦敦,一路寻踪访迹,终于在天使旅店找到了迷途羔羊(柯尔律治的言谈深深吸引了旅客,如果他有意停留,店主准备为他免费续房),并把他护送回布里斯托。莎拉诉诸他的责任感,告诉他,出于对他的忠贞,她已经"拒绝了两位男士的殷勤,其中一位非常富有",并因维护他而惹恼了亲戚。心怀愧疚的柯尔律治说,这些境况,"她都以一贯的体贴周到瞒着我,直到我回到布里斯托"。

其他困难也相继出现,影响了他回头浪子的欢乐。骚塞、洛弗尔,还有另一位新社员查尔斯·怀恩,断定移民美国计划一开始过于激进,最好先在威尔士的合作农场进行试验。柯尔律治备受打击,因为两者完全不能同日而语。与此同时,不管去哪里,都需要资金。他同意搬进骚塞和伯奈特同住的寓所,开始写作(和骚塞共处一室,后者也在勤勉工作,密切注意他的一举一动)。柯尔

20

律治准备就政治和宗教的话题写作和演讲，骚塞主攻历史。柯尔律治发表了多场演说，包括六场有关"天启宗教"的系列，然后继续工作，放慢了速度。骚塞后来不无懊恼地说，在随后的半年，他的收入是柯尔律治的四倍之多——他那时确实要资助柯尔律治。骚塞已经开始重新考虑共有财产这一理念。他严厉地留意着柯尔律治漫无目的、东游西荡的工作方式，看他在房间踱步，经常重复令他着迷的一些观点和表达。很快骚塞便找到了富有引力的其他选择。

八

至于柯尔律治本人，他从来无法在一个不够友好的氛围里久居。当有人反对他或使他烦恼时，他的第一反应是直接面对，部分承认他们的合理之处，决心革新，公开大肆称赞对方，以图缓解局面。如果这种方法行不通，他就会主动离开，试图通过全身心投入别的爱好来忘却不快。在性格刚毅的人物面前，他尽可能采取第一种措施。这类人物对他极有引力：他们不容置疑，自信笃定，而他的生活经常充斥着疑虑和自省。骚塞已经在诸多方面伤害了他,但他在信中仍这样对朋友提及骚塞:"你会敬重爱戴他。他的天资和造诣无与伦比,但仍不能与他的优秀品德同日而语——他的确是**刚正不阿**的人。"

21

面对莎拉也是如此。别无选择,他试图欣然接受这个局面。如果非她本人所迫,至少当时形势严峻,要求他履行职责。好吧,他已经破釜沉舟了。难道他从没真正爱过她吗?她认同那些对他至关重要的理念。她做出了重大牺牲,还因过于小心体贴而不愿让他提前知晓。他告诉自己荣幸之至,应该——而且确实——为此感恩。

当年的十月四日他们完婚。此前一月,他在距布里斯托几英里的克利夫登村庄附近找了一处房舍,作为他和莎拉的新婚居所。

第二章　下斯托伊

一

柯尔律治现在二十二岁。他所有的锚链都被剪断
了,方式几乎应有尽有。奥特里,兄长,基督公学时光,剑桥,原计划在英国国教会的神职生涯,玛丽·埃文斯,这一切都成了过往。取而代之的是,他和新婚妻子住在一个村舍,没有资金,而且首次遇到了恒常义务,却不能单纯用理论或情感来解决。

但他一直需要的,是具体的行动和责任——要是和他信仰的事业有关就好了。的确,大同社会计划遭遇了始料未及的困难,骚塞开始动摇。需要一点耐心。这段

时间可以当作准备阶段,他能学习一些技能,今后或许有用武之地。他就居家生活还缺乏的物品列了一个很长的清单——烛台,酒杯,汤匙,茶壶,簸箕。本着大同社会的精神,他们还迎进了莎拉的妹妹玛莎和乔治·伯奈特。随之传来的消息令人不安:骚塞为了顺利继承一笔遗产而遵嘱选择了操习法律,放弃了整个大同社会计划。柯尔律治痛苦万分,他在此前几周还无法相信骚塞真的会这么做。他回复了一封长达十几页的信,宣泄了他们的希望从萌芽到凋零的全部历史。

柯尔律治现在该怎么办呢?在这个拥挤的小屋,账单源源不断寄来,骚塞的坚定支持原是错觉,他赌上全部身家的大同社会计划破产了。他毫无防备,脆弱不堪。自从父亲去世以后,他便时常被迫自力更生。即便拿这些来安慰自己,终归无济于事。现在他需要的是完全不同的资源。过去十四年里,整整三分之二的生涯,他都在博览群书,谈论哲学,广泛涉猎,勤勉思考。这些为他在奥特里赢得了长者们的关注,在基督公学和剑桥赢得了朋友和认可,但是现在他又该如何让这些财富即刻变现,以解燃眉之急呢?

二

思量的结果是,柯尔律治此后三年开始了他的作家生涯。在基督公学和剑桥时期,他从没打算当作家,甚至想都没想过。文学史家和批评家,倘若习惯发现作家们在青年时代即有明晰而专注的理想,在研究这个时期(乃至以后几年)的柯尔律治时,难免发现他的创作漫不经心,杂乱无章,异乎寻常。我们仍须记住,直到接触大同社会计划之前,柯尔律治预期的职业都是教会牧师或相关圣职,他积累的专长也都关乎学术、批评和思考。他并不想当诗人或专门意义上的"文人"。他确实能奋笔疾书,至少有时如此,尽管他更擅长交谈。他固然写过一些诗歌——受过教育的人经常把写诗作为一种业余爱好。简而言之,评价他随后几年的创作时,不应把他看作一位立志从文的青年诗人,不能或不愿专写会被纳入文选供人研讨的诗歌。相反,应把他看作一位学者和**壮志未酬**的教士,耽于理想主义,焦虑不安,柔顺易感,突然被迫游弋在陌生的水域。

罗伯特·洛弗尔把他介绍给了布里斯托一位年轻的

24

出版商约瑟夫·科特尔。科特尔被柯尔律治吸引了，答应为他的一本诗集预付三十几尼①，紧接着又提出以每百行一个半几尼的报酬接收他的诗歌，数量不限。柯尔律治现在开始为科特尔收集已有的诗作，并写作一些新诗（诗集于次年三月出版）。这年冬天他出版了一本政论文集《告人民书》(1795)，包含了他当年春天发表的一些演说。十二月份，他开始计划出版一本期刊，名为《守望者》（每八天出版一期，而非周刊，以逃避新闻税）。它秉承自由主义理念，反对小皮特政府，提倡公民普选权，旨在"记录几天内发生的国内外时事"，选印议会发言，讨论政府决策。期刊还包含书评和诗歌。为了争取订阅，他于一月出发，巡游中部地区（伯明翰，谢菲尔德，曼彻斯特，利物浦），这些地方聚集了大量持有开明政治和宗教见解的人。巡游经历在《文学生涯》中有生动的描述。他在一位论派教堂布道（在伯明翰有一千四百名会众聚集聆听），这样不仅保证了下榻之地，还激发了人们对新期刊的极大兴趣。得知妻子生病后，他于二月十三日回到布里斯

---

① 几尼是当时英国发行的一种金币，一几尼等于 1.05 英镑或二十一先令。关于几尼的购买力，1808 年，简·奥斯丁在书信中透露自己花了三十几尼购买了一架钢琴。

托,已为期刊争取了一千来名意向订户。

他现在准备着手行动,虽然境况不尽如人意。病中的柯尔律治夫人搬去布里斯托,住在雷德克利夫山的娘家,暂时不愿回到他们的村舍。柯尔律治满脑都是各种计划,无心反对夫人,况且邻近布里斯托图书馆有莫大便利。他这时写了一首诗——《离开幽居之冥思》,念念不忘地和小屋道别。他自然想把离别当作美德,告诉自己离开是为了

> 用头脑,心灵和双手,
>
> 积极而坚定,参加一场不流血的战争
>
> 为科学、自由和基督的真理。

他为三月一日发行的《守望者》第一期写了一些文章,批评小皮特政府的财政贷款①,反对奴隶贸易②,还有关于伯克的论述,拉姆福德伯爵的文章,葛德文的著作(此时他

---

① 时任英国首相为小威廉·皮特(William Pitt the Younger, 1759-1806),1783年至1801年、1804年至1806年间在位(其父老威廉·皮特在十八世纪中期担任首相)。小皮特政府为了赢得对法国作战的胜利,推出了扩大政府债务、增发纸币等财政手段,当时批评之声不绝于耳。

② 英国在1807年通过立法废除了奴隶贸易,1833年废除了奴隶制。

修正了早先对其的崇拜观点）①，外加古德国部落的宗教和习俗。在第二期里，他写了一篇轻率的文章《论国家斋戒》（其箴言出自《以赛亚书》，"因此我心腹哀鸣如琴"），据他所言导致了一半订阅者的流失。他可能夸大其词，总体而言《守望者》枯燥乏味。柯尔律治曾在一位论派教堂口若悬河，订阅《守望者》的中部制造商们期待的是类似的雄辩布道，结果大失所望。此外，他攻击小皮特的镇压措施会取悦部分开明读者，但批评威廉·葛德文又使他疏离这类读者，因为葛德文是不少人心中的英雄。至于时事新闻，人们本就可以提前阅读，大可不必等这八日一期的刊物。

柯尔律治试图做太多的事情，不仅是在《守望者》期刊里。科特尔在催他的诗集，他已经答应写篇序言。莎拉久病不愈，令他心急如焚。无处不在的岳母弗里克夫人对他也是考验。他被寄予厚望，要帮助支持她和独子乔治。他的连襟罗伯特·洛弗尔，曾经许诺帮他编辑《守望者》，现在简直是帮倒忙。柯尔律治本人由于诸事分

---

① 威廉·葛德文（William Godwin, 1756-1836），英国无政府主义思想家，推崇唯理性主义哲学，1793 年发表《政治正义论》，在英国思想界影响巨大。

心,前途未卜,身体抱恙。为了缓解症状渡过难关,他开始服用鸦片酊,持续两周每晚服用。显而易见《守望者》将彻底停刊,损失惨重。第十期也是最后一期于五月十三号出刊。乔赛亚·韦德后来帮助柯尔律治弥补了损失,算是一桩幸事,但并不能帮他挽回自尊。

三

柯尔律治利用闲暇时间,在布里斯托图书馆如饥似渴涉猎一切读物,并且以他一贯的迅疾速度消化吸收。鉴于筹钱是当务之急,有没有可能回去做他最擅长的事情?他学习德语已有时日,为何不翻译席勒全集呢?翻译的收入可以供他去德国,学习化学和解剖学,慢慢研究德国哲学家和神学家。掌握了这些知识,他能回国开办一所学校。内心深处他始终是一位教育家。问题是如何找到一家有足够的兴趣预支他一笔资金的出版商。第二种可能是去当一名非国教派牧师。他本不愿为雇佣而传道,但特殊情况下似乎也能通融。伦敦《纪事晨报》提供的工作,他心不在焉地做着。他更感兴趣的选择是为一位阔寡妇埃文斯夫人(与玛丽·埃文斯非亲非故)的儿子们当家庭教师。柯尔律治考察这次机会之时，埃文斯夫人被完全迷住了，她从没见过这样的人。柯尔律治夫妇将搬入埃文斯家，他的年薪定为一百五十镑。就在这时，孩子们的法定监护人插手，打算送他们去正规学校。家庭教师计划只好放弃，埃文斯夫人和柯尔律治都深表遗憾。她写信说："再会，纯洁仁爱的精魂，灵魂之家的兄弟。"她坚持付他九十五镑，并赠送莎拉价值四十镑的婴儿衣物。

柯尔律治正在掂量下一步计划时，一个叫查尔斯·劳埃德的青年出现了。他在听柯尔律治为《守望者》期刊巡游演说时被吸引，想逃离家族的银行生意，成为哲学家和诗人，便央求父亲同意他拜师柯尔律治。柯尔律治应邀和其父会面，马上赢得了劳埃德全家的欢心。查尔斯只比柯尔律治小两岁，为何不让这年轻人搬去柯尔律治家，每日由他亲授科学和艺术知识呢？劳埃德一家同意了，提出支付八十镑的年薪。柯尔律治收到信息说他刚刚成为人父（婴儿是男孩，教名为哈特莱·柯尔律治，为了纪念其父崇拜的哲学家大卫·哈特莱），就匆忙带着新收的学生回到家里。不料劳埃德时有癫痫发作，让柯尔律治一家倍感焦虑。几周之后，柯尔律治再度罹患神经痛——这病似乎频繁折磨着他。他又依赖鸦片酊止痛，而且加大了剂量。

四

纵使柯尔律治有米考伯①一般的乐观天赋，现在的总体情形也令他不堪重负。他放弃了一系列的责任，这些都与奥特里的家人、基督公学和剑桥相关，转而追求另一系列貌似更愉快的职责，却从没想过会陷入这种境地：无处不在的经济压力，如影相随的弗里克一家，《守望者》和它的停刊，查尔斯·劳埃德的到来。他寻求慰藉的读物——哲学、科学、游记、诗歌——只是让他徒增失落。事实是大同社会计划的破产在他心里留下了巨大的虚空。它曾那么令他心驰神往，一度排挤并取代了他早先的许多期望，现在却也付之东流。

他的思绪日益飘向下斯托伊村，那是托马斯·普尔居住的地方。如果大同社会计划失败了——之所以失败

---

① 米考伯是狄更斯小说《大卫·科波菲尔》中的人物，以天性乐观著称。

是因为骚塞放弃了它(重要的是,柯尔律治从没想过他自己或许可以领导这样一个社群)——其他形式的计划或许仍能实现,说不定更完善。在下斯托伊,他耕种的食粮差不多能养活一家人。体力劳动能让他放空头脑,让心灵贴近生活的本质。如果说斯托伊与宾州的萨斯奎哈纳河相去甚远,至少可以远离弗里克夫人,她将留在布里斯托。在斯托伊会有一个道德领袖,一个比骚塞更坚定的臂膀供他依靠:那是了不起的汤姆·普尔,务实而善良,高效而开明。从绅士贵族到布衣白丁,人人都求助于这个身体健壮、心地纯良的单身汉,信赖他判断可靠,大公无私。他能有效打理自己的皮革生意、农场及其他产业;他的动手能力不逊于任何雇工;他研究科学和艺术的兴趣更真诚,因为是自发自足的。柯尔律治很少见过普尔这样的人,他有幸拥有"诚实正直,或曰人格的**整全**"。人们一眼就能看到这点,"他的才智富有创见和活力","他的言谈充满实用价值……像采撷花果一样收获真理……善于观察,收益良多"。柯尔律治多么羡慕普尔的坚定、冷静和"一次只做一件事"的自信。汤姆·普尔是柯尔律治希望自己成为的样子:体面而坚定(像他的哥哥乔治,或之前的道德"靠山"骚塞),然而不同于骚塞,他更包容

28

而开明。柯尔律治对普尔的赞美绝非空穴来风。有关普尔的信息我们了解很多，这一切都证实了他的评价。但是此刻柯尔律治急需这样一个体面、自足而"整全"之人的认可。普尔很久以前就表达了对柯尔律治的信心。早在五月，当《守望者》期刊失败之际，他就委婉地告诉柯尔律治，自己和六位崇拜者希望他能够接受一笔三十五镑的微薄年金，为期七年，帮他渡过难关。若能接近这样一位保护者，柯尔律治会增强决心证明自己。如果我们能经常见到崇拜的对象，难道不会被他们的德行感化？

　　是的，搬去下斯托伊是个好主意，至少当时看来如此。柯尔律治询问普尔能否在他的居所附近为自己一家找到一处农舍。普尔听说以后非常高兴，但一时找不到合适的住宅，只好搁置。普尔突然想到了其他困难：柯尔律治对乡居生活有天真浪漫不切实际的幻想；他的政治观点可能招致邻居的反感；不像在布里斯托，他会缺少惯常交流的朋友。普尔建议他再三考虑，柯尔律治冗长而慌乱的回复反映了他当时的绝望。普尔拒绝他的原因是什么？很明显，普尔会因与他为邻而感到难堪！

29

　　　　我写这封信的时候，内人一直在观察我的

表情,请求知道真相。我不敢给她看您的信。

普尔自然立即放弃了一切反对意见,为柯尔律治一家找到了后来闻名于世的居所(现已改造扩建)。

柯尔律治一家于十二月三十一日搬入的房屋,条件像汤姆·普尔先前描述的那样糟糕——阴冷,透风,烟囱还不能排烟。房间里到处都有耗子,但柯尔律治认为设捕鼠夹不人道。好在年租金只有七镑。房屋后面狭长的花园和普尔的花园相连,普尔马上在围墙上开了一道便门。柯尔律治即刻投入他心念已久的体力劳作——他十三岁时试图说服基督公学附近的一位鞋匠收他为徒。他种植蔬菜,喂猪养鸡,为杂志写评论,准备第二版的诗集。

他的健康状况有了极大改善,可能更多是由于心灵的平静而非体力的锻炼。查尔斯·劳埃德继续和柯尔律治一家生活了一阵,癫痫发作几次后于春季返家。理查德·布林斯利·谢里丹请他写一出剧本,如果够好,可以在德鲁里巷的皇家剧院上演。[①] 柯尔律治毫不犹豫开始

———————

① 德鲁里巷的皇家剧院位于伦敦的柯芬园,是英国最古老的剧院,于十七世纪中叶兴建,经过多次摧毁和改建,至今仍开放演出。

创作悲剧(《奥索里奥》)。不管他现在或将来如何评价自己诗歌的质量(他肯定是英国主要诗人中最谦虚的一位——至少对自己的诗作很谦虚,只是因为在其他领域用功更深),投身诗歌创作使他不再去想大同社会计划,或者目前的影子版本计划。菜园日渐荒芜,悲剧《奥索里奥》进展迅速。他无拘无束,没有受制于何为悲剧之类的标准。他觉得谢里丹和皇家剧院想要什么,他就写出什么。周日他会在附近布里奇沃特或汤顿的一位论教堂布道。

30

五

就在乡居下斯托伊的第一年(1797 年),传说中的柯尔律治在二十四岁那年又重回人们的视野,距离基督公学那位"慈幼神童"的传闻已有八年之久。我们在迅速总结外部事件时,不可避免地忽略了柯尔律治的内心世界,除非通过暗示。他的内在世界具有流动性,我们无法对其迅速归类,直到后来的写作和表达允许我们将其视作某种类别。在这一年的前几个月,他的诗歌都大同小异,政治写作和评论并不能让他青史留名。我们在勾勒柯尔律治从离开剑桥到一七九七年秋季的生活时，不得不加快行笔——要记住他身为作家的三种主要生涯尚未展开：他的主要诗作，文学批评，宗教写作。

但是我们必须认识到，在外部事件的骚动之下，柯尔律治的哲学兴趣在迅速拓宽。这里我们要面对的是更贴近柯尔律治本质的一面——他现在或将来会有很多关乎政治和社会题材的新闻写作甚至诗歌创作，但都不触及本质。要想真正叙述柯尔律治的一生，他的宗教和哲学朝圣之旅应当成为最重要的主题之一，或许是中心主题。他在二十来岁，乃至三十来岁时，似乎满腔热忱投身到一个哲学系统，又迅速转移兴趣到另一个系统，以致我们经常忽略了其中的连续性。罗伯特·骚塞的话常被引用*，但是就像骚塞，我们多数人的生活节奏更为平缓，认为严肃的思考意味着一次只围绕一个思想系统展开，而且一次最好不要超过十年。

31

---

* 骚塞在 1808 年如此评论柯尔律治："哈特莱被贝克莱取代，贝克莱被斯宾诺莎取代，斯宾诺莎又被柏拉图取代：我最后一次见到他时［1804年］，雅各布·贝门［伯梅］也有可能加入此列。事实上他在玩弄各种体系，任何无稽之谈都会成为文本，让他从中演绎出什么新鲜花样。"

从在剑桥大学成为大卫·哈特莱的信徒到生命的终结,柯尔律治最重要的哲学兴趣就是阐释的统一,情感的统一,各式各样关系的统一,但不牺牲多样化的诉求。与此同时,这种对统一的终生渴望,常常诱使我们大多数人闭目塞听,对反对或保留意见置若罔闻,在强加的、限制性的整洁中寻求安全。然而对于柯尔律治来说,他对统一的渴望,在其一生的各个阶段都得到了平衡:他对不容抹去的细节、意料之外的幽微、抵抗性的限定条件保持开放心态;他渴望将每种情形都纳入一个更丰富的综合体。他采取了辩证的方法,游走于希望和兴趣之间。他从道路的一边走到另一边(海兹利特注意到了他走路的样子),从经验主义和科学理性转向宗教性灵和唯心主义,然后带着更深的洞见,回归经验和科学,希望找到一个更具包容性的参考框架。

柯尔律治在剑桥阅读大卫·哈特莱的著作时,哈特莱吸引他想象力的原因并非我们今天熟知的理由(他在机械论心理学历史上的重要性),而是他在面对现代环境时思想无所不包。哈特莱不仅为宗教信仰和道德理想留有一席之地,也容纳了科学家和实用主义心理学家的发现和方法。一七九六年春,在编写命运多舛的《守望者》期刊时,柯尔律治研究了乔治·贝克莱①的作品,此时开始察觉,贝克莱的唯心主义重新打开了哈特莱过早关闭的一个世界。他在笔记本上记下了这段时间的所读所思,同时列下将来打算撰写的作品,包括一系列的"赞美诗"或颂歌,其中一首会"庄重地列举自然的所有魅力和无垠——然后大胆肯定贝克莱的系统!!!"从一七九六年十二月,他打算迁居下斯托伊,直到以后的几个月,他逢人便说自己是个"贝克莱主义者"。我们自然想到了不善通融的骚塞的评价。哈特莱是我们所能找到的传统机械论的原型,而贝克莱可谓哲学史上主观唯心主义的最高代表,在二者之间还会有更大的跳跃吗?但至少从心理上说,柯尔律治对贝克莱的热忱堪称发展而非根本改变。某种意义上,二者是对应的,正如凹之于凸。我们想起一个关于一元论者的老笑话。一种一元论认为物质包含思想,另一种认为思想包含物质。哈特莱属于前者,而贝克

32

---

① 乔治·贝克莱(George Berkeley, 1685-1753),出生于爱尔兰,通常被称为贝克莱主教,是十八世纪著名的哲学家,与洛克和休谟一起被认为是英国现代经验主义哲学家的代表人物,著有《视觉新论》和《人类知识原理》等,开创了被后世称为"主观唯心主义"的理论。为纪念他,美国加州大学伯克利分校(UC Berkeley)以他命名。

莱更有才智,似乎属于后者。对于此时的柯尔律治而言,改变的不过是侧重点,这体现在他为儿子取的名字上:他为长子取名为哈特莱,次子为贝克莱。很快贝克莱也不能满足他了。两年之后柯尔律治会发现斯宾诺莎①(他以前可能对斯宾诺莎也略知一二,但是在一七九九年,他像年轻的德国浪漫派一样,激动地阅读这位哲学家)。他在一七九九年十一月的一则随笔里写道,斯宾诺莎本人如此渴望统一性,如果他将来有机会写一首诗,以斯宾诺莎的哲学思想为根基,

它应该这样开始 / 我应该向阿拉伯滚烫的沙地朝圣,或者找到一个人,他能给我解释世上有一种统一性,尽管有无限多的视角,然而必须有**惟**

---

① 斯宾诺莎(Baruch Spinoza, 1632-1677),葡萄牙-犹太裔的荷兰哲学家,现代早期最重要的哲学家之一。他的思想结合了笛卡尔的形而上学和认识论原则,以及古代斯多葛派、霍布斯和中世纪犹太理性主义的元素,形成了一个高度原创的体系。他的泛神论思想对传统宗教神学形成了巨大冲击。作为一名理性主义者,他试图完全用数学方法来证明伦理问题,写出了一部风格独特的《伦理学》。他的政治哲学为民主政治思想奠定了基础。在关于上帝、人、人的情感、知识、政治、宗教等问题上,他试图把不同甚至对立观点中的合理成分综合起来。斯宾诺莎在西方哲学史上地位重要,影响深远,在当代仍有价值。

一性,不是高度的结合而是绝对的统一。

他此前只是在诗中间接提到了这些思想。是因为
受制于诗歌的**条条框框**吗?写诗的时候,诗人承担着某
种公共角色,因而总想赢得认可。除了《宗教冥思》中

33 的一些诗行,他总在"同一生命"(one life)的诗意表达
周围环绕一圈过滤层以保护自我,而且多少会继续如
此。(当然,他会告诉自己,他不想成为诗人,尤其是在
这时。如果他写了韵文,难道不是单纯为了纪念某些偶
发事件,或者为了卖文?)《风奏琴》便如此,这首诗写在
他和莎拉搬入克利夫登的农舍之后,诗题便表达了他认
为自己具有的典型特点——接受性和开放性。(他有次
说,他的言谈与塞缪尔·约翰逊相比,好似"风奏琴"与
鼓的区别。)后来他加入了两行,直接表达了他近似泛神
论的整体感:

> 哦!我们内在和外在的同一生命,
> 与所有运动交会并成为它的灵魂。

但是现在,他似乎害怕这种想法如此接近泛神论,会惹恼

体面而正统的读者,于是只以问题形式提出:

> 又**何妨**把生意盎然的自然界万物
> 皆看作各式各样的机体形成的风奏琴,
> 颤动着吐露心思,得力于飒然而来的
> 心智之风,慈和而广远,
> 既是各自的灵魂,又是万物的神灵?①

即使作为问题还是太过分了。他后来作为评论家会批判别人的"腹语术"(ventriloquism),此处却自己使用此技——他其实根本不看重妻子的观点,却突然引入莎拉作为正统的审查者:"但是你更严肃的目光"表达了"温柔的谴责",而且要求"我在上帝之侧谦卑地跟行":

> 你所言不错,以圣洁之威一举拒斥了
> 这不思悔过的心智所构想出的一串杂念。②

---

① 译文参考了郭峰《柯尔律治会话诗〈风弦琴〉的同一性诗学观探讨》,《北京第二外国语学报》2016 年第 4 期,第 95 页。
② 译文参考了丁宏为《真实的空间》,北京:北京大学出版社,2013年,第 142 页。

在这首纯洁的诗中,柯尔律治以近乎怪诞的方式阻止了自己的思想。我们在此看到的,是他以温和的方式直接预示了自我分裂,这将伴随他余生二十多年。在这自我分裂中,他担心自己的核心哲学兴趣不够体面,但他感觉非得寻求体面不可,不是因为他本人也尊重体面,而是因为他深切渴望体面的认可所带来的安全感,这种安全感让他想起奥特里牧师家庭的记忆,有关家园的普遍思绪,淳朴的仁爱与虔诚。

六

柯尔律治这时的阅读范围还在继续扩大。可以负责地说,在同时代的英国人中,没有一个人能比柯尔律治在三十岁时所阅读的范围更广,能在不同学科领域坚持阅读这么久。我们说的是一八○二年,他从德国回来三年之后,而我们现在停留在五年前的一七九七年春。

他太清楚在下斯托伊,自己的智性兴趣与外在生活之间不协调(在此意义上,与他过去八年的所作所为都不协调)。在搬去下斯托伊之前不久,柯尔律治对刚开始通信结交的一个人非常客观地描述自己。此人是热忱的革命者约翰·塞沃尔(人称公民塞沃尔)①,他对柯尔律治的一些政论文感兴趣,就让其寄去一些关于他个人的描述。柯尔律治在回信中这么形容自己的脸:如果不是由于雄辩的直接刺激而有片刻的生动,它"表现出非常的懒惰,和非常的近乎愚蠢的善良本性":

> 仅仅是一张脸的尸体:肥胖,皮肉松弛,主要的表情是面无表情……至于我的身材,如果测量的话还算过得去——但是我的步态真是糟糕,行走时**整个人显出惰性散发的能量**(indolence capable of energies)。我一向极喜阅读——而且几乎读遍了所有的书——算是个嗜书如命的书虫——对各种生僻过时的书我算熟读,无论出自修道士时代,还是清教徒时代——我读过也消化了绝大部分史家所著——;但是我**不喜欢**历史。形而上学,诗歌,"关于心灵的事实"(即对于所有能迷倒你的那些哲学梦者的

---

① 约翰·塞沃尔(John Thelwall, 1764-1834),激进的英国记者和作家,支持法国大革命的理想,并在英国寻求类似的政治改革,曾因政治活动入狱。

所有奇异幻影的解读,无论是埃及的透特①还是英国的泰勒那种异教徒),这些是我的心头挚爱。简而言之,我很少不为自娱而读——而且无时无刻不在读书。——至于实用知识,我对化学略知一二,算是喜欢化学——除此之外**一片空白**——不过(请上帝原谅)我**期待**成为一名园艺家,一名农夫。我很少创作——我完全讨厌创作。我的厌恶如此之深,以至有时责任感都无法将之克服。②

他终于开始写那闻名于世的随笔——他后来称之为"捕蝇器"——他在里头匆匆写下所有兴趣(令他印象深刻的词句,心理学或科学事实,他阅读游记时的随笔,食物或饮料的制作方法,未来计划,自我谴责和自我保证)。* 值得注意的是,一七九六至一七九七年间的笔记

---

① 透特(Thoth)是埃及神话中的月神,也是数学、医药之神,常以鹮首人身形象出现。后文的泰勒可能是指布鲁克·泰勒(Brook Taylor, 1685-1731),以泰勒公式和泰勒级数闻名的英国数学家,中年转向哲学和宗教研究。

② 本段译文参考了丁宏为《真实的空间》,第164-165页,稍有改动。

* 权威版的《随笔录》现由凯思琳·科伯恩教授编辑(伯林根:万神殿出版社)。前两卷已问世(1957,1961)。

里有两条写作计划清单(共计四十种):《恶的起源:一首史诗》;论威廉·佩利,著名的《论基督教的证据》(1794)的作者;一篇关于《多比传》①的论文,另一篇论德国的新柏拉图主义者雅各布·伯梅②;礼拜剧《论不同派别的宗教和无信仰》,附带一篇"它们之于心灵和习俗**效果**的哲学分析";《卡松:一部歌剧》;两部约翰·多恩风格的讽刺作品;十八世纪诗人马克·阿肯塞德、威廉·柯林斯和托马斯·格雷的译注;六首赞美诗,称赞"太阳、月亮和土、气、水、火四大元素"——"在其中一首会引入对无神论的剖析",在最后一首会包含他"对贝克莱的思想体系的大胆肯定"。他列举的还有两卷本的《现代拉丁语诗人仿作》——他还在剑桥读书时就告诉兄长乔治该书即将付梓,连同一篇关于文艺复兴时期"文学复辟"的评传性论文。

在第二条更长的清单结尾处,他草草写下了一句反

---

① 《多比传》是犹太《次经》中的一卷。多比(Tobit)是虔诚的以色列人,生活在"巴比伦囚虏"时期。

② 雅各布·伯梅(Jakob Boehme,1575-1624),德国神学家和基督教神秘主义者。他是一名鞋匠和虔诚的路德教徒,经历几次神启后开始写作,强调个人信仰和宗教体验。他关于创世过程、意志至上、救赎意义等观点影响了包括黑格尔、谢林和海德格尔等现代思想家。

思,这会在以后的年月反复出现:"在一个痛苦的时刻,我们奇特的形而上的观点,就像一个病重的儿童床边的玩具。"

第三章　华兹华斯到来；诗人柯尔律治

一

柯尔律治在一七九五年秋曾和华兹华斯有过一面之 36
缘。三月将尽，华兹华斯从布里斯托返回多塞特郡，回到
他和妹妹多萝茜居住的雷斯冈农庄，途中拜访了柯尔律
治。柯尔律治于六月回访，停留了一月之久，文学史上著
名的友谊自此开始。

多萝茜回忆道，柯尔律治到来时，并不"沿着大路走，
而是跃过柴门，在人迹罕至的田野跳跃前行，划出一个角
度"。他确实跳进了华兹华斯兄妹心中。这个"奇妙的
人"的言谈，多萝茜写道，"洋溢着真情、才智和精魂"。尤

其令她动容的是,他的仁慈使人愉悦,他的光辉从中闪耀。(许多年后她仍会赞叹这种光辉复现之快,无论境况多么黑暗艰难。)她一开始觉得他"相貌平平",

> 嘴巴阔大,嘴唇肥厚,牙齿不甚齐整,粗糙的黑发松散半卷。然而你一旦听他说上五分钟,就会忘掉这些面部特征。他的眼睛又大又圆,不是黑色而是灰色;这样的眼睛若长在无精打采的人身上只会呆滞无趣;但是柯尔律治头脑活跃,双眼能够生动传神;他比我所见到的"激扬一转的诗人的眼睛"①更为灵动。他的眉毛黝黑,前额突出。

37 她内敛而谨慎的兄长威廉在这容光焕发的亲善之人面前也开始融化——柯尔律治有着敏锐而慷慨的同情心,还有一种惊人的能力,能"大谈特谈宏大的核心真理,会从中演化出包罗万象的系统"。

---

① 原文"the poet's eye, in a fine frenzy rolling",出自莎士比亚喜剧《仲夏夜之梦》,第五幕,第一场,忒休斯之语。

柯尔律治在一生的大部分时间里是不自信的——当他试图用自己的声音直接而正式地写作时，总感觉不能自如表达（也就是说，每当他有真正重要的东西要写时，都感觉拘谨）。他代替别人交谈或写作时，变得最有活力，思维最敏捷：他为声援或捍卫别人而发声；挪用或修饰别人的观点，以展示经他帮助后能发展到什么程度；或者让别人更深刻意识到自己一直在摸索寻找的目标和支持。躲在别人身后，任何可能招致的责难都转移了目标。柯尔律治压抑的才华开始自在横溢。他感觉自己无法用诗意或系统的语言表达的（谁知道会导向哪里？），现在能为别人所用。当有一个人比他更"端正"，头脑能够安顿他的思考或建议，对其表示认可、感兴趣，尤其是能直接使用时，他感到特别快乐。他走上正轨的证据正在于此。那种感觉像是回家，他满怀信心，知道自己在家里会受到真正欢迎。他遇到坚定的骚塞时，感到何等的宽慰！从那以后每况愈下，骚塞令他失望了。但是汤姆·普尔理解了他（这个了不起的普尔甚至又在经济上帮衬他了，而且是以他一贯的谦逊、间接的方式）。现在柯尔律治开始了解华兹华斯这位阴郁的北部乡村人——他是端正的化身，还是一位诗人（一位有着弥尔顿式英国清教徒英雄主义的诗人）。华兹华斯重视最单纯的美德，但是要想取得他自己期望的成功，还需更宏大的目标和更全面的哲学。如果柯尔律治是真正的诗人，这难道不也是他本人希望实现的目标吗？

38 　　华兹华斯年长两岁，天性能被慢慢同化。柯尔律治在深化他的信仰的同时，也在诱导他从济慈所谓的"小品"转向更宏伟的作品，开始写作一部哲理长诗。华兹华斯感到，他身为诗人的使命感，刚刚被赋予新的意义，柯尔律治就要结束他的漫长拜访了。多年以后，他们之间发生了很多嫌隙，华兹华斯依然会想起柯尔律治，在他认识的所有人中独一无二，"在这世间是为了爱和**理解**"。此时柯尔律治给友人写信描述华兹华斯。"我说这话真心诚意而且（我认为）不偏不倚，"他致信约瑟夫·科特尔，"我告诉你，我觉得自己**在他身旁特别渺小**。"他这样告诉骚塞："华兹华斯是个非常伟大的人——惟一一个在**任何时候、任何方面都让我自愧不如的人**。"

二

　　柯尔律治于七月初回到了下斯托伊，拖着华兹华斯和多萝茜。兄妹二人完全被这位新结识的朋友迷住了。他们明显只是前来拜访，但柯尔律治希望他们留下成为邻居。一所名为阿尔弗克斯顿的宅邸将要出租，林地很美，距斯托伊只有三英里。但是宅主似乎不好说话难以亲近。难道汤姆·普尔不能帮他们一把吗？古道热肠的普尔立即开始打听。在普尔的周旋下，困难烟消云散。住宅确实可供出租，租金每年只有二十三镑。

普尔在帮华兹华斯兄妹打探阿尔弗克斯顿宅邸的时候，查尔斯·兰姆从东印度公司总部休假一周，突然造访业已拥挤的斯托伊村舍。那段时期每个人都很欢快，除了柯尔律治夫人。她疲惫地走动，操持家务，睥睨多萝茜——她坐在那里，和男人们谈笑风生，在忧郁的莎拉看来，她的波西米亚风格也像个男人。他们计划远足散步，但是，柯尔律治说，"亲爱的莎拉失手把煎锅里滚烫的牛奶倒在了我脚上"。他只得待在家里，看着华兹华斯兄妹和兰姆走过附近的山峦。他写下了最精彩的一首会话诗《这菩提树荫将我囚禁》，在诗中想象自己跟随友人的漫步，在缺席状态分享他们对于周围事物的喜悦之情，尤其是长于城市的查尔斯·兰姆。让兰姆不悦的是，柯尔律治通篇都称他为"我宅心仁厚的查尔斯"。

39

华兹华斯兄妹租下了阿尔弗克斯顿宅邸后,几位朋友之间的往来更加频密,他们的远足也覆盖了附近区域。美中不足的是一位不速之客的突然造访——革命者和无神论者约翰·塞沃尔。柯尔律治一直和其保持通信,村民们早就知道塞沃尔的大名,甚至远在布里斯托的人都对其有怨言。政府本能地担心法国间谍。人们预料会有法军入侵;朴次茅斯和希尔内斯港口的舰队都发生了兵变。政府指派的密探发现这伙人形迹可疑:他们总在乡间游荡,手持卷宗,明显对海湾感兴趣。柯尔律治有项计划是写一首题为《溪流》的诗,追溯一条小溪从源泉到大海的流径,以它为象征,发展成一首关于人生的冥想诗。这个想法经常在他脑中浮现,但是只在《忽必烈汗》中有简短体现,后被华兹华斯拾起——他在《达登河》十四行诗组诗中使用了这一构思。柯尔律治在和华兹华斯兄妹散步途中,会不时写几句描摹笔记,令政府派来的密探起了疑心。他说有次提到斯宾诺莎(Spinoza),密探偷听到了,以为是在说他"大鼻子管闲事"("Spy Nosy",这密探确实有个突出的大鼻子)。柯尔律治可能对故事添油加醋以增加滑稽效果,但是村民们的确受到了骚扰,尤其是塞沃尔出现以后。阿尔弗克斯顿的主人圣奥宾夫人谴责那位把她的宅邸转租给华兹华斯的租户，决心不再续约。普尔被所有人责难，包括他的家人，人们认为他不该把这个卖国团伙带到安宁体面的萨默塞特乡村。塞沃尔喜欢他的新朋友和此地风光，宣布打算在此定居。普尔断定事态发展不妙。他甘愿为柯尔律治本人效劳，也开始欣赏华兹华斯，可对塞沃尔要另当别论。还有一个事实：别人或许是匆匆过客，但这里是普尔的家乡；他余生都要和这些村民一起生活。柯尔律治自然知晓境况，他早已想到这点，乐于借用别人更坚定的意见来印证自己的想法，便把情况如实告诉了塞沃尔。华兹华斯兄妹倒无大碍，他们知道自己只是暂住于此。当初他们是希望与柯尔律治结交而来到这里，迟早他们会回到英格兰北部，那里才是他们梦绕魂牵的地方。

夏去秋来，华兹华斯和柯尔律治几乎天天会面。他们顺理成章地开始泛泛讨论合写一本诗集。与此同时，柯尔律治完成了他的悲剧《奥索里奥》，送去德鲁里巷的皇家剧院，没有把握它会被接收（它确实被拒了）。他这时也在计划创作其他作品，尤其是诗歌，部分是因为受到华兹华斯诗兴的感染。

三

　　遍数文艺复兴以来的主要欧洲诗人,柯尔律治的诗人生涯无与伦比(我们在此不谈诗歌的质量)。事实上,在其他艺术中也没有什么能与之相提并论。

　　首先,在享有他这样崇高地位的诗人当中,没人像他一样花费这么少的时间和精力投入诗歌。第二,更重要的是,没有其他诗人认为,相比他们别的兴趣、希望或挂念而言,诗歌无足轻重。人们一开始没有认识到这两个事实,从而误解了他的职业生涯,这种误解未经考察,至今仍在以讹传讹。最常见的是老生常谈的假定:柯尔律治是一位重要的现代诗人,诗才被家庭不幸和个人问题耽误,在《老舟子吟》《克丽斯特贝尔》和《忽必烈汗》中发挥了实力,此后又因服用鸦片和意志薄弱,只能把后来三十五年的光阴浪费在追逐哲学和神学的云烟之志——若非丧失了诗才,他断然不会投身其中的。第三,心理学家和研究天才的史学家可能会有微妙兴趣,那就是这三首诗使他跻身伟大的英国诗人名列(三首诗放在一起看,总共写作时间不过一年半载),但使用的风格与他先前或此后的诗风截然不同。最后的不一致之处在于,无论是他总体的诗歌风格,还是三首诗中昙花一现的卓越一首,都与柯尔律治本人一贯理解并推崇的原则无甚关联——他是文学史上的大批评家,富有同情的洞察力。我们此处所说的并非理想和表达之间质的差异,这种差异是理所当然的。真正的差异,借用柯尔律治本人钟爱的区别,在于**类别**而非**程度**。

时光荏苒,柯尔律治一再声称他并非真正的诗人——尤其是,他感觉"根据他自己对诗歌的定义,他不算名副其实的诗人"。他留下了许多其他论述,有一条草草写在海因里希的《启示录评论》一书中:"我太熟知诗人的天才了,觉得自己无非是一名卑微的诗人;但是既然有了这种想法,我知道自己也算个诗人,确信我能以诗的精神、用诗人的精神去理解和阐释一首诗。"然后,他又用夸张的幽默和突然迸发的比喻和形象补充道:"像鸵鸟一样,我不能飞,但有翅膀,它们给了我飞行的**感觉**。"他的散文中经常出现这种幽默和比喻。他接着想象自己在平原上奔跑的画面,看起来像是一只"地上之鸟",他对那些真正能飞的鸟,从雄鹰到小小的云雀,都表示赞赏和同情。他谈到自己的诗歌或将其付梓之时,总会有种道歉

42

的语气,如《宗教冥思》的副题("一部漫谈之作"),亦如《离开幽居之冥思》原题为"积极入世之思:一首非诗之诗",又如他对那首精妙的会话诗《孤独中的恐惧》的注释,适用于他的许多诗作:"上述恐怕非诗——只是某种介于诗歌和演说之间的东西——特殊的布道。我很清楚,有些部分即使放入激昂的散文还是显得平淡无奇。"

柯尔律治在创作生涯伊始,对十八世纪所谓的"伟大体裁"——史诗,尤其是悲剧——感到由衷的敬佩。相比同时代任何一位英国诗人,乃至过去两个世纪的任何诗人,他的敬佩之情,除济慈外无人能出其右。这种诗歌既有广度,又有深度;既有哲学的辽阔,又有细节的直接;既有心理学的洞见,又有词语和形象的情感暗示。它融合了他最珍视、理解最通透的一切,因为这和他的心智及性情真正相契。正是这种融合后来成为支点,支撑了他的莎士比亚批评,以及他关于艺术和诗歌功用的整体理论。如此迫切的理想可能会抑制自我意识出众的人才,人们或许视之理所当然,但事实并非如此。时常发生的是,在关于天才的传记或心理分析中,处于首要和突出位置的,往往不是那些与其匠心匠艺和终极关怀相关的因素——任何其他因素都会取而代之。正如约翰逊所言,我们更习惯把一个伟人"下拉"至自己的水平,而非把自己"上提",而且我们喜欢从最基础的经验中找到一个更接近下限的共同点,使其放之四海而皆准(如柯尔律治所说,似乎任何一个"偷鹿人"都有潜质成为莎士比亚[1])。文人的传记比政治家或科学家的传记更容易陷入这种简括主义。文艺作品的本质难以捉摸,对于批评家而言,这是一种有益的提醒,告诫我们不要为了任何目的轻率利用文艺。

多年之后,乔治·柯尔律治反思弟弟的早期诗歌时,做出了犀利的评论。这些诗歌基本没有展示"活跃的幻想"——这是弟弟自幼以来的主要个性之一。乔治还说,柯尔律治在上学期间展示了无与伦比的才华,"体现在他能轻而易举参透艰深晦涩的古典作品,以及他对英语作品的阅读范围之广和理解之深"。乔治继续推测,柯尔律治对伟大作品的熟稔和崇拜可能使他怯笔——他或许感觉"他的练笔赶不上他的才识",因为他发现,"在写作的

43

———————

① 十七世纪八十年代,英国牧师理查德·戴维斯(Richard Davies)继承了一批文献,里边有关于莎士比亚的笔记。他补充披露了一则丑闻,说莎士比亚年轻时曾在托马斯·鲁西爵士的庄园偷鹿,从此莎士比亚偷鹿的传闻广为流传。

进展中时时刻刻都感到尴尬",这不可避免,毕竟他心中的标准是如此之高。

四

在柯尔律治的早期诗歌中,我们发现两种传统的十八世纪风格,一种在他二十五岁时已全然褪去,另一种却持续存在到最后,成为他大部分诗作的载体。第一种是从德莱顿以降流行的慷慨激昂的颂歌式。* 这是十八世纪正统的诗歌形式,或可称之为应景**贺诗**。蒲柏的鄙夷反倒使其更有吸引力。这种诗里没有新古典主义的精致、技巧和说教。不难发现它为何在当时的次要诗歌中顽强存在,而且被许多年轻的浪漫派诗人青睐,尤其是在他们创作早期。这种风格的优势在于能够轻松表达或显示活力,而缺点在于容易固化成修辞姿态。

然而对于柯尔律治,从一开始便更具诱惑的是十八世纪晚期的反思体——亲切,随意,超脱,时常是哀伤口

---

* 例如《巴士底狱的毁灭》(1789),《献给查特顿的挽诗》第一版(1790),颂歌《音乐》(1791),以及《颂歌:致即将逝去的一年》(1796)。

吻。* 这与他气质相契,充分利用了他的拘谨和期许,事实上可被描述为柯尔律治总体、惯常的诗风,最佳形式表现在他最好的会话诗中,尤其是《午夜寒霜》(作于 1798 年2 月)。我们必须再次提醒自己,这不是指他在表现形式上取得的伟大成功(如《老舟子吟》或《忽必烈汗》),更不是他最推崇的那种诗歌——他年近四十时感到自己的人生目标之一当是解读此类诗歌,而是说这是他绝大部分诗歌所体现的风格;换言之,这是一种反思的风格,诗人虽使用第一人称,却以刻意放松的姿态,站在一旁以外来者的眼光打量事物("外来"是柯尔律治最钟爱的区别之一),施对象以"同情"而非"共情"。日复经年,他逐渐对作为外来者的诗人失去了耐心,开始尊崇直接的、有同理心的介入,以内部人(从"胚芽内部")的姿态对客体进行有机的戏剧刻画——但他感觉自己不能彰显这种风格。他对自己作品的反应,连同他意识到的自己作品和他最推崇的诗歌形式之间的差距,刺激他产生了诸多批评理

---

    * 多见于十四行诗和短诗,主要在素体诗之"感发",其中首个重要例子是《宗教冥思:一首漫谈诗》(1794—1796),随后有《各国的命运》(1796),《致一位友人[兰姆]》(1796),和一般的会话诗。《宗教冥思》和《各国的命运》,可能是因为它们目标更宏大,也包含了颂歌式的一些要素和套路,但这些随后就几乎不再出现在会话诗中了。

念。现在如此，别处亦如是。

在所有主要的英国浪漫主义诗人中，从最老的布莱克到最年轻的济慈，就接受的文风和总体坚持的文风而言，柯尔律治都堪称最保守，几乎以护卫的姿态刻意为之。不坦率承认这一点，我们对他的阐释就只能流于表面。鉴于他在诸多方面都是创新者，从心理学角度看来极有意思——远比我们以平常所谓的"心理学"概念简括地解析他个人生活中的次要细节有趣。如果说这点还没引起普遍关注，部分是因为我们把文学史按历史时期划分的方式并不恰当。研读浪漫主义的学生通常会跳过一六六〇至一七九〇这段时期。"十八世纪诗歌"这个词组让他想起德莱顿和蒲柏的对句，或许其他几个风格略异的名字。一报还一报，专攻十八世纪的学生，带着约翰逊批评斯雷尔夫人①时所说的"优越的疏忽"，见到柯尔律治的名字时，只能想到《老舟子吟》《克丽斯特贝尔》《忽必烈汗》，和一些文学批评。

到了十八世纪中期，英国诗歌已经在语言和风格方

---

① 海斯特·斯雷尔(Hester Thrale, 1741-1821)，英国作家和艺术赞助人，塞缪尔·约翰逊的密友，她的日记和信件是研究约翰逊博士和十八世纪生活的重要信息来源。

面开始了重大的转型，从中创立了一个基本的标准，一直延续到"一战"前后。浪漫派（或整个十九世纪的诗歌成就）基本都是十八世纪的后代，到了一八〇〇年已进入青春期。确实，主要浪漫派诗人中的多数——华兹华斯、雪莱、济慈，有时还算上拜伦——都超越了传统，方式是承袭而非反叛。（布莱克则既没有继承，也没有刻意反叛，只是纯粹忘却，像二十世纪诗人的做法那样。）只有柯尔律治在大部分诗作中都保留了奥古斯都文学鼎盛时期的悠然风格，而不只是在创作的初始阶段。它的吸引力和提供的庇护不可抗拒（至少对他个性中更被动的一面来说不可抗拒——当挑战和理想变得过于活跃时，被动一面总会占据上风）。它没有过高要求，并不明显向往早期的"伟大体裁"——史诗和悲剧。它还没有演化为理想风格，即在这种平易近人、流行而"开放"的文风里获得济慈所谓的"烈度"特质。（这会在未来三十年里，从一七九〇到一八二〇年间突然发生。）同时它有很多优点：几乎人人都能理解，能发挥"朋友"的功能，还有许多改进机会。它还能变得更有个性，更为直接（用华兹华斯的话说，就是"一人对众人言说"）。它还为"哲学"和表达真正的思想提供了空间。诚然，诗人倾向于站在一旁，而不像莎士

46

比亚式的诗人-剧作家。这是一个问题,但有可能更进一步。无论如何,柯尔律治可以告诉自己,他还没有认真开始写诗。人人都明白他清楚自己需要什么。一七九七年四月,他对约瑟夫·科特尔说这番话时并非全然玩笑:

> 我想创作一部史诗,投入时间不应少于二十年。十年用来收集材料,用宇宙科学来充实头脑。我会是一个过得去的数学家,我要彻底了解力学、流体静力学、光学和天文学、植物学、冶金、化石学、化学、地质学、解剖学、医学——然后是**个人的思想**——再以后是**全人类的思想**——在一切游记、航海和历史中所体现的。所以我要花十年时间——此后五年用来写作史诗——最后五年用来修改。

五

柯尔律治用奥古斯都风格创作的最好作品无疑是那些所谓的会话诗——至少六首素体诗形成的组诗:《风

奏琴》(1795 年 8 月),《离开幽居之冥思》(1795 年冬),《这菩提树荫将我囚禁》(1797 年 6 月),《午夜寒霜》(1798 年 2 月),《孤独中的恐惧》(1798 年 4 月),和《夜莺》(1798 年 4 月)。会话诗这一术语有时被用来涵盖这时期完成的其他一些小诗。它不包含后来完成的《沮丧:一首颂歌》(1802 年 4 月)和《致威廉·华兹华斯》(1807 年 1 月),但也明显适用于这两首诗。

我们违反了年代顺序,向前快进一年,以便把会话诗作为整体来探讨。但是更便利的做法是视其为柯尔律治早期和惯常风格的成果。应该承认它们在有限条件下取得的创新。快速纵览十八世纪后半叶的诗歌(甚至包括柯尔律治崇拜的威廉·库珀——这种崇拜揭示了柯尔律治作为诗人的很多特点),我们会发现,在柯尔律治笔下,诗节变得更加灵活,语言更加通俗(在《风奏琴》中,琴"横身"摆在窗台上;"好吧,他们走了"①;"众生的营营扰扰"②;"就是那片天地,你可以恰当地称之"③,"我们有福

---

① 原文"Well, they are gone",出自"This Lime-Tree Bower My Prison"首句。

② 原文"the numberless goings-on of life",出自"Frost at Midnight"。

③ 原文"it was a spot which you might aptly call",出自"Reflections on Having Left a Place of Retirement"。

了","一个互相吹捧的利益俱乐部"①,"我抱着他匆匆来到果园"②)。此外,联想的互动和发展在更高的层次进行。柯尔律治考量的问题更有意思,诗歌呈现更多的思考。

写这些诗时,柯尔律治并非有意或希望创立一种新的体裁。他使用会话诗这个术语时(《夜莺:一首会话诗,一七九八年四月》),用的是半幽默的道歉,似乎说它是介于诗歌和会话的"中间物"。他避免过度断言,有意(甚至张扬地)将目光投向低微之物,从而能把这类次要诗作仅仅当作偶发的"倾诉"。通过这些方式,他能够释放自己,几乎轻而易举就把晚期奥古斯都的反思风格提升,使之能够满足此后一百五十多年的许多诗意需求和兴趣。我们所指的不仅是素体会话诗更"纯洁"的形式——从华兹华斯(尤其是《丁登寺》)到罗伯特·弗罗斯特,这只是最明显的一条继承线——而是口语化-沉思式的总体风格,它持续以多种形式出现,直到二十世纪诗风转变之后依然存在。意味深长的是,艾略特在早年对

---

① 原文"One benefit-club for mutual flattery",出自"Fears in Solitude"。
② 原文"I hurried with him to our orchard-plot",出自"The Nightingale",文中的"他"指的是柯尔律治的幼子哈特莱。

其口诛笔伐之后，发现它在自己的扛鼎之作《四个四重奏》中不可或缺。

十八世纪中期以来的诗人，无论私下还是公开多么渴望写作诗剧、史诗或企及抒情诗的烈度（尽管后者作为可实现的理想持续时间更长），最后都不可避免地选择了**反思诗**。这是一个基本事实，还有很多未知的领域，有待现代诗歌批评家去探索。我们不能沿着历史的足迹继续追寻一百五十年来研究这个话题。我们关注的只是一个伟大作家的部分作品——他的诗歌——而且此刻只探讨诗歌中的一小部分。需要强调的是，在这组诗中，柯尔律治摆脱了自我要求的负担（他在此处就像在其他很多方面，都成了后来诗人的晴雨表），表达流利而富有新意，并且在此过程中传递给华兹华斯乃至整个十九世纪一种有效的声音，呼吁更加口语化和沉思式的诗歌。

六

柯尔律治的头脑习惯了辩证思考，会话诗的亲和力也有其不利因素，而且对他远比对其他诗人更为不利。一开始看来，他能自由地从道路的一边跳到另一边，令人耳目一新。但正因如此,缺少某种强加的形式提供的理由和挑战,作家自然如履薄冰。华兹华斯这样的诗人,因为足够自信,且对自己的信念深信不疑,即便让他"裸奔"(用叶芝的话说)①,他也无所畏惧。不如华兹华斯自信的诗人,也可以利用这种形式的明显优点——有形似无形。然而柯尔律治对批评如此敏感,总是迅速采取行动预先阻止或转移批评。形式可以提供保护,因为它本身像根避雷针,能帮他逃避责难,为他所说(或要说)的话提供借口。缺少一种附加形式的保护,柯尔律治被迫去构建自己的保护机制,或者更准确地说,他允许自己一些惯常的、私人化的防御措施完全进入诗歌。他很快发现了这点。我们现在停留在一七九七年。到了一七九八年夏,他开始相信,要写这种特殊类型的诗歌,他无论如何都比不过他所谓的"巨人华兹华斯"。

因此会话诗无论本身多么值得赞赏,作为他实际或庄重思想的直接表达,都不如一开始显示的那么有价值。它们无疑是作家清晰的表达,但表达的并非他的真

49

---

① "Walk naked",出自 W. B. 叶芝的短诗《一件外衣》("A Coat")的最后两句"For there's more enterprise / In walking naked"。

实想法（尽管也呈现了一部分），也不全是他真正期望——简直是需要——别人看待他的样子，这并非虚伪造作。比如，他需要向别人展示并向自己证明，他是一个仁慈的人。他**的确**宅心仁厚。自奥特里的少年时代以来，他就一直坚称这点，不是因为他试图掩盖任何深层侵略性，而是因为他很快知道或感觉到，在思考、阅读和想象方面，他都无法被一个年资更长、更受尊敬的群体所接受。他怀疑自己在别人眼中有哪里"不对"，他没有任何害人之心。深入骨髓的恐惧是，他的内在生活不是**别人**期待的样子——他在姑妈的杂货店读过的《天方夜谭》、《鲁滨逊漂流记》、超自然的故事，后来在基督公学和剑桥大学涉猎的新柏拉图主义、伏尔泰、哈特莱、一位论、大同社会：总之都是稀奇古怪，超乎寻常的。他不停渴望新视野、新知识——无论是关于玄幻的、哲学的还是实用科学的。

　　他最深层的需求是要证明，在这种流浪汉般毫无规律的追求中，自己没有任何恶意或害人之心：纯洁无辜如那只友好的信天翁，也如它那样无法被人接受——它来自神秘未知的异域，突然出现在水手们的航船上；展开翅膀能飞至远方；静止下来显得笨拙；不熟悉人类的习俗，却渴望他们的陪伴；总而言之出于好意。华兹华斯曾不经意地提议，可以在一首探索诗中使用信天翁这一意象。信天翁比他以往写过的诗中的任何象征都更能吸引他的想象力。他需要证明自己所作的任何漫游——这明显"不思悔过的心思"构想出的"一串杂念"——都是为了他人。他难道没有总是以他自己的方式试图回归家庭——回到壁炉，居家生活和朴素的美德，人性的直接坦率和朴实无华？在基督公学里，这"慈幼神童"会引用荷马、普罗提诺和杨布里科斯。但他被埃文斯一家接纳时，他接触到鲍尔斯的十四行诗，他的心被触动了，意识到诗歌可以作为"朋友"，并手抄了四十本诗集。那以后的生活，无论是剑桥时代的理想社会，还是大同社会计划，甚至下斯托伊的田园生活，不都足以证明他心之所向吗？

50

因此，在形式全完开放的会话诗中，我们发现了一种反复出现的模式，那就是不管他表面上多么自由，都会习惯性地进入引路人的角色，心地仁慈又善解人意。他在文学批评中精彩地扮演了这个角色，在与德国思想的激烈碰撞中也扮演了这个角色（有时着实笨拙）。此后他继续担当引路人，时而出于旧日习惯，时而因为不确定。即使在晚年的宗教写作中,他也必须先把别人引入舞台(如《思考之辅助》中的莱顿大主教),而他自己的声音不过是为拥护别人或指出细微差别。他本人是不能"纳福"的。因此有些会话诗的前提是(R. A. 杜尔暗示道):情绪的宣泄,幸福或自信,参悟的机会,要么是留给别人的,要么只有别人有望获取。纵观他的一生,我们可以这么说,这里涉及的是一种"祝福"的行为,而且是古老意义上的祝福:交托和给予,它意味着牺牲("祝福"这一词和"血"——"放血"相关)。通过交托,柯尔律治这无可救药的浪子,能够间接体验心灵的释放,对自己所思所冀的事情有了安全感和自信心。于是我们注意到,在《风奏琴》中,诗人引入年轻的妻子莎拉,是她用"更端正的目光"制止了他自己"不思悔过的心智"的杂念。在《这菩提树荫将我囚禁》中,诗人因脚伤被迫留在屋里,而查尔斯·兰姆和华兹华斯兄妹从斯托伊的小屋散步到匡托克群山;他放纵想象,描绘城里生长的兰姆在这全新环境里感受到的新奇和欣喜。

51

《午夜寒霜》这首最精妙的会话诗也不例外。诗人坐在小屋的炉火前,思绪集中在摇篮中的幼子哈特莱身上。炉篦上薄薄的一层炉灰——诗中称为"闪烁的煤烟"——

在民间传说中象征着远方的友人即将来访。诗人注视着闪烁的焰火,对友谊和理解的渴望把他带回童年在校时光的记忆。年复一年,他都希望寻找陌生人和朋友——**"陌生人的面庞"**原来是"更可爱的"熟人的脸庞。现在他把希望赋予熟睡的婴儿,"我成长在 / 繁华的城市,昏暗的寺院 / ……而**你**,我的宝贝,会像风一般漫游",看见美丽的形状,听见

> 永恒的语言,那是上帝
> 的表达,他在永恒境界的教义:
> 他无所不在,而一切寓于上帝。

七

　　一七九七年十一月十三日的下午,华兹华斯、多萝茜和柯尔律治开始了短途的徒步旅行,沿着布里斯托海峡南岸漫步。在这次旅行中,还有随后的几个月里,柯尔律治作为诗人面临的一些心理问题被暂时搁置转移,或派上不曾预料的绝妙用场。

柯尔律治和华兹华斯此前计划合写一首诗卖给某个杂志,用以支付这次旅行的开销。合作双方的兴趣有了交汇点。这首诗得是一首民谣,是华兹华斯钟情的简单而传统的形式。但是为了取悦柯尔律治,它也要包含探索的主题。关于这点,柯尔律治想到了邻居约翰·克鲁克香克告诉他的一个梦境,有"船的骨架,上面还有一些人"。他也在重新考量社会的弃儿:那些因考虑不周或犯下无心之过的罪人,像流浪的犹太人①,文学作品里比比皆是。他当然对这些人感兴趣,但是要想为他们辩护是不可能的,起码这时不能。"流浪的该隐"②,社会弃儿的原型,则是更好的主题。罪责是理所当然的,不会涉及任何道德问题。柯尔律治提议以此作为合作的主题,华兹华斯不感兴趣。他自己静心一想也索然无味。这个主题能写出什么呢? 该隐确实犯有谋杀罪。减轻罪行的戏剧是不可能的,至少对于柯尔律治来说不行,尽管后来拜

①　流浪的犹太人(the Wandering Jew),相传耶稣在受难的路上,遭受一位犹太人的嘲弄,于是这位犹太人被诅咒在尘世行走,直到耶稣再次降临。该传说从十三世纪开始在欧洲传播,逐渐有了不同的版本,各版本中犹太人的性格和轻慢行为有所不同。

②　该隐(Cain)是《旧约》中亚当和夏娃被逐出伊甸园后生下的儿子,出于嫉妒杀死了弟弟亚伯,因此被上帝流放。

52

伦能够写出。他们一笑了之,放弃了这个主题。然而华兹华斯当时在读谢尔沃克的《航行记》①,里面提到信天翁是一种能带来好运的大鸟,能从南极飞来停在船上;有个人杀死了一只信天翁,从而招致了这地区守护神的报复。

他们一起沿着海岸漫步时,想出了关于民谣的计划,如能完成便可连同华兹华斯的其他诗歌一起发表(这对柯尔律治而言既是保证又是激励)。柯尔律治对这个想法兴趣浓厚,想象丰饶。华兹华斯后来说,他觉得自己要是贡献部分诗句会显得冒昧唐突,索性退出"一项我只能成为累赘的任务"。他们结束旅行回到家时,柯尔律治对这主题更加痴迷。他感觉华兹华斯和多萝茜的眼睛都在盯着他,便持续写作了几周,专心致志的程度在他的作家生涯里堪称罕见。这种专心直到二十年后才再次出现——他在绝望之中逼迫自己写出了《文学生涯》。

---

① 乔治·谢尔沃克(George Shelvocke, 1675–1742),曾是英国皇家海军军官,在 1723 年根据自己的经历写了一部《经由大南海环球航行记》(*A Voyage Round the World by Way of the Great South Sea*),书中提及他的一位船长在南美洲南端的合恩角附近射杀了一只信天翁。

八

　　柯尔律治这次的处境,以其特有的方式似曾相识,总体而言又绝然不同:与他以往的写作方式不同,与他通常认为自己该用的方式不同,也与华兹华斯不同。他发现自己在写诗方面完全无法和华兹华斯媲美,这也带来一种乐趣:诗歌这块天地就可以完全交由华兹华斯,柯尔律治只在一旁充当哲学助手和总体的勉励者。他想帮助鼓励华兹华斯写出对时代更有现实意义的诗歌:这种诗使用通俗的语言,熟悉的形象和质朴的情感,深思而熟虑(与柯尔律治的冲动不同),而且最重要的是(这里柯尔律治感到自己最欠缺)结合了道德端正和个体自信。

　　柯尔律治鼓励华兹华斯,帮助他找到进一步澄清自我的理由,也为他们之间著名的分工奠定了基础——他自己将扮演次要角色。结果是柯尔律治写出了《老舟子吟》《克丽斯特贝尔》和《忽必烈汗》,它们的主题、旨趣、风格乃至整体构思,几乎都是华兹华斯的对立面,也与他自己此前的诗风迥异。如果说柯尔律治急于扮演次要或者更专业的搭档,似乎为自身制造了局限,但同时对他也是真正的松绑。他天性易被泛滥的同情所累，在相互冲突的抉择面前容易犹豫不决。对于这样的个性，任何形式的局限都有一种优势。这种特殊形式的局限成果尤其斐然，哪怕只是短期效应。酝酿每行诗时，不用顾忌道德或宗教审查，技术性要求（有关情节、气氛、主旨、韵律）变得至关重要。他习惯要去证明作者的个人善意，这点即便没被麻痹，也变得明显无关，直至他写到《克丽斯特贝尔》中途。

如果说他抛开了一度如影相随的些许拘谨，部分是因为他寻求道德基础的过程中出现了心理转换。仁慈的姿态不必用力写进诗里，现在能以另一种形式出现：柯尔律治通过抹杀自我、提供专业而有限的帮助，协助一位受尊敬的朋友。此外还有新奇的诱惑，他发现自己写作《老舟子吟》进展迅速，然后一鼓作气开始了《克丽斯特贝尔》。他得以宣泄，也是因为这种新颖、专业的模式刻意疏离而具象征性。柯尔律治为百年之后的诗人示范了象征如何能带来释放感。在此过程中，他动用了分量惊人的内在储备。他突然获得了表达能力，词语和意象凝练隽永，富有乐感，这些使他如今能够跻身主要英国诗人之列。

54

这时发生了一些奇怪的事,暗示柯尔律治的创作能量如何被长期压抑,他的其他诗歌也未能将其释放。他的阅读量无与伦比,只有一小部分被发掘并充分利用(我们谈到他的阅读时要记住,他此时不过二十几岁,年近三十)。对这个主题的详细阐释要看最伟大的文学侦探研究,约翰·列文斯顿·洛斯的《仙那度之路》(1927)*,它堪称文学研究的一座丰碑。在长度相当的任何其他诗作中,人们从未发现如此广泛的阅读被突然释放。** 只凭这点而言,柯尔律治的这三首诗也堪称奇崛。

---

* 洛斯主要关注的是《老舟子吟》和《忽必烈汗》。亚瑟·H.内瑟科特在《特里耶梅因之路》(芝加哥:芝加哥大学出版社,1939)中用同样的方法分析了《克丽斯特贝尔》。

** 在完成《仙那度之路》之前的十五年和之后的二十年,洛斯试图以同样的手法分析其他诗人(他自己的阅读在二十世纪也是无与伦比,涵盖了自希腊和希伯来以来的所有主要文学)。但是这位最伟大的文学侦探经常承认,他找不到类似的例子。《仙那度之路》出版四十年来学者们的集体努力也证明了这点。艾略特的《荒原》偶尔被提起作为有趣的参照,但是并无真正可比性,因为那里使用的文学呼应和典故是刻意的手段。

第四章 《老舟子吟》《克丽斯特贝尔》和《忽必烈汗》

一

这三首诗中的第一首,《老舟子吟》,确实构思宏大。　55
无论这首诗的具体主题是什么,它的总体前提,贯穿全诗
的每个方面和兴趣点,是人类生活和人性良知的神秘。
一开始便强调这点,并非要否定其他蕴涵。对于任何事
情,我们经验的范围越广,和华兹华斯所谓的"人生之谜
的重负"①的交点也就越多。

---

①　原文"burden of the mystery"出自华兹华斯的《丁登寺》:"In which
the burden of the mystery … / Is lightened."

《老舟子吟》篇幅完整,写作过程字斟句酌,道德主题极其深刻。在并非残篇的英语诗歌中,也有作品与其长度相似,质量相仿,足可媲美,但多少被概括为简单的公式,而它比任何同类诗歌都更成功地逃脱了这种命运。因此我们既有蔚为可观的解读可能性,相应的也有对任何一种可能性的质疑和拒斥。*专业的解读总会同时遭遇挑战和挫败。这种挑战和挫败又因这首诗的另一特殊性而加剧。就其涵盖以及暗示的内容而言,该诗整体上是开放的。然而就古典批评家所说的"机制"(machinery)而言,它在很大程度上又是封闭而具体的,具有迷惑性,几乎急需讽喻性解读。柯尔律治若对这首诗有任何不安,这无疑是真正原因,也是他不愿多谈该诗的原因(有次例外意味深长:他向巴鲍德夫人提过这诗,暗示复仇精灵这一机制在道德层面过于生硬,从而过度简化了整首

---

　　* 纵观整个十九世纪,甚至直到二战,关于《老舟子吟》的讨论更多倾向于否定诗歌表层以外的意义。解读这首诗的转折点在于罗伯特·潘·沃伦精彩而详尽的分析(1946),后来对该诗的许多研究都直接或间接从中受惠。

诗的构思）。* 与此同时，他的文学批评多是回答自己诗歌中的问题，或是间接地谴责自己的诗作，他会有私人动机去区分"寓言"（allegory）和"象征"（symbol）。这种区分很关键——"寓言"是直接的一对一地将思想翻译成"图像语言"。

《老舟子吟》使用的机制大部分是由华兹华斯提议的，一旦引入就无法剔除，否则会扰乱这首诗后三分之一的整体结构。再说这是一首精心完成的诗，一首异常卓越的诗，在他的全部诗作中并不多见。他的想法正确：这是一首"无法被摹仿的诗"，哪怕不为别的，他也能暗自为此骄傲。小心翼翼适可而止的原因有很多。除了在《抒情歌谣集》第二版（1800）中删去很多拟古词句，惟一重要的改变是，他在一八一七年版诗集中增加了精彩的评注，

---

* "巴鲍德夫人有次告诉我她很喜欢《老舟子吟》，但是有两个缺点：一是可信度低，二是没有道德寓意。至于可能性，我承认它也许会引发质疑；但至于缺少道德寓意，我告诉她，在我自己看来，这首诗的道德说教太多了；如果可能，它惟一或是主要问题，就是把道德情感作为一个原则或行为动机如此公开地强加给读者，而这是一首纯粹想象的作品。它的道德寓意不应多于《天方夜谭》中的一个故事：一个商人坐在井边吃枣，把枣核扔进井里，然后一瞧，一个精灵飞上来了，说他必须杀死这个商人，因为其中一颗枣核似乎刺瞎了精灵儿子的一只眼。"（《席间漫谈》，1830年5月31日）

57

使超自然机制的生硬骨骼变得具体充实，也使叙述更为流畅。他在那时还增加了一段题词，引自托马斯·伯内特的《哲学的考古学家》，用以强调他的核心前提是围绕人类灵魂的奥秘：

> 我能轻易相信在宇宙中不可见的生物比可见的更多。但是谁能告诉我们它们的性质，它们的级别、关系、显著特质和功能呢？它们所作何为？它们所住何方？人类思想总是围绕这类事物的知识转圈，从未抵达……

二

首先，这是一首关于探索和发现的诗，也关乎罪恶和部分救赎。承载着老水手的船，在绕过南极地区的荒凉和奇异之美后，进入一片无人探索过的海洋（"我们是**第一批**来客／闯进这沉寂的海面"）。作为个体的老水手本人也是如此。信天翁无缘无故地来到船上并停留在此，他不假思索将其射杀，因此遭遇了凡人不曾体验过的宇宙力量，否则他对这种力量依然一无所知。*针对这一行径，这首诗的态度绝非坚定不移。老水手做了一件罪恶的事，他肯定受到了惩罚。但是如果他没有作恶，他对宇宙的感知（还有我们通过他获得的感知）肯定更有限。如果他是一个罪人，他也算是一个英雄，只因为他比别人经历更多。倘若稍加限定，可以说他像后来在十九世纪文学中常见的浪漫主义英雄那样——有些是拜伦式的，有些追随浮士德——因违背律令反而获得了别人缺乏的深度体验。通常出现三种情况，总有一种会发生：英雄摆脱了罪行的束缚，发现禁忌是毫无根据的；或者罪行不过是为表达一种反抗，反抗一个毫无意义而且残酷无情的宇宙，但终会受挫，以悲剧终结；或者（像老水手的境况）英雄历经苦难获得了真知灼见——宇宙间确实存在一种道德秩序，违背它必定会受到惩罚。他人欠缺这种知识，也许口惠而实不至。

58

---

* 把老水手的行为解读为柯尔律治不假思索地扼杀了自己的诗才，不仅忘记了这一点，也违背了历史纪年。他的诗才至今才开始表现——而且表现得非常成功。（后来的年月里他也不曾感觉诗才被抛弃或扼杀。随着心情变化，他认为自己的诗才有时蒸发了，有时暂停了，好像从未存在过，或者融入了更重要的工作。）

让我们感到此事之恐怖与罪恶的，与其说是射杀信天翁这一简单行为，不如说是老水手本人。婚礼宾客见到老水手脸上的恐惧，感觉不可思议而且惊骇，喊道："上帝保佑你，老水手……**你这是怎么了**?"老水手回答说："我用弓箭／射死了那只信天翁。"我们因此不必谨小慎微，试图理性化这种行为的可怕之处（比如，按字面意思将其罪恶等同于谋杀人类——部分是因为老水手自己的断言，他说信天翁穿过迷雾向他们飞来，"仿佛它也是一个基督徒"）。我们想这么做，只是因为柯尔律治本人能从看似微不足道的象征物中衍生出如此丰富的意涵——华兹华斯讲给他的故事本来不足为奇。如果柯尔律治本人与犯罪后的老水手有相似之处，戴维·珀金斯指出，在罪行发生之前，他好似那只信天翁——这只大鸟张开翅膀，样子笨拙，不同寻常，最重要的是很友善，作为自然的礼物，从另一个世界飞来，出现在船上，然后被人轻率地射杀。但是这种主观暗示有所节制，而且动摇不定。此外，最重要的是老水手此后的故事。整个关于信天翁的片段，当然不可或缺，但只限于五个诗节——不到全诗的三十分之一。

另外一种针对该诗的解读是华兹华斯式的。老水手破坏了人与自然之间的纽带,但是当他能够祝福水蛇的时候,这种纽带又被修复了,或部分修复了。这种解读,如果不被当作一个排他性的框架,还是有一定合理性的。59正如罗伯特·潘·沃伦所言,这首诗的一个中心前提蕴含在《风奏琴》的这两行诗中:

> 内在于和外在于我们的**同一生命**,
> 与一切运动融合并成为它的魂灵;

老水手射杀了信天翁,冒犯了"同一生命"。柯尔律治感觉可以就这一行为大做文章,只是因为华兹华斯告诉他的这件事算不上明显的极端。如果谋杀的是一个人,可能会带来很多麻烦,远非这样长度的诗歌所能掌控。应该有一些细节来展示充分的动机,否则老水手看起来无异于恶魔。无论如何,**动机**不是关键。事实上,动机的存在可能会消解潜在的可能性——它们现在对柯尔律治是开放的。我们注意到,数月以来他都在考虑创作一首关于"恶的本源"的史诗。整个主题变得愈发不可捉摸,同时也愈发令他着迷。如果我们假设宇宙充斥着"同一生命",那么就像在一般的一元论和泛神论的宗教里那样,我们试图理解恶的时候似乎只能局限于一两种选择，没有哪一种能同时满足头脑和心灵。换句话说，我们要么必须承认恶是必不可少的一部分，从而修正仁慈的上帝这一构想，要么会被鼓励把它解释为非"恶"的其他事物（亦即不那么坏的事物）。没人比柯尔律治本人更了解这点，而且随着岁月推移，他对这两种选择都愈发不满。但就目前而言，这首诗允许他选择像是第二种的某个版本，只因它并不那么可怕，然后通过暗示——尤其是老水手对他自己作为的反应——来彰显它和更强有力且极端化的恶之形态的关联。老水手抓起十字弓箭射杀信天翁的行为，是对"同一生命"的冒犯，说到底是欠缺考虑，头脑和良心都懈怠懒惰：他在百无聊赖中，试图采取行动表达意志、自我和权力意识，借此打发时间，让它过得更激烈些，给自己和别人留下深刻印象。

这首诗成功的一个标志是，老水手的行为中有些东西让我们害怕——这种突然想杀死一个无辜或不同生命的冲动——即便我们不认同华兹华斯式的天人合一态度。这便足矣。我们不必试图把一连串的事件变得合情合理，一目了然，清晰明确。柯尔律治非常清楚，如果事物留有余地不甚明了，我们的大脑更有可能继续思考以

《老舟子吟》插画,古斯塔夫·多雷作

信天翁

《老舟子吟》插画,古斯塔夫·多雷作

透过轮船的影子 / 我看见水蛇

《老舟子吟》插画,古斯塔夫 · 多雷作

暴风雨中的水手

《老舟子吟》插画，古斯塔夫·多雷作

他从雾雪之乡 / 跟随我们九寻之深

图找到深层意义。毫无疑问,关于老水手行为的整体构思,在想象层面可以拓宽(比如延伸到道德层面的恶)。在这种充满暗示和模糊的行为中,我们面对的,至少从某种意义来说,是另一种表达。关于这点,柯尔律治在完成这首诗不久后写信给哥哥乔治:"我坚定不移地相信原罪;从母亲的子宫里我们的理解力就变得模糊了;即使我们的理解清晰明朗,我们的机体也是堕落的,意志力是有缺陷的。"

三

老水手射杀信天翁之后,才进入一片别人不曾涉足的海洋。我们意识到,自此以后,我们面对的是一个人类个体的命运,而非全体船员的命运。这部分无疑是十九世纪最明显的具有存在主义特征的诗行,它的主题是人类在巨大的未知面前瑟瑟发抖的赤裸存在。因为柯尔律治后来在《睡眠之痛》一诗里提到"深不可测的内在地狱",这种存在又变得格外脆弱。船员则变得相对次要。对于老水手的作为,他们一开始感到高兴,后来又变得不悦,无论如何都对他的行为后果一无所知。在这戏剧性的转变中,他们的重要性在于开始时作为背景,后来的命运令老水手感到遗憾。

61

在随后对于隔绝和罪恶的凝练处理中,柯尔律治为威廉·詹姆斯笔下著名的"病态的灵魂"①(出自《宗教经验之种种》)状态描绘了最显著的原型,这可能在英语诗歌乃至整个现代欧洲诗歌中都最为形象生动。因无风而不能前行的船只成了一个地狱,一片沙漠,孤悬在一片无边无际的海洋。在老水手看来,那里只有炽热、焦渴、静止和腐烂("大海本身开始**腐烂**"②)。那些生物现在不过是"黏滑之物"——他后来能以截然不同的眼光去看待;那些颜色此时像妖魔夜宴的"死神之火"——在另一种心境下或许显得无比美丽。然后,"船的骨架"驶来了,栏杆为残阳蒙上了阴影,这是柯尔律治的邻居约翰·克鲁克

① 威廉·詹姆斯(William James,1842–1910),美国心理学家与哲学家。《宗教经验之种种》是詹姆斯根据其在爱丁堡大学主持的吉福德讲座(Gifford Lectures)的讲稿编写而成的,出版于1902年。他在书中把宗教人格分为健全的心态、病态的灵魂、分裂的自我和圣徒性等几类。"病态的灵魂"(The Sick Soul)出自原讲座的第六讲和第七讲,指的是那些背负"恶"的意识重负,因有恶事而受苦的人。参见詹姆斯,《宗教经验之种种》,唐钺译,北京:商务印书馆,2002年,第127–165页。

② 本书涉及《老舟子吟》的诗句译文主要参考了袁宪军译《柯勒律治诗选》,福州:福建教育出版社,2015年,有些许改动,此后不再标注。

香克梦到的。它刚出现在地平线时只是一个小点,船员们满怀希望去迎接,迎来的是无情的幻灭。船上的两个人影,是死神和阴曹的生灵,在为谁能赢得老水手和船员掷骰子,阴曹的生灵赢得了老水手。《老舟子吟》完成五年之后,柯尔律治在《睡眠之痛》这首诗中又提及这种噩梦般的经历("脆弱的意志"被内疚和后悔麻痹——"令人失魂落魄的恐惧和羞愧")。十四年后,他又在《地狱边境》这首骇人听闻的诗中描写了地狱"断然的否定"。

阴曹的生灵赢得老水手后,船员们一一倒下毙命(他们的灵魂从他身旁飞过,"飕飕作响,犹如我的弓弩")。老水手完全孤身一人站在"发臭的甲板上",望着"发臭的大海",七天七夜求死不得,他在自己眼里像周围万物一样,肮脏受诅。然后慢慢地,就像信天翁毫无来由地出现,治愈过程开始了。因为他认识到,无论他所处的世界看似多么瘫痪无力,在某些地方依然存在行动的自由:

> 月亮慢慢升到了太清,
> 她不断上升一刻不停:
> 冉冉地月亮向上升腾,
> 身旁伴随着一两颗星。

这是一种完全自由的行动,而且范围比他先前经历的场景更辽阔。老水手被其美丽与奇迹打动,至少一定程度上从麻痹和自我的牢笼中解放出来。为了强调在这首诗的转折点发生了什么,柯尔律治在改写时增加了最长也是最美的注释:

> 老水手孑然一身,动弹不得,他仰望着天空中转动的月亮,以及依然逗留却还在移动的星辰;整个碧蓝的天空都属于它们,是它们指定的栖息地,它们的国家,它们自己的家园,它们出入无须通告,它们是主人,无疑总有人期待着它们归来,而且它们到来时总伴随着无声的喜悦。

正如沃伦先生所说,月亮之于柯尔律治是一个反复出现的意象,象征着想象力,部分是因为它幽微的光芒解放了想象,部分是因为反射的光辉这一理念与接受和反应相联。老水手的整个状况开始改变。他讲故事时,并不确定这是一个**真实**的变化(月光一开始只是"嘲笑"海水"可怕的红色",像"四月的白霜"一样笼罩着海面)。之前看来如此可恶的海洋生物,现在焕发出意想不到的美丽。但是无论如何,他现在视它们为"活物"——是"大海里上帝的造物";正是这些"活物",在老水手进一步超越自身的孤独和自我憎恨时,受到了他"不自觉"的祝福。在这一刻他谦卑而放松,发现自己能够祈祷,而那只信天翁,先前被船员挂在他脖子上,现在也掉进了大海。

四

老水手救赎的故事随后开始了。最重要的事实是,他的救赎只是部分,并非全然。人们经常援引这首诗,把它当作最生动的现代版心理重生的原型主题——威廉·詹姆斯称之为"二度降生"(twice-born)的灵魂。这只在一定程度上算是事实,因为原型主题包含的旧的自我近乎完全毁灭,以此为新的自我腾出空间。这对柯尔律治是不可能的信仰——即使在今后黑暗的年月,他会十分渴求这种信仰。无论如何,他意识到,如果老水手得到的救赎增添一分,这首诗的价值就会降低十分。事实上,如果我们稍微推测,在这种情境下该如何刻画完全的救赎,就会发现它很容易变得荒诞不经。

于是,当两位南极精灵在讨论老水手时,第二位精灵

的预言,因为表达得如此温柔而显得格外不祥:

> 另一个声音更加温柔,
> 温柔甜蜜得好似甘露,
> "这个人已经悔罪反悟,
> 他心中的悔恨将无尽无休。"

无休止的悔罪,当然就是老水手被罚重历这一切。从某种意义上说,就是用想象重现他的所作所为——方式是反复讲述这故事,试图接受这一切,将其置入某种有意义的语境。正是在此该诗获得了最广泛的普世性,这种普世性支撑了全诗的后三分之一,否则无论是在柯尔律治的个人介入还是他的创作自由层面,它(作为**杰作**,不管多么精彩)都会遭遇不可避免的削弱。仍须面对的残酷事实是,他还要把老水手送回人类社会,而且最好迅速完成,不然这首诗会过于拖沓冗长。这里华兹华斯的帮助显得尤其宝贵。柯尔律治天性不愿把任何事情了结得干净利索。如果一部作品必须完结,就意味着太多敞开的大道、太多宝贵的幽微之处都必须舍弃,也意味着太多的异议、太多互不相容的可能都无法得到和解。华兹华斯已经建议,射杀信天翁之后,南极地区的"守护精灵"应该担当起"报仇雪恨"的责任。由于还面临着送船返航的实际问题,华兹华斯说他还"建议让死者负责轮船的领航"。

如果在所谓"返航的机制"这一问题上拐弯抹角过度纠结,我们对这首诗的象征性解读就会变得格外脆弱。这里需要一个回归机制,而且华兹华斯提供了一个。此外还有船只回到英国港口时的突然沉没:如果不能处理掉船只和船员尸体,故事就会变得无比复杂。别的不说,至少它们会严重束缚这个有关存在而且高度个性化的主题。焦点全都在返航的老水手身上。老水手希望居住在港口林间的隐士能够赦免他的罪过,于是开始讲述他的故事。他的精神极其痛苦,几乎失魂落魄。但是

> 从此以后,不定某个时刻,
>
> 剧烈痛苦又会把我折磨:
>
> 直至我讲完这恐怖故事,
>
> 才会熄灭心中炽热烈火。

由此看来,即便这么多年过去,老水手还是没有完全理解发生了什么,也没有实现完全的"救赎"。现在他的

故事讲完了,在如此恐怖的孤独之后,他只提到自己的需求,那就是与别人和上帝建立最简单、最谦卑的关系:

> 啊,婚礼的客人,这个灵魂
> 曾独自漂泊在茫茫的大海;
> 那是一片死寂,甚至天主
> 似乎也不曾莅临眷顾。

> 啊,比庆婚喜宴更加丰盛,
> 对我来说是尤其丰盛,
> 那就是与善良的人们一起
> 满怀虔诚地走向教堂!

> 与人们一起走进教堂
> 与他们一起祷告拈香……

提到祷告,他不由得又用最简单的语言,加上他所习得的其他教训:

> 谁爱得最深,谁最能祈祷,

> 热爱世间的万物无论大小；
>
> 是荣宠我们的亲切的天主，
>
> 创造了一切并把一切爱护。

如果把老水手的这些话语从戏剧化的语境中抽离，当作诗人自己的最后总结，无论我们对整首诗有怎样的不同回应，都是彻底的误读。* 人们在解读济慈的《希腊古瓮颂》的结尾时，也会犯同样的错误，导致类似的结果。不太成熟的读者乐于见到作者本人有关作品"主题"的说明，并认为这肯定是权威的。更成熟的读者感觉有义务指出诗人的幼稚——他竟然允许一首原本复杂的诗歌有如此简单的结论。但幼稚的不是诗人，而是读者的诊断。借用传统的经典语句，这首诗的优点之一在于，柯尔律治没有让老水手爬上预言的战车，而是自始至终"保持得体"。深受震撼的老水手既非哲学家，又非预言家，亦非众人领袖。他习得了一个深刻而简单的真理。但是他不能——甚至不假装——详细解释他所经历的整个奥秘。他始终无法捕捉

---

* 柯尔律治对巴鲍德夫人所说的"强加"道德情感指的也不是这几句有意平淡的诗行，它们本可以在任何时候被轻易修改或替代。柯尔律治指的是这首诗的后一半或后三分之一的总体道德框架。

到这个奥秘,所以他的真实信息是故事本身("是'我讲我的故事'")。老水手有了"奇怪的言说力量",要说的是他的实际故事,并非言辞简单的结尾几句,而他要继续重复讲述(向他自己也向别人)并继续探索深层意义的,也是整个故事。这是柯尔律治最伟大,当然也是最戏剧化的一首诗,其更深层的意义究竟是什么,有待读者去推断或猜测。

五

两三个月后(1798 年 1 月或 2 月),柯尔律治认识到,他其实能够完成一部规模宏大的作品,而且采用一种全然陌生的创作方式。这可能使他本人感到惊讶,当然也给了他前所未有的信心。他后来又写了四首出色的诗,至少两三首都写在《老舟子吟》完成之后:《克丽斯特贝尔》;最精妙的会话诗《午夜寒霜》;以及《忽必烈汗》,虽然最后一首的创作时间存在争议。

然而他总不能全心全意对待已经完成或正在写作的作品。《老舟子吟》写到一半,即将按照预定的结尾推进时,限定性条件和其他可能性开始在他脑中浮现。幸运的是,他能将之排除在外,转移到其他诗作的构思中,尤

66

其是《克丽斯特贝尔》。后来他在《文学生涯》里说,在这些诗中,"相比我初次试笔的成果,我本来可能更接近实现我的理念[如果这些诗能完成]"。在其他诗中他将尝试一些类似但不同的东西,既不同又相似。带着这种想法他似乎在十二月份或一月份已经开始写作《克丽斯特贝尔》,即完成《老舟子吟》之前一两个月。柯尔律治以他特有的风格,划了一条新的区分线,用以肯定自己的决心,并给自己新的理由去继续。这次他不打算再写**超自然的**(supernatural),而是谨慎地关心**非自然的**(preternatural)——换言之,不是必然的**高出**自然,而是在自然的一般过程之外,或者以普通方式无法解释。出于对这种区别的好感,他计划(或后来说他计划)写两篇文章进一步澄清区别,但照例没能写出。第一篇文章原计划附在《老舟子吟》之前,讨论"诗歌中超自然因素的使用,以及限定其使用的一些准则",第二篇则要充当《克丽斯特贝尔》的序言,讨论"非自然"因素的使用。

他想现在可以稍微自由一些了。首先,"超自然"强加了一种负担,不是压在创新上,就是压在良心上。它预设了一个象征指代的框架,必然要涉及他自己的宗教信仰,而他却不大清楚自己到底想从哪里介入,或感觉有自由介入。此外，这次没有必要提供"机制"。可以避免明显的"寓意"，因此也不必提供手法去激励读者寻找那种——对照的寓言，推断"这个"代表"那个"。自然和"非自然"的相互影响，甚至相互渗透，反而将会完整。结果就是这首诗并未展示过多的理性、明显的象征或寓言意义，至少不比柯尔律治向巴鲍德夫人提及的《天方夜谭》里的故事更多。与此同时，他选择了一种诗歌形式，和《老舟子吟》明显不同，又有重要的类似，作为彰显他自信和创新的开始之姿。通过这种形式，他能再次避免使用五音步诗行——莎士比亚和弥尔顿成功运用过，它虽伟大却令人拘谨。但是这次，他没有选用民谣形式作为基础，而会用一种摒弃音步的韵律，一行中无论有多少音节，都只简单使用四个重音节，偶尔会有变换，间或点缀押韵。这种安排背后的构思吸引了从司各特和拜伦到现代的很多诗人，甚至还诱使一些诗人，尤其是杰拉德·曼利·霍普金斯①，去以这种或那种方式超越它。柯尔律治自己似乎逐渐意识到，这可能是这首诗最成功的一点了。

---

① 杰拉德·曼利·霍普金斯（Gerard Manley Hopkins，1844–1889），维多利亚时期重要的英国诗人，因在诗歌韵律中创造性使用跳韵（sprung rhythm）而闻名，每一音步的重读音节后接不定数的非重读音节。

悲哀的是,随着时光流逝,诗作仍未完成,而他愈发努力吸引读者留意其音律上的创新而非其他特质。他在一八一六年的序言中试图以随意的口气自我防卫,而这篇序言取代了此前计划的关于"非自然"的论文。

六

有了别样诗体的护卫,还有全新目标的激励,柯尔律治似乎进展迅速,可能在一月之内写就《克丽斯特贝尔》的第一部分,然后完成了《老舟子吟》的结尾部分。这次冒险进入"非自然"领域的背景设置在中世纪。一般来说,在讨论叙事诗时加上几句总结会大煞风景,但鉴于我们要处理的是一首残篇,因此有必要容忍几句故事梗概。克丽斯特贝尔小姐和鳏居的父亲住在一起,未婚夫是远方的一位骑士,她在夜间离开城堡去为异地的恋人祈祷。这是无知无畏的纯真勇敢,她觉得午夜森林未必比城堡中心更危险。同时这首诗反复暗示不祥之兆在等着她。她继续前往,做了祷告,遇见另一位女子("杰拉尔丁")。杰拉尔丁讲述了她最近的遭遇(这个故事不会使任何人信服,除了一位单纯而迟钝的少女),请求怜悯和帮助,然后被克

68

丽斯特贝尔带回了城堡加以保护。杰拉尔丁自己无法跨过门槛——它能够抵御邪恶精灵（读者由此能够警醒，留意她是恶灵）。柯尔律治作为习惯性的引导员，很快与克丽斯特贝尔认同。她必须将杰拉尔丁抱过门槛。但是自此以后，克丽斯特贝尔不再是一个自由的主体，没有遵从任何警告，把她领进了自己的卧室。杰拉尔丁在就寝前宽衣解带，被迫展现了某种东西，令任何未曾被她咒语蒙蔽的眼睛望而生畏："她的胸部，半个侧身——如梦似幻，难以名状。"她可能皮肤萎缩、满是鳞屑，符合女巫的传统形象。

杰拉尔丁的人物形象集合了许多事物，值得关注的有：恶的难以捉摸和模棱两可，及其多种多样瞬息万变的本质，更重要的是，它需要人类的欢迎和拥抱，以便完全复活实现自我。在以上所有方面，杰拉尔丁性格的两个主要原型互相补充。首先，她是某种意义上的吸血鬼——也就是说，一种部分通过人类或借助人类的生物，在某种程度上依赖人类来达成她的形象和行动，就像恶本身。同时她也是某种"拉米娅"①，在凡人和永生状态

---

① 拉米娅（Lamia）是济慈叙事长诗《拉米娅》中的蛇怪，经与神使赫尔墨斯交易，化身美女来到人间，与青年利修斯恋爱。在婚礼上，利修斯的老师、哲人阿波罗尼亚揭露了拉米娅的真实身份，一切化为乌有，利修斯也于当夜去世。

之间转换;与此相伴的是这种暗示,她**可能**——仅仅是可能——是一个幻影,只是作为一种可能性永久存活,只能通过人类的头脑获得具体的存在。后弗洛伊德时代的人会自然而然联想到性别的模糊,这与前述更复杂的考量相比,可能相关,但绝非根本。如果我们运用一点历史想象,很快就会发现柯尔律治若选择另外两种做法(把杰拉尔丁或克丽斯特贝尔变成男人),就会制造很多难以解决的困难。与之相反,有关女同性恋的观点——如果只是暗示可能性——就不大会在读者心中唤起刻板的反应。一个男性吸血鬼不仅可能失去杰拉尔丁神秘的"拉米娅"特质,更重要的是会把整首诗降到当时哥特式"惊悚"文学的不堪水平。一旦允许男吸血鬼进入克丽斯特贝尔的闺房过夜(而且鉴于对她性格的整体构思,她怎会请他入室呢?),剩下的就无甚可说了。另一方面,克丽斯特贝尔作为柯尔律治笔下的主要角色,本来已够被动,如果再把她变成男人,使其软弱地屈服于一个女吸血鬼,诗的主角就会像胶一样软弱无形,接近闹剧,十分危险。简而言之,在我们急于苛责诗人之前,先要意识到他面对某种情形时会采取的现实的、必要的做法。在此情形下,柯尔律治并没利用必然性来捞取资本。不妨再次声明,真正令人担忧的是恶的多面性,它善变的能力。我们以为已经确定或定义它了,它却化作别的形状,像变色龙一样改变颜色。重要的是,它通过人类的合作获取力量、实现自我。最后,杰尔拉丁并非一心向恶,她也有犹豫不决和自我疑虑的时刻。事实上,她并非全然自由。当她走向克丽斯特贝尔的卧榻时,"啊! 她的眼神是何等的痛苦"。她似乎在试图"举起某个重物",而且她还"寻求延迟"。

暗含在整个故事的构思中,但没有充分展开的,还有美德的模糊性,大概体现在杰拉尔丁的反面——克丽斯特贝尔身上。天真无邪除非是真空状态下的偶然,否则必然被迫以某种形式与恶接近,尽管在此过程中天真可能会被摧毁或改变。更具体说来,柯尔律治本人感觉他能对所有人和所有观点表示欢迎和兴趣,这种开放的心态不可避免会暴露自己,而且(正因为如此开放)会接纳可能伤害它的东西。

七

这首诗无论涉及别的什么,中心思想就是天真敞开大门迎入了邪恶。这并不是说我们解释这首令人困惑的残篇时,会退化到参考人类的堕落。如果杰拉尔丁有蛇的部分特质,城堡也绝非伊甸园,克丽斯特贝尔并非夏娃,亚当也无迹可寻。但是堕落的概念,正像频繁出现在柯尔律治更严肃的作品中一样,也确实作为基本背景而存在。我自己的猜测是,它的作用原本不仅仅是背景,但是柯尔律治本人的同情和设想,加上背景的局限,还有人物的构思,开始互相矛盾,而且他也需要让故事有个基本清晰的梗概,以便完稿付梓。

最主要的尴尬是由克丽斯特贝尔本人这一角色造成的。她没有作为一个清晰的形象出现。然而这是她的故事,而非杰拉尔丁的。柯尔律治以他一贯的间接感受能力,成功刻画了复杂的杰拉尔丁。他的主角像他一样脆弱,是半个孤儿,仁慈善良,信任他人,被人误导,但是他处理主角的方式无可救药地分裂。她既是一位殉道者*,

---

* 他告诉詹姆斯·吉尔曼:"克丽斯特贝尔的故事部分基于这种信念,即这世上善良的拯救了邪恶的。"(《塞·泰·柯尔律治传》〔1838〕,I. 283)他在跟托马斯·奥尔索普的谈话中发展了这一思想:克拉肖有关圣女大德兰的诗行("既然在家得不到,/她将走向殉道。/无家可供她忏悔,/她只能当殉道者")一直在我脑海盘桓,我当时在写这首诗的第二部分。大脑的工作很微妙,它们说不定启发了有关这首诗的第一个想法"。(奥尔索普,《S. T. 柯尔律治的书信集、谈话录和回忆录》〔1836〕,II. 195-196)

又是积极的参与者。前者——关于殉道的念想——如此强有力地利用了作者本人的认同感，它立即取得了优于后者的地位，尽管后者对于叙事更有必要。天真信任和真诚坦率遭到背叛，实际也是信天翁的遭遇：它殷勤地飞到船上，然后横遭杀戮。同样，"鸽子"克丽斯特贝尔的好客也被亵渎。在诗的第二部分，克丽斯特贝尔的父亲利奥兰男爵欢迎新客，杰拉尔丁利用了爵士的同情，就像先前利用了他女儿的善心，这次宣称自己是他一个老朋友的女儿，老朋友是特里尔曼的罗兰·德·沃克斯，多年前他们争吵交恶。此处重申的思想是，我们的美德——在克丽斯特贝尔的父亲身上是原谅故交的冲动——使我们变得易受伤害。

创作《老舟子吟》之际，柯尔律治最痴迷的主题之一，是真诚坦率遭遇背叛。《克丽斯特贝尔》的故事，一言以蔽之，就是以更长的篇幅拓展了这一主题。写作《老舟子吟》对他提出了各种要求：要有航行，要有探险主题，要聚焦于老水手本人，华兹华斯提议的情节，还有严酷但有用的事实是，对于这样一只非同寻常的海鸟，作者也只能止步于此以免荒谬。林林总总的要求结合起来，改变了这种特殊形式的自我投射，使它大有裨益，敦促他继续处理其他问题。然而现在,他认同于殉道之心,一开始并没受到外界控制的阻挠,因此过早固化为刻画简单的美德、纯洁的动机和思想。如此自卫性质的刻画,使他发现自己限于一两种选择,没有一种令他满意。这样被动而受限的一个角色,居然能受难殉道。但是就像信天翁被射杀,这首诗里的行动会是单向度的,克丽斯特贝尔是接受者;而且这个故事应该马上结束,否则会变得冗长。另一种可能是(除非他全部推翻重新开始),克丽斯特贝尔的名字(Christabel)和基督(Christ)接近,可以在这个娴静的少女性格中注入简单纯真之外的其他特质,使其能够自发推进。他被所有这些可能性撕扯着,迅速完成了该诗第一部分,选取了折中之道,时而倾向一边,时而倾向另一边。他试图暗示克丽斯特贝尔成长环境的封闭,在开始第二部分的时候又突出这一点,强调了她父亲的死亡意识——他总是回望过去,沉湎在妻子产女时离世的事实。诗中不止一处暗示,克丽斯特贝尔无论表面多么温顺,天性并不安宁,容易接受别样事物也是情有可原。她很有可能是瞒着父亲深夜外出前往森林祈祷。是她提议杰拉尔丁与她同室共寝,也是她在进入城堡之前说她们的行动必须"仿佛隐身"。"仿佛"一词只是她应对自己良心的权宜之计。她相当认真诚挚。她们进入城堡之后，见到墙上她父亲的盾牌，她只有一种反应："哦轻点前进，克丽斯特贝尔说，／ 我父亲睡眠很轻"；她脱下鞋子，使步履更轻盈。

效果并不理想。我们开始对克丽斯特贝尔有这种印象：此人要么一开始就注定是不动脑筋机械行事，要么就是太渴望在安全和风险的边界游走，而且一旦陷入危险，很有可能使用诡计。无论诗歌向何方发展，这都不是作者想要的效果。如果他希望以戏剧化的方式呈现人类意志的微妙，内在的辩论，开放心态的矛盾张力和自我背叛——他试图理解存在于自身的这一切，我们看到的却是他只刻画了端庄如何变成狡诈，像老鼠轻轻地靠近奶酪。简而言之，如何为克丽斯特贝尔寻找动机和行为（在她纯洁无瑕的时刻之外）是个问题，它把一个不可承受的心理负担强加给了柯尔律治，迫使他去重新审查然后极度简化自己的动机。与此同时他还面临着技术层面的尴尬，那就是克丽斯特贝尔代表了一种单纯而特殊的美德概念，她性格的任何偏离或改变，都必然是下坠或跌落——是解体而非发展。培根曾说，眼睛更乐于看到黑暗背景中出现的光亮，而非明亮背景中的黑暗（"那就从

73

这目之愉悦去推想心之愉悦吧"①）。柯尔律治在此后的评论作品中乐于发表类似言论。

这首诗的整体构思过于宏大，固然有暗示性氛围，无奈人物太少，其中两位——克丽斯特贝尔和她父亲——还过于受限无法发展，这都超出了一个半哥特式故事的承载能力。柯尔律治很快意识到了这一点，从他开始第二部分时势能急转直下可以看出。未来整整三年，他断断续续回来续写，却只完成了相当于过去一个月的工作量。所以《克丽斯特贝尔》的第二部分读起来有东鳞西爪之感，正如哈罗德·布鲁姆所说，更像"一系列的短诗"而非一首断章。柯尔律治在完结前做了最后的努力，回归原来的主题，并且在克丽斯特贝尔的形象中引入了更多的复杂性。然而他刹住了努力，所以这个形象尽管有轻微改观，并没有更大改善。他依然无法允许这种单纯的天真背离自己，除非以催眠为借口。如果她"饮入"了杰拉尔丁蛇眼般的模样，她自己的面容也有了同样的表情，

①　出自培根散文《谈厄运》，作者前半句引用并不准确，原文是："我们可从刺绣织锦中看出，将明丽的图案绣在暗郁的背景上比在明丽的背景上绣暗郁的图案更为悦目。"参见曹明伦译《培根随笔集》，北京：人民文学出版社，2015年，第30页。

然而只是"被动地"，它们"模仿／那种愚钝而狡诈的仇恨眼光"。"她失去了理智。"作为内在冲突无可救药的猎物，她处于（重复了两次）"头晕眼花的催眠状态"。断章戛然而止，除了一个独立的"结论"，是柯尔律治在完成第二部分一年以后才附上的。结论中有些诗行受他自己关于幼子哈特莱的思绪激发，提及父亲受到的诱惑，在宠溺中寻求解脱，方式是用"并非存心的尖刻语言"指责孩子（"或许这样的确很是有趣 ／ 把彼此迥异的心思强放一起"）。由于柯尔律治最终摆脱了克丽斯特贝尔的故事，他能在一个更温柔和蔼的语境中推进暗示，此时他有更多的自由去表达的是，人心中存在天生的乖戾，令人不安而又不可预测的反差。我们在过度投入中可能开始退缩，似乎出于某种本能去平衡、指责乃至亵渎我们最珍爱的。我们被寄望顺藤摸瓜，从这暗示里读出整首残篇蕴含的未尽之意。

柯尔律治的崇拜者们总是不愿相信，除了糟糕运气和个人痛苦之外，还有什么能阻止他完成《克丽斯特贝尔》。但是他们忘了，柯尔律治对他从事的工作信心十足时，写作能变得非常流畅。实际上在这三年里没有什么阻止他（更不用说未来十五年）写完这首诗——除了

74

这首诗的本质。事实上,到了第二部分结尾处,这首诗几乎全部散架了。柯尔律治固然受人爱戴,但我们再爱戴他,再景仰他的天才,都不能无视这一点。他当然谈过完成这首诗,就像他总是谈及他最没信心完成的作品(他知道《老舟子吟》能说明一切)。他试图给自己也给别人留下这种印象:这首诗只是回炉了,假以时日机会成熟,成品肯定超出人们预期。未来的三十年里,他对于自己大部分未完成的散文作品,都会这么做。当人们调侃柯尔律治,问他这诗应当如何作结(他声称胸有成竹),他给出了两种版本,不仅没能阐明已有断章的主题,反而和他以后的点评尖锐冲突,尤其是他在写这首诗时脑子里想的是圣女大德兰[①]的说法。华兹华斯非常清楚这首诗的起源和历史,坚持认为柯尔律治对于结局从无确定想法。

与此同时,柯尔律治也从《克丽斯特贝尔》中学到很多,可能比他创作的任何其他诗歌都多。它始终像肉中

[①] 圣女大德兰(S. Teresa of Avila, 1515-1582),又称阿维拉的圣德兰,十六世纪西班牙神秘主义者,曾有"神箭穿心"的冥契体验,创立了赤足加尔默罗修会(Discalced Carmelites)。主要著作有自传《生命之书》,灵修指引《全德之路》。后被封为教会圣师。

刺,刺激着他一而再、再而三地思考人物的戏剧化发展。更重要的教训是,即使诗人对其写作对象有高度的同情体认,也需要首先"自我**远离**",以期来日"全力回归"。

八

《忽必烈汗》在英语文学中奇崛突兀,令人挥之不去,难以忘怀,也有可能作于这段时间。因为具体日期尚不确定,我们留待以后讨论。* 写完之后,柯尔律治将其搁置一边,闭口不提,十分反常,他通常是很乐于提及自己作品的。即使在笔记本中,他为自己而非别人而写时,也没有提过这首诗。几乎时隔二十年(1816 年),他拼命试图证明自己,打算利用一切资本时,才发表了这首诗。到那时候他更习惯道歉,于是在诗前附了一段叙述,强调它的发表只是"作为一种心理好奇"。这个故事,可能由于对

---

* 柯尔律治在其 1816 年序言中声称这首诗作于 1797 年夏。更早的,可能更确切的说明把日期定于 1797"这年秋天"。第三种说法(不是关于这首诗而是关于在林顿附近的农舍休养)是 1798 年 5 月。(Lawrence Hanson, *Coleridge: The Early Years*〔1962〕, pp. 259-260)更详尽的讨论参见 Elizabeth Schneider, *Coleridge*, *Opium and Kubla Khan*(1953), pp. 153-237。该书把日期推后到 1799 年 10 月,或者次年春天,但说服力并不强。

其时机的渲染，进入了英语文学传奇：

> 一七九七年的夏天，笔者抱着病体，在萨默塞特郡和德文郡的埃克斯穆尔地区波洛克与林顿之间的偏僻农庄休养。他因身感不适，遵医嘱服用了一点止疼剂，在药力的作用下，他坐在椅中沉入了梦乡，睡前正读到珀切斯的《朝圣之旅》①中的如下句子，或类似话语："忽必烈敕命营造一座宫殿，并开辟御苑，将方圆十里沃土俱囊括在四周墙垣之内。"笔者大概一直沉睡了三个钟头，至少从表面看是如此，在这段时间里他信心满满，有把握赋诗至少两三百行。②

醒来以后，他立即写下了这首诗现存的五十四行，但是突然被"一个来自波洛克的办事人打断，而且被他耽搁了一

---

① 塞缪尔·珀切斯(Samuel Purchas，1575-1626)，英国教士，自己从未远离家乡埃塞克斯，但是根据别人的游历和叙述编撰了多本"朝圣之旅"，当时颇受欢迎。

② 该段译文参考了莱昂内尔·特里林《文学体验导引》，余婉卉、张箭飞译，南京：译林出版社，2011年，第228-229页，稍有改动。

In Xanadu did Cobla Khan
A stately Pleasure-Dome decree,
Where Alph, the sacred River, ran
Thro' Caverns measureless to Man
Down to a sunless Sea.
So twice six miles of fertile ground
With Walls and Towers were compass'd round:
And here were Gardens bright with sinuous Rills
Where blossom'd many an incense-bearing Tree,
And here were Forests ancient as the Hills
Enfolding sunny spots of Greenery.
But o! that deep romantic Chasm, that slanted
Down a Green Hill athwart a cedarn Cover,
A savage Place, as holy and inchanted
As e'er beneath a waning Moon was haunted
By Woman wailing for her Demon Lover.
And from this Chasm, with hideous Turmoil seething,
As if this Earth, in fast thick Pants were breathing,
A mighty Fountain momently was forc'd,
Amid whose swift half-intermitted Burst
Huge Fragments vaulted like rebounding Hail,
Or chaffy Grain beneath the Thresher's Flail,
And mid these dancing Rocks at once & ever
It flung up momently the sacred River.
Five miles meandring with a mazy Motion
Thro' Wood and Dale the sacred River ran,
Then reach'd the Caverns measureless to Man
And sank in Tumult to a lifeless Ocean;
And mid this Tumult Cobla heard from far
Ancestral Voices prophesying War.

   The shadow of the Dome of Pleasure
      Floated midway on the Wave
   Where was heard the mingled Measure
      From the Fountain and the Cave.
It was a miracle of rare Device
A sunny Pleasure-Dome with Caves of Ice!

      A Damsel with a Dulcimer

《忽必烈汗》手稿

In a vision once I saw:
It was an Abyssinian Maid,
And on her Dulcimer she play'd
Singing of Mount Amara.
Could I revive within me
Her Symphony & Song,
To such a deep delight 'twould win me,
That with Music loud and long,
I would build that Dome in Air,
That sunny Dome! those Caves of Ice!
And all, who heard, should see them there,
And all should cry, Beware! Beware!
His flashing Eyes! his floating Hair!
Weave a circle round him thrice,
And close your eyes in holy dread,
For He on Honey-dew hath fed
And drank the Milk of Paradise. ——

This fragment with a good deal more, not
recoverable, composed, in a sort of Reverie brought
on by two grains of Opium, taken to check a
dysentery, at a Farm House between Porlock &
Linton, a quarter of a mile from Culbone Church,
in the fall of the year, 1797. ——

S. T. Coleridge

个多小时"。柯尔律治回来继续写作时,发现除了"大概主旨"和"八九行零散的诗行和意象"之外,其他所有记忆都消失殆尽。

76　　"大概主旨"是什么,柯尔律治从未透露或暗示过。更有可能是他能给我们的已经全部在此。当然,如果没有诗人时隔多年之后的按语,很少有读者会想到《忽必烈汗》是残篇。我们知道柯尔律治有些诗作确实是残篇,但这首与众不同,堪称独立自足。柯尔律治从下斯托伊来这农庄的漫漫长路上,怎么可能随身携带着珀切斯的长篇巨著? 他肯定不会在寂静的农舍找到这本书。更有可能的是,他只是记得自己提及的词句。然而,他想让读者觉得这个主题并未在他脑中酝酿太久(因为这首诗里表达的想法违背了他关于自我主张的几乎所有禁忌),只是偶然受他所读之物启发。至于来自波洛克的办事人:他为什么要找到柯尔律治这个鲜有经济往来的人? 即便如此,他怎么知道柯尔律治这个寻求隐居的人住在这里呢? 的确,在作者关于这首诗的亲笔手稿中,我们发现一份附带声明,是惟一的早先声明,既没有提及珀切斯,也没有提到来自波洛克的访客。这份声明更简短,但是与特定环境更相关(从中可推测出他写作《忽必烈汗》的一两个

可能地址）。* 他说这首诗

> 作于某种幻想状态，是为医治痢疾服用两粒鸦
> 片后导致的，地点是波洛克和林顿之间的一所
> 农舍，距卡尔伯恩教堂四分之一英里，时间是一
> 七九七年秋。

正式发表的声明中提到的"沉睡"（不同于此处由少量鸦片
引起的"幻想"）有两个优势。一则表明他绝非瘾君子，很
小剂量效果便十分显著。此外，承认他只是处在幻想状态
也是承认他意识依然清醒，至少部分清楚自己在说什么。
他原本不愿做出这种声明，即他柯尔律治在诗歌方面的成
就可能媲美（甚至幻想能够媲美）一个东方君主的建筑辉
煌。这种想法最不可能出现在一八一六年，因为他已多年

---

　　* 一个可能是梣树农场（至今仍在），卡尔伯恩教堂上方整整四分之一
英里。但是写完这首诗三十年后，柯尔律治告诉侄子，他记得写作地点是一
个风景如画的地方，叫"硫黄农场"（Brimstone Farm；其实是"金雀花街农
场"〔Broomstreet Farm〕，距卡尔伯恩教堂两英里）。早先叙述中的详细说明
（"距卡尔伯恩教堂四分之一英里"）可能性倒是更大。柯尔律治很容易混
淆名字，尤其时隔多年。没有理由指望他能永久铭记简单的"梣树农场"，
它甚至不会被注意；他更可能会注意到邻近农场更罕见的名字，哪怕是偶尔
听到，并且随着时光流逝会和这首诗的写作关联在一起。

不写诗,在窘迫中试图开始一种全新的事业。

　　这首诗里浓缩的柯尔律治广博的阅读也值得一提。席勒提到,有自我意识的现代诗人会被迫闯开拘谨之门。在《老舟子吟》和《克丽斯特贝尔》的很多部分,柯尔律治抬起或绕过了这道门,此处也不例外。洛斯在《仙那度之路》中追寻了柯尔律治的很多相关阅读——当然有珀切斯,还有詹姆斯·布鲁斯的《发现尼罗河源头之旅》(1768–1773),托马斯·莫里斯的《印度斯坦的历史》(1795),威廉·巴川姆的《行经南北卡罗来纳之旅》(1791),还有希罗多德①、斯特拉博②、塞涅卡③、《失乐园》以及伯内特的《地球的神圣理论》。继洛斯的开创性著作之后,人们还在扩充书单,但是能从中挑拣的言辞相似之处现在看起来微乎其微。无论如何,我们还面临着形式和意义的核心问题,或者用柯尔律治的话说,通过意义表达形式

---

　　① 希罗多德(Herodotus,约公元前480–前425),古希腊历史学家,因写作《历史》一书而闻名,该书详细记录了他对希腊–波斯战争起源的探究。西塞罗称其为"史学之父"。

　　② 斯特拉博(Strabo,约公元前63–公元23),公元前一世纪古希腊历史学家、地理学家,著有《地理学》十七卷,对奥古斯都统治时期古代世界的自然地理和历史地理作了详细描述。

　　③ 塞涅卡(Lucius Annaeus Seneca,约公元前4–公元65),古罗马政治家、哲学家、剧作家,公元49年成为尼禄的老师,并于57年被任命为执政官。他的《论道德》是斯多葛学派的重要著作。

和通过形式表达意义的问题。另外一件趣事，威利·赛弗强调说，是卡尔伯恩教堂上方的地貌。该教堂可能是英格兰地区最小的教区教堂。如果像柯尔律治一样，从下斯托伊自东而来，你会突然看到一片很长的斜坡，有的地方长满香柏，自山顶斜向一个深谷，可以不时瞥见大海。从这里下到卡尔伯恩教堂，是该地区最陡的沟壑之一——植被茂密，怪石嶙峋，洞穴遍布。

九

阅读柯尔律治的主要诗歌时，略过显而易见的字面因素 78
一般并不会影响理解。即使对《老舟子吟》作字面阐释，也面临着诸多困难，更不用说《克丽斯特贝尔》了。但是对于《忽必烈汗》，最简单直接的阐释不仅是获许的，甚至非如此不可。倘若我们接受这点，就会发现能够立即取得进展。如果我们忽视或忘记它，对这首诗的理解就会停滞于此。忽略它很容易，若是我们急于阐明这首诗的某些特殊部分或方面，或可使用柯尔律治的病历或心灵史等无关材料。

无论这首诗是否真是对其他作品的介绍，无论柯尔律治是否说出了他要说的一切，《忽必烈汗》都能简单地一分为二，这种划分适用于更伟大的浪漫主义抒情诗,尤其是雪莱和济慈的一些颂歌。首先,这里有"颂诗"(Odal hymn),它假定了诗人希望达成或超越的挑战、理想或原型。第二部分从这一挑战出发,包括一个总结性的"信条"(credos),是关于希望或野心的个人表达,这在浪漫主义后期变得更加普遍(尤为相关的是雪莱的《西风颂》和济慈的《心灵颂》等诗歌)。在《忽必烈汗》中,诗人希望以另一种方式去媲美——甚至用更持久的东西去超越——尘世的君主们能够成就的伟业。

简而言之,这首诗的主题,就像浪漫主义时期经常采用这种形式的诗歌一样,是人类想象本身的希望和岌岌可危的成就。如果我们的注意力过于聚焦在忽必烈本人身上,这首诗的普遍性就会消散。对于忽必烈有各种各样的解释,从残酷无情的鞑靼暴君(某种意义上也说得通)到上帝本人的象征,或是诗人希望以自己的方式效仿的对象。但是,正如汉弗莱·豪斯所说,忽必烈真的是"有代表性的人"。而且无论怎么说,他作为代表人类想象力的君主原型,与宗教和圣礼都无甚关联。与基督教的伟大教堂穹顶有关的任何联想——拜占庭式的和圣彼得大教堂——都是美学意义的,相关性不过在于规模的宏大和建筑的辉煌。(我们不必逗留纠结穹顶与母性乳房之间的无望关联。)

柯尔律治即使到了生命的这个阶段,宗教审查意识也和约翰逊的一样强大。哈罗德·布鲁姆的强调是正确的,这种审查鼓励他选择"位于仙那度的遥远穹顶",从而避开"在超乎寻常的自然准则面前,诗人的相对圣洁问题"。诗人选取一个"宗教"穹顶作为自己期望效仿或超越的形象是不可能的:他的声明必须更加谦卑。实际需要的,是我们现在所谓的"距离"——一种远离宗教的关于权力和辉煌的意象。* 而且,这座"阳光明媚的穹顶与冰冻共存",无论它看似多么辉煌,无论这对立双方的明显和解怎样吸引着柯尔律治,它的本质终归是岌岌可危的。

十

换句话说,忽必烈是这样一个人,被放到一个令人钦羡的位高权重之处,就像通常处于这种地位的人(包括我们

---

* 总之,这个穹顶一定程度上代表了柯尔律治在《宗教冥思》中提到的,那些有抱负的头脑做的中等程度、不那么精神化的一些尝试,目的是将自身从原始状态提升,手段是优雅与辉煌——那种中等的发展程度,其中想象开始"唤起""许多新的欲望",导致了奢侈的艺术("柔软的躺椅,色彩缤纷的长袍,／铃鼓和**弧形穹顶**"),但是它在刺激"创造性艺术"的过程中,也逐步"使头脑不再耽于感官享受"。

所说的人中诗人），现在似乎能够实现自己的愿景——能够以帝王之威，哪怕只是昙花一现，去"降旨"实现人心向往的一种恢宏、联合或结合。想象力希望保持其天堂的安全，一如忽必烈用"高墙和塔楼"将他的逍遥宫"围绕"。关于忽必烈的整个构想都沿袭了那些东方寓言传统（它们本身是《传道书》的详尽阐释）。在这些寓言中，君主代表了每个人，被赋予看似可能的一切机会去实现梦想。约翰逊在《拉塞拉斯》①中写过关于大金字塔的建造者胡夫的忧思篇章，称这座"伟大的建筑"是想象力的产物——"如饥似渴的想象力无时无刻不在折磨着生命"，大金字塔被看作意志的表达，是抗衡"人类享乐的不足"的希望所在。《忽必烈汗》与之有相似之处，更相近的是约翰逊关于埃塞俄比亚的皇帝赛纪德（Seged）的寓言。（《漫谈者》第204和205期）赛纪德，"四十个民族的君主，尼罗河水的分配者"，此刻已经在他统治的全境之内确保了和平，决心去一个没有任何烦忧的地方隐居十天。在那里，"阳光嬉照在水

---

① 《拉塞拉斯》（*Rasselas*）是塞缪尔·约翰逊的一部小说的简称，全名《阿比西尼亚王子拉塞拉斯的历史》，最初的标题是《生活的选择》，讲述了一个年轻的王子在漫游中探寻幸福的故事。据称约翰逊只用了一周时间写完，以支付母亲的葬礼费用。该书于1759年4月在英国首次出版，很快成为经典之作。

面",庭院点缀着花园,有茂密的丛林和"汩汩的喷泉"。赛纪德下令建造一所巨大的"安乐宫,建在旦姆比湖的一座岛上,迎接他的到来"。但是在这安乐宫里,他原本希望远离"骚动与烦忧",却总被他领土遭遇"洪水和入侵"的噩梦所侵扰。忽必烈也如此。他希望退居到一个永恒的所在,能屏蔽过去的忧患与未来的希冀。但是它们无法被屏蔽。事实上它们一起回来了——过去预兆着未来:

在喧嚣鼎沸中忽必烈汗听见
远古的祖先预言战争的声言!

当然,关键是,想象力实现了梦想时,却发现它所希冀的与世隔绝的天堂原来并不完整,而且终将遭遇威胁。忽必烈更是如此,就像济慈《拉米娅》中的利修斯,试图将他的乐园直接强加在人生之中,同时希望将人生纳入乐园之中。在忽必烈建造他"皇家胜苑"的河岸,没有这样一条简单的河流,能顺从人类的意志,让他斗胆设想能圈入领地。重要的是,珀切斯关于仙那度的叙述中没有河流,这是柯尔律治自己在诗中补充的风景描写。至少好几年来,他都在为那首哲学长诗《溪流》构思、做笔记,并

81

"经常把思想转化成诗行"。在这首诗中,他将把溪流当作人生的一个扩展象征,"从山间发源",最后消失于大海。河流与生命相联,这想法一直吸引着他*,在他看来非常传统而无须回避。但是与他早先关于这个象征的联想不同,此处会包括他对"溪流"的散文描述。更温和的联想,与他柔韧的天性如此契合,浓缩成那短短十英里的形象(蜿蜒移动)。像贺加斯著名的蛇形或曲折的"美的线条"①,溪水的流淌只是为了顺应人类的需求和向往。真正的重点在于那欺骗性的十英里之前和之后的神秘——忽必烈希望能够屏蔽的"从前"和"今后":生发与营造的创造性暴力,还有它沉入"不见天日的大海"时伴随的终结的神秘。柯尔律治在《宗教冥思》一诗中提过,"这无法测量的源泉 / 澎湃着创造性神力"。他自此被一首德国诗歌打动,作者是 F. L. 斯托尔伯格伯爵,被他翻译

---

　　*　所以在他十七岁时写作的一首题为《生命》的小诗中,中心意象是他家乡的奥特河("愿此……能够刻画我的生命历程")。此外,他在耶稣学院时翻译的一首拉丁颂歌(《写在基督林的一个愿望》):他想象自己"有生之日小日子"的历程,想象这条溪流"绕着故乡的田野蜿蜒流淌",流经溪谷和"幽林",直到最终"以复苏的速度倾泻而下 / 扑进大海"。

　　①　威廉·贺加斯(William Hogarth, 1697—1764),英国画家和雕刻家,著有《美的分析》一书,阐释其美学思想,其中最突出的是"美的线条"理论(line of beauty),他认为蛇形曲线是最美的,能引起观者的注意和愉悦。

成了英文(《记大瀑布》)。瀑布带着"永不消逝的青春"从它的峡谷越过,"永不停息地再生","在一个**神圣的星夜迸发**",然后降落到

> 不可接近的悬崖;——
> 你既是全然而生
> 喜悦中浸透着疯狂
> 又回旋、粉碎、撕裂
> 是无懈可击的生命

所以在《忽必烈汗》中,我们有"充满浪漫色彩的深壑",既"野蛮"又"神圣",就像出生和创造本身("一片蛮荒之地! 圣洁而又中了邪——／好像有女子在残月里出没,／为她的魔鬼情郎而凄声哀号")。从中流出"永不止息"的河流、喷泉和飞扬的碎石:

> 深壑里轰鸣雷动,喧嚣鼎沸,
> 好像这大地急促地喘着粗气,
> 一个巨大的喷泉从深壑涌出:
> 时而间歇,时而持续地喷漾,

82

像四处跳跃的冰雹水珠乱溅，

或像连枷捶打下四迸的谷粒。①

忽必烈试图圈起的十英里之外，河流的尽头是同样的神秘，它抵达了"幽深莫测的洞窟"，然后"在喧嚣中投入死寂的海洋"。尽管他希望控制和"围绕"其中一部分，忽必烈同时（一片"嘈杂声响"）听到了过往和将来有更多凶兆的"喧嚣"。与此同时，只有"逍遥宫的**影子**"在河流的"粼粼碧波上"漂摇。河流上没有别的倒影，也没有别的操控，除了这个"鬼斧神工"的逍遥宫的影子。

接下来的就是"信条"了。最有意思的地方是它如此缺乏自信。诗的**前提**足够大胆：这个将要"建造空中楼阁"的诗人会像那位受到神启的孤儿歌者安菲翁，他自幼和孪生兄弟被遗弃在西塞隆山，后来证明有能力——虽非君主或建筑师——用音乐建造环绕忒拜城的城墙。诗人也在回应文艺复兴时期的主题，出现在人们熟知的莎士比亚十四行诗中："王公大族的云石丰碑或镀金牌坊／

---

① 《忽必烈汗》的译文参考了袁宪军译《柯勒律治诗选》，第178页，以及杨德豫译《华兹华斯、柯尔律治诗选》，北京：人民文学出版社，2001年，第394–395页。

终将朽败,惟我强劲的诗章万寿无疆。"①但是柯尔律治只
是在这五行关于阿比西尼亚姑娘的剪影中提到了他的
"信条":

> 在一个灵境我曾看见
> 一个少女拨弄着扬琴:
> 一位阿比西尼亚姑娘,
> 手中的扬琴不停地弹,
> 口中歌唱着阿伯拉山。
> 但愿她的琴声和曲意,
> 重现于我的想象力,
> 那么我会心醉神迷,
> 以悠长高亢的乐音,
> 把那宫阙凌空造起……

我们需要抵制一种诱惑,就是在这里分心去作粗略的生
平猜测,对此柯尔律治自己总是一笑了之(比如,阿比西

---

① 出自莎士比亚的十四行诗第五十五首前两句,这两句为辜正坤译
文。见《莎士比亚全集》(传奇卷、诗歌卷下),孙法理、辜正坤译,南京:译
林出版社,1999 年,第 199 页。

尼亚姑娘是华兹华斯的妻妹萨拉·哈钦森,而"为她的魔鬼情郎哀号的女子"是柯尔律治的妻子莎拉)。正如柯尔律治说到医药中的"刺激物",这类的推测最多能让我们讨论主题时隔靴搔痒,还给我们一种虚幻感,让我们自以为取得了某种进展。真正的兴趣点是他的声明突然变得谦虚而间接,他声称要像安菲翁那样建造更持久的宫殿,却是"空中"楼阁。能够营造宫殿的音乐将来自他——如果有这种音乐的话——因为他曾听到了另一个人的歌声("**曾在灵境中**")。还有为什么是"**阿比西尼亚姑娘**"?因为在这首诗的第一版中,她歌唱**阿玛拉**山,实际位于非洲的阿比西尼亚,是弥尔顿在《失乐园》的第四卷里提及的天堂选址之一("阿玛拉山,有人认为这是 / 真正的乐园,在埃塞俄比亚的赤道地方, / 在尼罗河的源头")。柯尔律治自己的宗教审查自然要求他所听到的乐园之歌——诗人被启发去超越的歌——不能是真正的伊甸园之歌,就像它要求忽必烈的逍遥宫是世俗的,无论它有多么壮丽。但是,"阿玛拉山"在解决了这个难题的同时,又引入了另一个难题。对于虔诚的读者而言,它暗示了一个"**虚假的乐园**"。无论柯尔律治多么谦虚地限制自己的信条,他不是说想从一个明显"虚假的"乐园寻求灵感。

更糟的是,"阿玛拉山"可能使人想到作者在考虑一个"另外的"乐园,它几乎和伊甸园一样,甚至更好,至少为了艺术之故。换成"阿伯拉山"就解决了这个问题。

十一

柯尔律治该如何处理这个自夸的声张呢? 它确实是声张,如果不是慎重的意图,至少是无意的欲望。无论这"信条"是多么克制和间接,它自身引发的挑战对于作者本人和他者都是显而易见的(诗人要重建"空中楼阁",听众则会低眉闭眼,"敬畏而虔诚")。还有什么比他惯用的道歉口吻和刻意放松的诗风反差更大的呢? 事实上,这位"阿比西尼亚姑娘",被设想为跟灵感源泉间接相联的替代角色,突然侵夺了他的惯用角色。是她扮演了领路人,引领了诗人本人。我们可以跨越几年,考虑他承诺要在《文学生涯》里写作的一章(关于想象或"融合力"),用另一种方式介绍自己。然而当时机来临要写这章时,他换成了一封长信,表面上是来自另外一个人,告诉他还要等待:现在时机未到。

这首诗被搁置一旁了。它会轻易被误读为作者表达了自己的希望。当然它不是那样！它只不过是从他所阅读的材料中编织的幻梦——事实上（正如他多年后在自己的陈述中暗示的那样），是从他当时正在阅读的书中臆造的发展——珀切斯的《朝圣之旅》（那本厚重的大书不知何故落到了这座孤寂的农舍）。时光飞逝，略过了一八〇一至一八一六这段不堪回首的岁月，到了他四十四岁这年。他试图挖掘利用早年作品时，胆怯地附上一段辩解，那时他写了很多类似的辩解。他被催促发表这诗，催促之人是"一个伟大而名副其实的诗人"，拜伦勋爵，当时声名如日中天。柯尔律治自己最终同意发表，但"只当是一个心理研究的小品，而非基于任何所谓的**诗意价值**"。

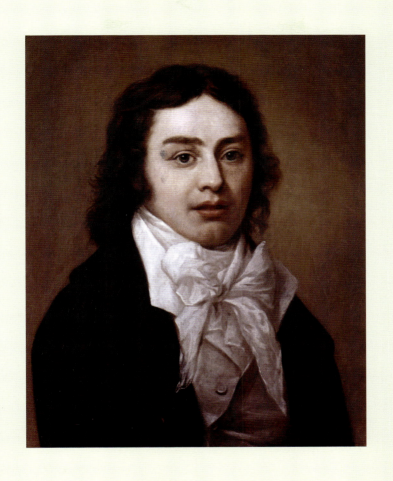

彼得·范戴克（Peter van Dyke, 1729-1799）,
柯尔律治，时年二十三岁，1795 年（国家肖像馆）

乔治·丹斯（George Dance, 1741-1825），柯尔律治铅笔素描，
时年三十二岁，1804 年（华兹华斯基金会）

詹姆斯·诺斯科特（James Northcote， 1746—1831），
柯尔律治，时年三十二岁，1804 年（华兹华斯基金会）

华盛顿·奥尔斯顿（Washington Allston，1779–1843），
柯尔律治，时年四十二岁，1814 年（国家肖像馆）

J.凯泽（J.Kayser， 1813–1853），柯尔律治，
时年六十六岁，1833 年末

柯尔律治诞生地奥特里圣玛丽镇

（http://www.friendsofcoleridge.com/）

奥特河上的拦河坝

(http://www.friendsofcoleridge.com/)

柯尔律治的房舍，下斯托伊，艺术家不详。1796 年，
托马斯·普尔为柯尔律治一家建造了这座小小的房
舍，其花园后部与普尔家的大花园相接。1797 年，
当朋友们在昆托克山峰上漫步时，柯尔律治因脚伤
留在这个花园里，在此写下《这菩提树荫将我囚禁》。

格丽塔桥

(http://www.friendsofcoleridge.com/)

卡罗琳·骚塞(Caroline Southey, 1786-1854), 格丽塔府, 水彩, 日期不详。格丽塔府位于凯西克的一座小山上, 1780 年代初建时本用于天文观测, 后渐渐成为可容纳两户人家的寓所。柯尔律治一家和博蒙特一家(仅在度假时居住)共享。后来成为罗伯特·骚塞一家的永久居所。不足为奇,柯尔律治从他的窗户可以看到"一片荒山"。

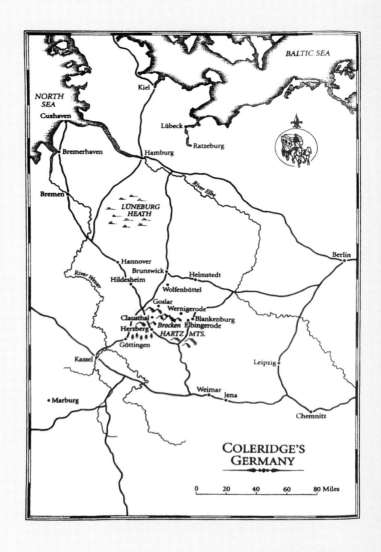

BALTIC SEA

NORTH
SEA
Cuxhaven

Kiel

Lübeck

Ratzeburg

Bremerhaven

Hamburg

Bremen

River Elbe

LÜNEBURG
HEATH

Berlin

Hannover

River Weser

Brunswick

Helmstedt

Hildesheim

Wolfenbüttel

Goslar

Wernigerode

Clausthal

Brocken

Blankenburg
Elbingerode

Herzberg

HARTZ MTS.

Göttingen

Kassel

Leipzig

Marburg

Weimar

Jena

Chemnitz

COLERIDGE'S
GERMANY

0   20   40   60   80 Miles

柯尔律治的德国

Coleridge's Lake Country

Miles 0 2 4 6 8 10

Kilometres 0 2 4 6 8 10 12 14 16

Greta Hall and Keswick Bridge

To Penrith

INGLEWOOD FOREST

ULLSWATER

Eusemere

To Penrith

Hesket Newmarket

Caldbeck

Hawk Waterfall

CALDBECK FELLS

Carrock Fell

Bowscale Fell

Mungrisdale

R. Calder

Saddleback or Blencathra

Threlkeld

White Pike

Southwaite

Clifford's Craig

Lyulph's Tower

St. Johns Vale

Barrow Falls

Watendlath

Lodore Falls

Raven Crag

Knott

Mosedale

Scales Tarn

Glenderaterra beck

Skiddaw

St. Johns Vale

DERWENT WATER

Keswick

R. Greta

R. Derwent

Whitewater Dash waterfall

Bassenthwaite

Over Water

BASSENTHWAITE L.

Wythorpe Fells

Barf

R. Derwent

Ouse Bridge

Lorton

Grisdale Pike

Braithwaite

Coledale

Force Crag

Newlands Vale

Causey Pike

Barrow

Grasmoor

R. Ellen

R. Derwent

Cockermouth

LOWESWATER

Loweswater

柯尔律治的湖区

弗朗西斯·汤恩（Francis Towne, 1739/1740-1816），渡鸦崖与瑟尔米尔局部地区, 1786 年。（剑桥大学菲茨威廉博物馆）在 1803 年 11 月 29 日的笔记中，柯尔律治曾写到渡鸦崖"赤裸的山峰和加冕的峰顶"。

约翰·塞尔·考特曼（John Sell Cotman，1782-1842），
格丽塔河与蒂斯河交汇处（苏格兰国家美术馆）

弗朗西斯·汤恩,罗多尔瀑布,1786 年。
柯尔律治曾认为这是湖区最美的瀑布。

柯尔律治在海格特的房间

（http://www.friendsofcoleridge.com/）

第五章　德国和迁居凯西克；鸦片；
　　　《沮丧：一首颂歌》

一

　　柯尔律治在创作《老舟子吟》的时候,什鲁斯伯里的 85
一位论派教堂牧师职位出现空缺,他受邀于一七九八年
一月过去布道一次,"为接受这一职位做准备"。他受到
了朋友——布里斯托的一位论派牧师约翰·埃斯特林的
热情推荐。如果他想要的话,这个职位非他莫属。他会
获得一百五十镑的年薪,一座房子供他和家人居住,还有
一些闲暇时间写作。莎拉的耐心即将耗尽,他对为报酬
而布道心怀顾虑,但现在看来有些主观臆断。如果只是

牺牲他自己，将是另外一回事。但是让别人为他本人的理想持续牺牲，又算什么美德呢？当然，他要为这个职位努力一把！有了这种决心，他拒绝了韦奇伍德兄弟赠予的一百英镑礼金。乔赛亚和托马斯是著名陶瓷家韦奇伍德[①]的儿子，通过汤姆·普尔认识了柯尔律治，也从普尔那里得知，他很快要被迫牺牲自己的作家生涯，转而寻求一份能够谋生的工作。柯尔律治的回复不无道理：如果他接受了这份礼物，迟早有一天还要应对不时之需。

86 　　于是他匆忙赶到什鲁斯伯里，打算全力以赴争取这个职位。在所有的关于英国主要诗人的描述中，我们所能读到的最生动的篇章，当属描述此时的柯尔律治的文字，他时年只有二十五岁。年轻的海兹利特是附近韦姆村的一位论派牧师的儿子，对柯尔律治慕名已久，赶去什鲁斯伯里听他的布道。二十五年之后，海兹利特写了一篇著名的散文（《初识诗人》），我们可以从中引用几句：

---

　　① 乔赛亚·韦奇伍德（Josiah Wedgwood，1730-1795），出生于英格兰的陶工世家，后成为著名陶艺家，创办了韦奇伍德陶瓷厂，引入了工业化的生产方式，陶艺制品被皇室青睐，并畅销欧美。其长子乔赛亚二世（1769-1843）继承了陶瓷家业，乔赛亚二世之女爱玛后与查尔斯·达尔文结婚。其次子托马斯（1771-1805）被称为摄影界的先驱，早在 1800 年之前就用硝酸银在白色皮革和纸张上留下物体轮廓。

我赶到那里，管风琴正在演奏第一百首赞美诗，结束之后，柯尔律治先生站起来，朗读他的经文，"他上山去祷告，**独自，一人**"。他宣读经文的时候，声音"洪亮悠扬，好似升起一团浓郁的芬芳"。[①] 当他读到最后两个词，发音响亮、深沉、清晰。那时我还年轻，在我听来，仿佛那声音在人心底发出回响，仿佛那祷告会在宇宙中回荡，庄严肃穆。我想起圣约翰，"在旷野里呼喊，腰间束带，吃的是蝗虫和野蜜"。传道者随即进入正题，就像雄鹰在风中翱翔。布道是关于和平与战争；关于教会和政府——不是它们的联合，而是分离；关于世俗的精神和基督教的精神，不是合二为一，而是彼此对立……真理和天才相拥，就在宗教的眼皮底下，还得到宗教的许可。这甚至超出了我的希望。

柯尔律治应海兹利特父亲的邀请，周二来到韦姆，海兹利特给了更详细的描绘：他的嘴巴"厚实，坦率，滔滔不绝"；下

---

　　① 语出约翰·弥尔顿的假面剧《科摩斯》(*Comus*)。

巴"和蔼";鼻子("脸部的指挥,意志的表征,弱小无力");眉毛突出,眼睛"闪烁着黑光";步态"摇摇摆摆";交谈话题范围甚广,他似乎能触及海兹利特的每个兴趣点。

住在海兹利特家时,柯尔律治突然收到另一笔来自韦奇伍德兄弟的赠礼,这次是一百五十镑的年金,持续终生。韦奇伍德兄弟再三考虑了这个问题,从柯尔律治的朋友那里得知更多情况,最终决定这样安排是对他们财富的合理使用。柯尔律治忙不迭感恩,如释重负,也感觉有些罪过,毕竟他轻易接受的捐赠,相当于一份永久的研究经费。他立即给朋友们写信,一贯冷静又完全可靠的普尔打消了顾虑。接受这份年金在各个方面都无可厚非。就这点而言,他既然有了新的自由,作为一位论牧师,难道不能为"基督教信仰"做出同样的贡献?"你不会觉得,基督教义若是出自一个被雇佣的人的口笔,会变得更纯洁吧?你没有被束缚,保证你头脑的自由是**这个约定的一部分**。你要给予人类你觉得他们最需要的东西。"

随后一个月里他兴奋不已,延续了创作《老舟子吟》和开始《克丽斯特贝尔》时的动力,还利用零碎时间写下了精妙的会话诗《午夜寒霜》,以及慷慨雄辩的《法兰西:一首颂歌》(这时题为《变节》,因为他在诗中放弃了法国大革命的理想主义期盼,这些理念因接二连三的事件遭到背叛)。在四月,他已经完成了《老舟子吟》,又创作了两首新的会话诗,《夜莺》和《孤独中的恐惧》。这几乎是他最后的会话诗了。此后他出于旧时习惯,偶尔也会再用这种风格(尽管有一次是在三年之后,他再次使用这种形式,用强健的表达力将之发展到一个更高的水平,创作了伟大的颂歌《沮丧:一首颂歌》)。他作为活跃诗人的职业生涯几乎终止了。

二

韦奇伍德兄弟提供的年金,使他不必为薪酬而劳作,但很快也使他良心背负重担(或者说释放了一个长期以来悬而未落的负担)。他现在没有明显的理由去拖延工作了。但是他的工作到底是什么呢?当然不是写诗,无论他兴致来潮时能写多好。为报纸和期刊写政论文?这并非韦奇伍德兄弟所希望的:他们的礼物就是为了使他从这类写作中"解脱"出来。况且这也不是他本人真正想写的东西。不,人们普遍的期望——甚至他的自我期许——都显而易见:他应投身于信奉拥护和深入理解基督教的事业。但是,尽管他以令人信服的口吻同普尔、韦

88

奇伍德兄弟和听他布道的一位论信徒们交流过,他真的明白自己的立场观点吗? 关于这个至关重要的话题,他似乎每隔半年都能另辟蹊径。这到底是因为他真的思想开明虚怀若谷,还是因为他本性游移不定?

与此同时他开始遭遇不良情绪的侵扰——我们只能称为游离性焦虑。缺乏外部因素去归咎,他变得对微不足道的困难格外敏感,以逃避更深的不安。例如,他一时轻率,写下了三首仿拟十四行诗寄给《月刊》(化名为尼希米·希金博特姆),在诗中他戏仿了自己、查尔斯·兰姆和查尔斯·劳埃德的风格。敏感多疑、时而半疯的劳埃德寻求复仇,不惜一切手段在柯尔律治和兰姆之间制造敌意(一个残酷的举措是给兰姆看一封信,信中柯尔律治在对比天才和人才时,例举自己为天才而兰姆为人才)。劳埃德还出版了一部小说《埃德蒙·奥利弗》,在书中毫不留情地讽刺了柯尔律治——他懒散怠惰,自命不凡,鸦片成瘾。这些事件被柯尔律治焦躁不安的想象过分放大了,在一七九八年春耗费了他的太多时光。他被压垮了,不明白朋友——他视为朋友的那些人——何以如此待他。他会突发疾病,据华兹华斯说,在他们散步途中他痛苦不堪,必须停下躺在地上。他的一则随笔表明,被劳埃德的小说震惊后,他需要隐居到林顿和波洛克之间的一个农场,在那里由于身体不适,他"初次求助于"鸦片(这是《忽必烈汗》作于那时的论证基础)。别人居然会这么看他,如果说这种突如其来的新发现打击了他的自我形象,这是因为他完全缺乏内在资源,没有信念何以为继,而这一切发生时,他认为自己正面临余生最关键的一步。

三

有一种可能的解决办法——他越想越觉得可能性大。一七九八年的整个春季,他的思绪愈发转向德国。那里遍布大学,是欧洲其他任何地方都无法媲美的知识发酵之地。为什么不尝试直接学习这些天才德国人似乎得天独厚的能力呢?他们既能坦率承认现代科学和学术正在迅速积累的东西,又能进行普遍性思考,还渴望发现哲学意义。在别的国家,欢迎现代科学的人似乎没有哲学立场,除了散漫的怀疑主义或激进幼稚的机械主义;而那些具有宽广哲学背景的人开始以防卫的姿态反对现代,后果就是不可避免的单薄和强硬。

他的计划当然会扰乱个人生活。他稍一思考就发

89

现,莎拉和两个孩子无法同行(次子贝克莱于五月十四日出生)。莎拉对旅居德国也毫无兴趣。和弗里克全家及骚塞移民到美国的萨斯奎哈纳或许一度吸引了她(她的妹夫骚塞是何等可敬!);但是,弗里克家的其他人不会去德国;骚塞不会去;她现在有孩子要考虑;还有,语言不通就足以使她厌恶。她并不反对柯尔律治本人离开一段时间。她对普尔十分尊重——她知道普尔威望有多高——而普尔认为这是一件好事。对柯尔律治而言,他明白这次旅行会扰乱家庭生活,这绝不算是严重的缺点,但对他的友人而言,对可能要资助这次旅行的韦奇伍德兄弟而言,它会引起尴尬。他不想独自出行,并不是怯于历险的陌生:他对这些事情总是兴致盎然,即使并不精通某种语言,也能和任何人侃侃而谈。只是如果他像这样独自游学,明显有些不负责任。他需要体面的陪同,不仅是为了给别人留下好印象,也是为他自己考虑,希望借此帮助他下定决心不虚此行。

于是他将全部力量转向说服华兹华斯和多萝茜(普尔不能同行;他被生意绑在了斯托伊)。华兹华斯慢慢对这个计划有了好感。柯尔律治给了自己那么多宝贵的意见,他在这件事上难道会犯错? 如果旅行精打细算,华兹华斯能够承受开销；还有阿尔弗克斯顿的住所，由于塞沃尔带来的麻烦，不能再续租了。是的，他和多萝茜会去。这三人之外，还有第四位自己坚决请求加入：斯托伊的一个本地人，约翰·切斯特。海兹利特春天拜访柯尔律治一家时，曾这样描述切斯特：他"就像被柯尔律治的言谈吸引的那些人，好似苍蝇闻到了蜂蜜，或蜜蜂在成群结队飞行时听到了铜盘的声音"。他身材矮小，罗圈腿，像牲畜贩子一样拖地行走，会在柯尔律治身旁小跑，就像一条狗或一个男仆在马车旁奔跑。柯尔律治没怎么留意过他的存在，因为他几乎不开口。切斯特希望能跟他们同行，目的是学习德国农业——他在家时似乎对农业知之甚少。

华兹华斯这时开始和约瑟夫·科特尔协商出版《抒情歌谣集》。柯尔律治对旅行的前景感到兴奋，乐于将书稿的细节交给华兹华斯打理，反正他将自己看作次要的合作者。这主要是华兹华斯的诗集，其中柯尔律治的作品只有《老舟子吟》《夜莺》，以及取自注定失败的戏剧《奥索里奥》的两个场景（这是个自我贬低的奇怪选择），然而由于《老舟子吟》的长度，柯尔律治的贡献还是占据了三分之一的篇幅。这本诗集在他们动身之前几天出版了。读者反响不温不火，他们要等一阵才能知道。评论界对华兹华斯的作品褒贬不一,对于《老舟子吟》也无足称道。其中一篇评论来自骚塞(发表在《评论综述》的十月刊),他当然没有署名,不过朋友们还是很快得知作者身份。骚塞对华兹华斯作品的勉强认可和褒贬参半的反应,我们暂且不表,但是他自负地把《老舟子吟》贬为"一首乏善可陈的诗",值得我们关注。它有助于揭示柯尔律治生活的一种环境——长期如此并将继续如此。(柯尔律治夫人和弗里克全家都视骚塞的意见为绝对真理。)骚塞明显企图嘲笑这首诗,称之为"一个荷兰人试图表达德国式的庄严"。这句话荒诞不经,就像狄更斯笔下人物那样沾沾自喜地揭示自身局限,并为自己展示的讽刺能力而暗自骄傲,但所有这些都使他的嘲笑格外刺耳。"德国式的"当然否定了这首诗的所有哲学内涵,尤其是新柏拉图主义元素和对各种精神力量的使用;而"荷兰"(如在荷兰"写实主义"绘画中)可能暗示在他看来琐碎的、机械的摹仿,这也是他自己正在试图摆脱的东西。阅读这篇评论在两个诗人身上产生了完全不同的反应:华兹华斯是严厉的愤怒,柯尔律治是受伤后的无所适从。事实上,柯尔律治回到英格兰后特意找到骚塞寻求和解。或许,某种意义上骚塞是对的。柯尔律治多么崇拜这些坚定而自信的人啊,他们能依照自己的信仰行动,毫无自我分裂,能"一次只做一件事"! 况且他自己也能挑出这首诗的很多毛病。

四

他们一行于九月十六日从雅茅斯出发前往汉堡,横渡历程被柯尔律治记在了他的《萨特拉尼的书信》中(后被编入《文学生涯》)。在船上,柯尔律治与一个丹麦人交谈甚欢,并被邀去参加聚会饮酒。他们一起喝酒、歌唱,还在甲板上跳起了里尔舞。他们感觉柯尔律治是和自己趣味相投的哲学家。"何等的想象力!"柯尔律治的新朋友惊呼,"何等的语言! 何等渊博的科学! 还有怎样的眼睛!"他很快就明白了,人们误以为他是一位自然神论者或自由思想家。柯尔律治感觉不安(华兹华斯兄妹会怎么想呢? 即便这样他也必须用正确的心态开始这趟旅行),他决心驱除别人的错误想法。他说自己确实这么做了,口气严厉,自以为是,既不吸引人,也不大可能。

在汉堡,柯尔律治和华兹华斯与德高望重的德国诗人 F. G. 克洛普施托克会晤,他当时已是七十四岁高龄,双腿水肿,但是愉悦、善良、健谈。(柯尔律治说,"我感觉眼睛似乎涌起泪花。")然后华兹华斯兄妹和柯尔律治觉得可以分头行动,至少可以短暂分别。华兹华斯虽然希望能学习一点德语,主要还是打算写作诗歌。柯尔律治下定决心要学好德语,然后体验一番大学生活。切斯特如影相随。柯尔律治带着一封介绍信,在拉策堡镇一个牧师家住下。他每天陪着牧师下地窖上房顶,从花园到大街,还花时间和牧师的孩子们相处,学会了通俗德语,同时广泛阅读德文书籍。

四个月后,柯尔律治感觉自己对德语有了很好的掌握,就前往哥廷根,并于二月中旬在大学注册。早上他去听生理学讲座,晚上去听博物学讲座,主讲人是著名的J. F. 布鲁门巴赫①,他的人类学著作为人类学的现代研究奠定了基础。柯尔律治即刻结识了喜好交际而博学多识的布鲁门巴赫,还有J. G. 艾希霍恩②,德国圣经批评历史

---

① 布鲁门巴赫(Johann Friedrich Blumenbach, 1752-1840),德国人类学家、生理学家和比较解剖学家,常被称为体质人类学之父。他主要根据脑颅尺寸将现代人类分为五大类,即高加索人、蒙古人、马来人、埃塞俄比亚人和美洲人。

② 艾希霍恩(Johann Gottfried Eichhorn, 1752-1827),曾任德国耶拿大学及哥廷根大学教授,百科全书式的圣经学者和东方学家,擅长将希伯来文《圣经》与其他闪族语言的古籍相并列,进行科学的比较和评述,被称为现代《旧约》批评的创始人。

上的重要早期学者之一。但是柯尔律治不想和唯理性主义的艾希霍恩争辩，就避开了他关于《新约》的讲座，转而学习同学的笔记。他的主要努力是让自己竭尽全力掌握德国的语言文学史。他甚至在东方学家 T. C. 泰森的指导下学习了哥特语和"古德语"（"Theotiscan"，我们现在称之为古高地德语）。泰森的钻研领域是近东哲学，但是学识涵盖绝大多数印欧语言，很多是人们闻所未闻的。柯尔律治能这么快就引起这等学者注意，也说明了他自身很多特点。可以说，他迄今没有结识过这样的饱学之士，因此很容易脱颖而出。这些人所代表的德国理想式博学给他造成的心理影响同样引人关注——即便不是当下，至少是在将来。他会致信普尔："我发现博学是件非常容易的事"，而且若是一个人没有付出相当努力便取得了比"图克、波森、帕尔①加起来"还要多的学识，"他会是悲惨的诗人和可鄙的玄学家"。当一个人能"利用一座伟大的图书馆"时，纯粹的学习就是"为无所事事寻找一个

---

① 霍恩·图克（Horne Tooke，1736–1812），英国牧师、政治家和语文学家。理查德·波森（Richard Porson，1759–1808），英国著名的古典学家和文本整理者。塞缪尔·帕尔（Samuel Parr，1747–1825），英国作家、牧师和法学博士，以其政论文著称。

可悲的借口"。但是他说这些有点在为自己辩护,或者故作随意。博学对他总有很强的魔力,在这里被强化了。此前他不知道这等博学多识之人会这么大量地存在——在每个主要的德国大学都存在至少数十位。他的身份意识和自我意识——现代心理学家会称之为他的"体象"(body-image)①——就是回国以后把这些理想更坚定地融入自身。

在此期间他还考虑了一项特别的写作计划(在他为更大的计划夯实基础时从事的暂时的、相对较小的计划)。这就是为莱辛作传——他的突出贡献是把现代德国文学提到了新的高度。柯尔律治对莱辛的研究越多,就越是被他深深吸引。在天资和思想的一般特征方面,他像极了自己,区别在于莱辛积极进取,做事更有信心。(柯尔律治说到莱辛的肖像画,"他的眼睛和我的极像,不过更大更突出"。)向前快进六年去读弗里德里希·施莱格尔论莱辛的精彩文章(1804)②,我们感觉读的像是对晚

---

① 有时也作"体像",指的是个体对自己体貌的一种想象,也指对自己的体貌在别人眼里是何种形象的一种想象。

② 指的是施莱格尔发表于 1804 年的著作《论莱辛的思想和观点》(*Lessing's Thoughts and Opinions*)。

年柯尔律治的评论。施莱格尔强调莱辛的"头脑能大胆地结合"，他能有效利用丰富的知识和广博的兴趣，从中"产生新的化学联系和**互相渗透**"（这也正是我们在柯尔律治后期作品中最珍视的）。但是在那些"尤为依赖想象的作品中，莱辛从未能使自己满意，写出和他才华匹配的作品"。如果他的任何才能——想象力、哲学推理、纯粹的知识——能够彼此"分离"，"他就不是他自己了。艺术和想象"，在更专业的意义上，不是"他擅长的领域；而且在名副其实的［抽象的哲学］推理上，很多人都胜过他"。莱辛真正的伟大在于"理性和想象的融合和**贯通**"。

柯尔律治在哥廷根和一些英国大学生放松的时刻，被克莱门特·卡尔里恩记录下来了，后者当时持有剑桥提供的旅行奖学金。他提到柯尔律治不修边幅及其他细节，然而更有意思的是之后的评论："但是我听他说过，他一开口说话别人就不会注意他的衣着了。他说这话时，突出的眼睛盯着自己（只要房间里有镜子他就会习惯这么做），表情特别滑稽。"如果柯尔律治的眼睛总向镜子游移，倒不是出于虚荣，更多的是出于绝望的检查——有些人长期以来厌恶自己的外表，只能希望它没有变得更糟。"自然使我与众不同，赐我丑陋的五官组合"——使他烦

恼的不是丑陋**本身**——如果真丑的话——而是它特有的
体现形式：表情"白痴一样"，还有腺样肿，嘴唇肥厚而张
开；"脸庞虚胖"（一张"脸的尸体"，就像他对塞沃尔所作
的冷峻的自我描述）。这只是大体上象征了他最讨厌自
身的一些特点——就像他怕自己吃东西时发出的吸溜
声，或者就像他的名字"塞缪尔"。他更喜欢干脆利落、务
实爽快的称号"S. T. C."，也在随笔中这么指称自己（通
常夫人会坚持叫他"塞缪尔"）。在早些年，他曾告诉骚
塞，他对自己的教名（Samuel）感到"厌恶"：第一个音节
"Sam"里有"这么可恶的矮胖，这么弄巧成拙的敏捷"，跟
着的元音 u"晦涩而含糊"，"结尾的［el］虚弱而暴露，流
水一般，发出颤抖，并在二音节和三音节之间摇摆……总
而言之，它可能是元音和辅音最糟糕的组合了"。沮丧的
照镜检查之后的自辩并不新鲜，但也合乎情理：他一旦开
口，外表就无关紧要了。这种防卫机制变得愈发刻意为
之，也是情有可原。此后三十年里，缺乏自信的柯尔律治
越来越想扮演一个角色，就像孩提时的他，在奥特里人眼
中成了一个"人物"。我们应该认识到这种形式的防卫的
本质，不夸大也不滥用，以免情急之下匆忙把伟大简化为
最低级的公分母。柯尔律治试图忘却、剪断或超越束缚

95

他的个人联想和拘谨,便把自己认同为一个言说者,一位说话的圣贤,这只是他采取的方式之一。我们还可以将它描述为一种替代形式,虽然此处的认同对象不是另一个人,而是一个想象的人——一个潜在的、净化的自我或"体象"。

他在四月得知次子贝克莱已经夭折(逝于 2 月 10 日)。普尔试图尽可能长久保守这个秘密:为什么要让柯尔律治在这时痛苦呢?再说他即使知情又能做些什么呢?普尔和柯尔律治夫人最后决定还是告诉他实情。他们不可能永远隐瞒下去。柯尔律治万分悲痛,感觉无名的罪过,终于写了回信。他反正已经写了思念故土的家书,也盼着回国,或至少觉得有必要尝试感觉思乡。他和卡尔里恩,另外四个英国人,布鲁门巴赫教授的一个儿子一起,在哈茨山脉短途旅行(5 月 11 日至 16 日)。整个旅途中他侃侃而谈。他知道这将是他短暂的漫游之年的终结。几周之后他离开德国回到英格兰。布鲁门巴赫教授为他饯行。柯尔律治购买了一大箱形而上学著作,"以期把我生命中最宝贵的年华默默奉献给一部作品"。

96

五

柯尔律治在七月回到下斯托伊时,背着自我期待的沉重负担,此后十五年便是他的挣扎历史。他终于必须开始工作了。但是顺理成章,他首先得找到一个适合工作的地方。斯托伊的农舍——他后来称之为"破旧茅舍"——是不可能住下去了。斯托伊附近的地方也都差强人意。在海外旅居之后回到那里,尤其是远离华兹华斯兄妹,令他非常扫兴。普尔的陪伴是宝贵的财富。但是他一想到要和莎拉一起生活,重拾千头万绪,就非常沮丧。据莎拉的妹妹说,她出阁前就脾气火爆,令娘家人饱受折磨。没有理由设想她的脾气会在婚后改善,婚姻本身已经让她失望。但是柯尔律治总是先为自己的习惯感觉内疚,而且急于用最仁爱尊敬的眼光看待他的亲友,不允许自己对夫人有怨言。他认为这个问题容易解决,无非是找个便宜之地工作而已——安静,但要有人陪伴,激发他的思考。

九月他患了风湿病,这次是他"自从在学校患风湿热后"最痛苦的一次经历。这时他努力取得与骚塞的和解,还在布里斯托结交了一位新朋友,才华横溢的青年化学家汉弗莱·戴维。华兹华斯抱恙的消息(无甚大碍)给了柯尔律治一个借口,同约瑟夫·科特尔一道匆忙北上。华兹华斯住在达勒姆的索克本,与哈钦森一家生活在一起,玛丽·哈钦森尤其吸引了他,后在一八〇二年成为他的妻子。柯尔律治立刻迷住了哈钦森全家,也为他们全家所愉悦,尤其是玛丽的妹妹萨拉(柯尔律治喜欢拼为Sara,这能将她与莎拉·弗里克区别开来;他自己的女儿于一八〇二年十二月出生后,也被命名为萨拉,写作"Sara")。哈钦森一家和弗里克一家对比何其鲜明,更不用说此萨拉和彼"莎拉"——这位萨拉体贴热情,通情达理,有幽默感。我们不难发现这次和此前情形的相似之处。品行端正的骚塞娶了弗里克家的一位姑娘,柯尔律治娶了另一位;比骚塞更高尚的华兹华斯现在被哈钦森家的一位姑娘吸引,柯尔律治再次亦步亦趋,被其妹妹吸引。有两点不同:两位女子的本质不同(就像华兹华斯不同于骚塞,这位萨拉也不同于那位"莎拉");还有和第一位莎拉在一起时,柯尔律治是受到了一定的胁迫,现在没有胁迫,却有他的婚姻造成的障碍。此后的几个月乃至两年,他爱上了萨拉·哈钦森,而且越陷越深(在两件事上他未能进展迅速,这是其中之一;另一件是他的"严肃"工作,可能因为他越重视就越自我怀疑)。

华兹华斯现在既已痊愈,柯尔律治就没有理由继续离开家庭逃避工作。出于良心,他也不能继续在哈钦森农场上逗留。华兹华斯建议他们去湖区短途旅游,他欣然答应。这么做有正当的理由:华兹华斯正在寻找一处安身之地。在旅途中,柯尔律治接到了来自《晨报》的丹尼尔·斯图尔特的提议,邀请他去伦敦为《晨报》写政论文。这当然不是他一直以来计划要做的事,也不是韦奇伍德兄弟期望他做的事。难道不可以把它当作一项短期工作,有助于他熟悉环境找到方向?他在德国时已经透支了账户。此外,韦奇伍德"基金"的一部分总要分给悍妇般的弗里克太太(萨拉·哈钦森的母亲已经去世)。短暂地从事政治新闻报道应该没有妨害,毕竟他还有时间开始真正的写作。

柯尔律治于十一月二十七日匆忙赶往伦敦(斯图尔特支付了旅费),住宿在斯特兰德的白金汉街,很快夫人和哈特莱也搬来同住。他在下午和晚上都为《晨报》写作,当时报酬颇丰(一周能挣四五几尼)。他的文章强烈反对小皮特政府,支持和平。一八〇〇年三月十九日的一篇关于小皮特本人的文章堪称政治新闻的经典作品之一。他为斯图尔特写的多数文章质量都极高。此处不再多费笔墨,因为在这么薄的一本论其生平和著作的传记里,理所当然只能关注他的主要兴趣。我们评价塞缪尔·约翰逊的话也同样适用于柯尔律治,那就是无论什么话题,只要他能克服拘谨,就能写得流畅娴熟,水平远高于庸常之人,尽管他们一生专攻某个领域。

柯尔律治期望能在早晨投身其他工作。写《莱辛传》本身只是预备工作,但是即便这项计划也开始让他联想到责任。为什么不接受出版商朗文的提议,翻译席勒的戏剧三部曲《华伦斯坦》,或至少是最后两部,将其作为一项临时工作? 此处他只是充当一位值得尊敬的作家的陪护,便消除了疑虑,根据席勒提供的手稿快速译出了《华伦斯坦》三部曲的后两部。他只用了六至八周的早晨的闲暇时间,鉴于耗时之短,翻译质量相当出色。但这只是副业,它反响平平这个事实并没有让他过于烦忧,因为公众对德国悲剧的兴趣开始普遍下降,这在意料之中。对《抒情歌谣集》的恶意评论他也不甚在意,虽然骚塞的负面观点给柯尔律治夫人留下了深刻印象。如果骚塞认为《老舟子吟》写得很差,对她来说就是盖棺定论了。柯尔律治又能说些什么加以反驳呢? 最好忘了它——最好忘了作诗这事。他写作

《老舟子吟》的那些日子现在看来恍如隔世。

　　他不能永远住在伦敦做政治新闻的雇佣文人。韦奇伍德兄弟,他所有的朋友,还有他本人,都期待不同的作品。但是去哪里才能重新开始呢? 可能只有一个地方:北方,华兹华斯定居的地方。并不只是因为他需要跟在华兹华斯左右,其实是华兹华斯需要他。这也是真正重新开始的一种方式。那里没有诱惑让他在新闻写作上虚度光阴。(它们怎可能在如此偏远乡野的地方写成?)伦敦生活有太多干扰,而且太容易接触出版商,他总会忍不住想去写作发表不那么重要的东西。而在美丽的乡村,他能重新开始,做前所未有的事。但是他摇摆不定。他真的准备好果断行动了吗? 他会想念普尔和其他朋友。当然,萨拉·哈钦森不会离得太远。与此同时,他已经告诉华兹华斯兄妹,自己多么希望和他们比邻而居,他们已经在帮忙寻找住所了。鉴于多萝茜帮他找到了一个绝佳的住所,出租条款极其宽松,他很难再改变主意。

六

　　一八〇〇年七月,柯尔律治全家搬到了凯西克的格丽塔府。这座建筑现在仍是一所学校的一部分。这里他开始了一生中最痛苦的十年。在随后的两年里,接二连三的事情开始汇集——健康不佳、服用鸦片、财务困扰、孤独寂寞、家庭矛盾,尤其是负罪内疚,因为没能在他认为真正重要的任何工作上取得进展。一到凯西克,他就自然而然满腔热情投入了新生活,对自己也对他人盛赞此地美景,还以半戏谑的姿态将他生于九月十四日的第三个孩子以附近的德温特湖命名。搬来的前两个月他还写完了《克丽斯特贝尔》的第二部分。然而阴冷潮湿的北方冬天令他措手不及。到次年一月,他大部分时间都卧病在床,甚至到了四月,多萝茜说他"浑身是病,肩背、脾胃和四肢,虚弱到稍一用力就脸色发白"。柯尔律治夫人不待见这个新家。她的娘家人都在南方,她怀念在下斯托伊和邻居闲聊的时光,闻名遐迩的湖区风光和华兹华斯兄妹对她来说毫无意义。事实上她早就开始讨厌这对兄妹了,因为她丈夫明显更喜欢和他们相处。柯尔律治明白这点,从而更为搬家感到内疚。

话说回来,他自己也思念普尔,在斯托伊时普尔与他比邻而居,但是现在华兹华斯住在十五英里之外的格拉斯米尔,幸福地沉浸在自己的家乡和创作中。柯尔律治的家又在哪里呢？他从来就没有真正拥有过一个家，当然，无论如何这里也不可能成为他的家。他北漂到这里只是为了华兹华斯。他自己的工作又是什么呢？不是诗歌，虽然他在此后三年又作了一些诗。* 不，他搬到北方来后不久便告诉友人（1800 年 12 月 9 日），华兹华斯"是个伟大的、真正的诗人——我只不过是个玄学家"。他反复对别人乃至自己都如是说。他告诉塞沃尔，他不仅在学习形而上学，还在学语文学——早期德语和凯尔特语；至于诗歌，"我已经放弃了，确信自己从没拥有关键的诗歌天才，而且我误把强烈的欲望当作了原创的力量"。他没能尽力续写《克丽斯特贝尔》的失败证实了这一想法。不久他便致信威廉·葛德文："如果我死了，书商会出高价要我的生平事迹，你一定要说——'华兹华斯突然造访他，好像来自天堂的信息"$\gamma\nu\tilde{\omega}\theta\iota\sigma\varepsilon\alpha\nu\tau\acute{o}\nu$ ['认识你自己']。"通过向他展示什么是真正的诗歌，华兹华斯使他认识到，他自己不是诗人。

---

* 除了《沮丧：一首颂歌》（1802 年 4 月）和《睡眠之痛》（1803 年 9 月）之外，文选编者偶尔会选入写给萨拉·哈钦森的诗（《致阿斯拉》，1801），《一幅画，或爱人的决心》（1802），以及《查莫尼山谷日出之前颂》（1802）——是对弗雷德里卡·布伦的颂歌《日出之前的查莫尼》的部分翻译和扩展。此外他还写了约二十首小诗，多数如电光石火。

是的,他另有任务。但要开始工作需要小心谨慎,认真准备;他确实比以往都更加细致地阅读哲学著作。他来北方时年仅二十八岁,但是人们对结果寄予厚望——至少他感觉如此——很大程度上是因为他自己在兴高采烈地谈论写作规划。人们对他抱有太多期望:从奥特里再到基督公学,他从一开始给人的印象就是,他恐怕比真实的自己要好得多。是的,他能言善辩——正如他所说,交谈"延缓了困扰我的恐惧"。难道是这导致了他陷入困境,源源不断的期望使他不堪重负? 为什么他在这种处境中还给予更多的许诺,勾勒接二连三的写作计划,让别人的期望水涨船高? 如果有清晰的目标,像华兹华斯那样,离群索居,远离尘嚣和习以为常的干扰及借口,收获将是巨大的。否则它会成为另外一种压迫,使人动弹不得。

七

柯尔律治的书信总是如实记录了他遭遇的病痛,现在更清楚不过了。一八〇一年的整个春季,他都饱受折磨,甚至一度被迫卧床十天,症状是某种"痛风":膝盖肿胀,胃部恶心,连手指都"打结",患有风湿。他夜间频频盗汗。这些毛病,加上头晕目眩,使他变成了"自己眼里道德厌恶的对象"。他还患有严重的肠道功能异常,腹泻和便秘交替发生。

所有这些病痛,如果一起出现,就是典型的鸦片成瘾症状。我们应该知道,在柯尔律治的青年时代,人们对鸦片的危害知之甚少——处方泛滥,甚至开给了婴儿,它通常是以液体形式和酒混在一起,人们称之为"鸦片酊"。鸦片在当时还没被污名化,这就使得柯尔律治的不安、愧疚和相对隐秘的服用格外奇妙。依他非同寻常的自知之明,他肯定部分意识到继续服用鸦片会产生一些副作用。然而我们再次重复,鸦片在当时仍普遍被当作一种药物和止痛剂。在阿斯特利·库珀爵士[①]著名的文章于一八二四年问世以前,人们对现在所谓的"戒断综合征"知之甚少。服用鸦片以后出现的盗汗、四肢肿胀、血压和体温升高、肠道功能异常等症状,通常被认为标志着疾病的反复或者新的发展阶段,需要鸦片来治疗或缓解。对于病

---

① 阿斯特利·库珀爵士(Sir Astley Paston Cooper, 1768–1841),英国外科医生和解剖学家,对耳科学、血管外科、乳腺和睾丸的解剖学和病理学做出了历史性的贡献。

人而言,除了恢复使用鸦片以外自然别无选择。

此后至少十五年里,柯尔律治都会遭受这些症状的痛苦折磨,连同可想而知的心理负担:罪过、恐惧和犹豫。因为在维多利亚时代和二十世纪上半叶,有太多关于鸦片毁掉了柯尔律治后期生涯的闲言碎语,我们这一代倾向于低估鸦片对他的影响。我们喜欢在心理上感觉自己更为敏锐。如果他面临诸多困难(自我怀疑,内疚,未完成的作品,时常计划却从未开始的写作),我们会说,这种情形无论如何总会存在:服用鸦片只是一个"症状"。我们甚至可以继续推测,用现在所谓的"身心失调"(psychosomatic)来描述迫使他服用鸦片的疾病。柯尔律治天性热情而外向,敏于同情别人,即便在他最不幸的年月也依然如此。"疑病症"一词,和它连带的自我中心意涵,似乎不大适合他。换种说法更为贴切:他极易受疑病症或其某种形式的影响——在排山倒海般的自我要求面前,大脑会寻求退缩或借口,于是诉诸这种症状。他易受其影响,也经常英勇地与之对抗。但是与此同时,另一个问题又使他的病情加剧:当他有强烈的罪过感时,他会自觉地厌恶自己和自身的每一部分,于是罪过感不仅在体内固化,还会物化,强加严厉的惩罚,使他容易患上身心失调的疾病。

他至少部分觉知自己身上的这两种倾向，对前者比对后者认识更多。他在一八一一年的一封信里写道："我试图从脑海排除，或毋宁说在下意识中**压抑**的东西，肯定会同时竭尽全力……作用于我的身体。"他在同时期的另一封信里说，"身体和意识是**包裹**和护卫灵魂的方式"，排除感情及其他方面的"不协之处"以保护心灵。顺便一提，我们应该注意到，正是柯尔律治本人发明了"身心失调"一词，早于医学界普遍使用这个词一个世纪，而一篇论情绪的不完整论文（作于 1812 年至 1815 年）特别提到他称之为"我的身心失调学［或科学］"。

柯尔律治临终前甚至要求进行尸体解剖，似乎希望向别人揭示他一生遭受的某些病痛，并暗示他为何壮志未酬。善良的詹姆斯·吉尔曼急于为朋友开脱，坚称尸检显示柯尔律治罹患一种疾病，开始于"他去世前将近四十年"，长期的病痛充分解释了他对麻醉剂的终身依赖。另一方面，柯尔律治的女儿萨拉也于一八三四年十月写信给朋友普卢默夫人道：

依照他自己的恳求，他的遗体被解剖

了——重要器官的状态足以解释他的死因,但是他几乎毕生都受其扰的内在痛苦却无从解释,或只能解释为医生所谓的神经交感。*

真相似乎介于吉尔曼和萨拉提供的两种叙述之间——或者更接近后者,直到柯尔律治临近五十岁。因为尸检报告最近才印发**,证实他从未得过"风湿热"这样的病(他的心脏瓣膜即便在六十二岁时依然完好),也不可能有其他任何疾病能**有机地**解释他在孩提或青年时

104

---

* *Memoirs and Letters of Sara Coleridge*(1874),p. 99. 吉尔曼的叙述被他孙女露西·沃森刊于 1895 年 6 月 8 日的《泰晤士报》。

** 报告被 E. L. 格里格斯教授印于《书信集》,第六卷,第 992–993 页(附录 A),从柯尔律治家人掌握的报告复印。芝加哥的迈克尔·瑞斯医院图书馆藏有另外一份报告,有无伤大雅的改动,路易·泽策尔博士和林肯·克拉克博士帮忙做了分析,我在此基础上加以总结。鉴于报告全文将由格里格斯教授印出,我这里只是解释或引用关键的陈述(依据芝加哥报告)。在胸腔,右胸膜严重粘连。在右胸膜和第五到第七根软骨之间有一个囊肿,包含半品脱的血性液体。此外,"右腔含有至少三夸脱的血性液体。右肺充血……所有气管呈慢性炎症"。左肺和支气管相对健康。心脏被脂肪包裹,只有正常大小的一半。"左右心室扩张,左心室肥大——瓣膜健康。沉积物如干酪样,硬度尚不及主动脉内膜下的软骨。"在腹部:"肝脏苍白,极度柔软,以至轻微压力下就会破裂——胆囊严重扩张,胆汁颜色变浅。"胃内壁炎症,出现"溃疡斑块",肠道描述为"自然",有"一些大肠杆菌富集,但几乎不构成炎症。其他内脏健康"。可能需要提醒外行读者,阅读这份报告时,一些看起来如此可怕的细节是自然衰老的结果,而其他(尤其是肝脏呈自然溶解)则是因为尸检是在他死后三十六小时进行的。

代遭受的旷日持久的病痛。我们在此讨论尸检报告，可能比在最后一章结束之际讨论更有收获。从现在起，而非在他生命终结之后，我们需要了解从这份报告中能得出什么，从而排除毫无意义的推测。报告有两处值得重点关注：（1）柯尔律治在晚年患有高血压心脏病，导致了充血性心力衰竭。但是如果他在二三十岁时候患此重病——这可能异乎寻常——他几乎不可能活到六十二岁。（2）肺部的情况可以有两种解释，一是充血性心力衰竭的典型症状之一，二是过去某种被抑制的慢性疾病的结果（尤其是肺结核），后者可能性比前者大。* 如果是这样，柯尔律治青年时期所经历的感染活跃期可能导致了胸部的局部刺痛。很有可能发生过，但是并没有导致旷日持久的难受。柯尔律治从不忌讳谈论自己的病症，但直到晚年才提及右胸或胸腔的疼痛。然后在一八二八年一月十二日，他告诉朋友约瑟夫·格林医生，此前六七年间——即自一八二一年，他"每天早上"都要遭受"胸腔以下贯穿身体的疼痛"。简言之，自一八二一年起，他右肺

105

---

　　* 液体如果源自充血性心力衰竭，很可能会均匀分布在胸腔。但是只有右肺受影响，这说明是上文提到的既往感染。

的旧感染,尤其是和高血压心脏病结合,可能已经引发尸检报告中推断的结果。重要的是,柯尔律治在晚年并没有像三十年前那样,详细痛陈具体症状。他的心思在那时被别的事务占据了。

我们此刻已经因为行文需要而向前张望了好多年,现在该回到他的身心疾病,或更确切地说,是一种使得身体疾病**强化**为身心失调的倾向。应当记住,我们讨论的是一个心理学天才,对他屈尊俯就显得荒谬不经——正如之前所说,正是此人创造了"身心的"这一术语。在医学问题上,我们也应该尝试表现得熟练精通,就像在心理学上那样自认为十分在行(后者通常意味着,我们感兴趣并机械寻找的,只是更间接和隐蔽的动机)。如果他不是经常被迫面对骇人的鸦片戒断综合征,尤其是还不确定它们是戒断症状,他就不必怀疑自己的疾病是想象出来的,与它们的长期斗争就会容易许多。像其他产生强烈身体依赖性的药物一样,鸦片会抑制酶的产生。作为代偿,酶合成会增加(从而对药物具有耐受性),而当鸦片的抑制作用消退时,这种明显过度的酶活动会产生幻觉,导致肠道的剧烈不规则蠕动、恶心、痉挛、震颤、起鸡皮疙瘩、盗汗、流泪、血压和体温升高、呼吸困难。一八五四年，中国输出的劳工在修建巴拿马铁路时，原本习惯了吸食鸦片，然后又被突然禁止，因为一个自以为是的群体施压以便在巴拿马实行美国法律（巴拿马当时不在美国的

司法管辖权范围内），大量劳工因此自缢身亡。即便今天，人们对戒断症状了解更多，也很少有成瘾者可以通过无人监督的努力来治愈自己。我们试图记住这所关涉的问题时，也应该记住，对于一个想象力强大而时常有负罪感的人来说，当他试图做到连贯一致、付诸行动、易于管理时，如此不确定意味着什么。对于一个想象力远不如柯尔律治活跃的人来说，单是戒断症状——从未被清楚理解——便可以提供丰富的原料，与其他身心或纯粹身体的疾病结合，这些病症足以占据日常生活的很大部分。

八

柯尔律治和他妻子的关系每况愈下。但是他们都不希望公开决裂：莎拉不希望分开，因为她在乎体面，并且一直希望假以时日，丈夫能够用金钱收入来证明别人都说他所具备的才华；柯尔律治不愿分开，因为他也在乎体面——几乎和莎拉一样在乎——而且也因为他有些同情

并理解莎拉的感受。

他总想逃避公开的争吵,日趋倾向漂泊到别处。一八○一年七月,他搬到北方一年以后,他去达勒姆以便从大教堂图书馆借书,尤其是邓斯·司各脱①的作品,也是为了去拜访哈钦森一家(他现在称呼萨拉·哈钦森为"阿斯拉",他们的关系总是停留在不违背传统习俗的层面)。与此同时,一想到要在北方度过第二个寒冬他就格外担忧,他在考虑去往亚速尔群岛或西印度群岛。他决定去伦敦,于十一月十日离开,在柯芬园的一家裁缝店里寄宿,阅读哲学,为《晨报》写些文章。早春时节回到北方,他在格拉斯米尔的华兹华斯家停留。在此期间,华兹华斯写下了伟大的《永生颂》的开篇部分。柯尔律治尽管已经做出了将诗歌束之高阁的姿态,还是被华兹华斯的榜 样和其颂歌的总体思想感染,于四月四日开始写作致萨拉·哈钦森的长篇书信体会话诗,后浓缩为《沮丧:一首颂歌》。在他的主要诗作中,《沮丧:一首颂歌》最直白也最脆弱,柯尔律治的追随者们自然比一般读者对该诗评

---

① 邓斯·司各脱(Duns Scotus,约 1265-1308),苏格兰中世纪的经院哲学家和神学家,他反对圣托马斯·阿奎那,认为信仰由意志决定而不依赖于逻辑证明。

价更高。华兹华斯的《永生颂》和济慈的《希腊古瓮颂》可能会使我们期望了解作者更多。《沮丧：一首颂歌》尤其能吸引这类读者——他们被其他作品导向柯尔律治，现在希望发现关于作者的更多信息。

像浪漫主义时期很多伟大的抒情诗，《沮丧：一首颂歌》展现的是智性探索的戏剧。是这点让它成为一首好诗，但是在这出戏剧中，探索被搁置一旁，一半掩盖，几乎被否认。华兹华斯刚刚完成的开篇诗节——后来成为《永生颂》的局部——以伤感忧郁的问题结尾：

> 到哪儿去了，那些幻象的微光？
> 如今在哪儿，昔日的光荣与梦想？

而《沮丧：一首颂歌》也以同样的思路开始，否则这两首诗迥然不同。这里诗人也感觉失去了回应，但是表达更有戏剧性：不只是欢乐的减少，惊奇和新鲜感的减少，而是一种无处不在的"悲戚"，使得心灵本身几近空洞。这首诗的背景也更具体化。重要的是，《沮丧：一首颂歌》中的诗人（洞察到自己的将来）正在见证风暴来临前的明暗变换，感觉气氛的改变。他将如何应对即将到来的挑

A Letter to

April 4, 1802. — Sunday Evening.

Well! if the Bard was weather-wise, who made
The grand old Ballad of Sir Patrick Spence,
This Night, so tranquil now, will not go hence
Unrous'd by winds, that ply a busier trade
Than that, which moulds yon clouds in lazy flakes,
Or the dull sobbing Draft, that drones & rakes
Upon the Strings of this Eolian Lute,
Which better far were mute.

For, lo! the New Moon, winter-bright!
And overspread with phantom Light,
(With swimming phantom Light o'erspread
But rimm'd & circled with a silver Thread)
I see the Old Moon in her Lap, foretelling
The coming-on of Rain & squally Blast —
O! Sara! that the gust ev'n now were swelling
And the slant Night-shower driving loud &
                                    fast!

A Grief without a pang, void, dark, & drear,
A stifling, drowsy, unimpassion'd Grief
That finds no natural Outlet, no Relief
In word, or sigh, or tear —
This, Sara! well thou know'st,

《沮丧：一首颂歌》的前身

战？他身上几乎死去的东西——"这种钝痛",这种茫然的目光,盯着西天流云的奇光异彩但无动于衷——能被其他更有活力的东西取代吗?

在这种更私人化的语境中,《沮丧:一首颂歌》的发展具有戏剧性,由两个阶段构成,然后附有某种尾声(coda)——这是读者期待的写作方式,已经变得程式化。柯尔律治的处理更有况味,因为他在此处有意梳理、裁剪和重组构成《沮丧:一首颂歌》的诗信。首先,他承认这一点,尽管很难消化:

> 我们的**所得**就是我们的**所予**,
>
> 大自然**只活在我们的生命里:**
>
> **我们的**生命是其婚纱与寿衣!

这不是欢欣鼓舞的"创造性想象力"声明。(他需要另外十年乃至更久的努力才能做到。)这是绝望的呼号,必然结果是"自然不会给予我们"。在先前的诗中,他会在一定程度上把人类想象为接受的对象,大自然会主动走到半路与我们相会。所以在《风奏琴》中,可爱的风会拨动琴弦奏出音乐;在《这菩提树荫将我囚禁》中,阳光会把易感的目光所及之处都变得美丽;在《午夜寒霜》中,霜象征了自然的照料。或在《老舟子吟》中,信天翁能穿过骇人的寒冰和迷雾飞向老水手。这就是"从不放弃睿智纯良之人"的自然,上帝从中塑造并教化人类精神,"通过**给予**使其**索求**"。但是现在(他在研习康德)有了新的前提。我们不能希望

> 从**外在**的风景赢得
>
> 激情和生命,它们源自**内心**。

简而言之,负担完全落在了赤裸的自我身上。在"与自然结合"中,是我们自己——脆弱的人类精神——必须先赠予"嫁妆",自然才将其返还。

　　但是假如心灵空虚,不能事先给予任何东西呢? 在主题发展的关键第二阶段,诗歌有些摇摆不定,承认它继续要说的戏剧性反面,然后让其主宰整个画面。"欢乐"——精神上的自信交流——已经蒸发了;痛苦和悲伤的"每次造访"

> 中止了自然赋予我的天分

我富有创造精神的想象力。

他因此转向"玄奥的研究"寻求慰藉,似乎希望以这种方式"借我的本真窥视人类的本性"。这些诗行绝非该诗的核心,尽管有时人们这么认为。在随后雄健的第七节,我们发现想象力绝没有死亡或中止,它实在过于活跃了。如果欢乐具有创造力,这首诗证明沮丧同样具有创造力。诗人聆听的风声,变得疯狂、暴烈,甚至恶毒,使风琴发出(像是对先前的《风奏琴》的怪诞戏仿)"一声尖叫 / 延长了痛苦的磨难"。在风中诗人听到了呻吟、寒战,迷路的孩子惊恐的叫喊。

无论假托的主题是什么,很明显想象力能轻易赋予自然(随后用以返还我们的"嫁妆")恐怖的意象。但是柯尔律治从未公开承认想象力的这一面。他鲜在诗中、从未在晚年的文论中公开表达对想象的**恐惧**。这里我们或许触及柯尔律治诗歌生涯短暂、范围受阻的多种缘由之一。在《沮丧:一首颂歌》中,风变成了一个勇猛而"豪放的诗人",讲述的是"溃败的大军横冲直撞 / 被践踏的伤兵痛苦的呻吟……"当然是他自己的想象力从风中发现了这些"悲剧的声音"。就先前的诗人立场而言,某种程度上除了《老舟子吟》，他从不允许悲剧性的视角。他总抱有希望，发现想象力触及终极真理，而终极真理原来是仁慈的而非悲惨的。后来，通过谢林，他会发现相信这一点的途径，前提是我们用特殊的认识论术语重释问题。他现在和后来的渴望，是重拾一种信念，即人的积极活跃的大脑原来是优势而非诅咒，是一种接触现实的方式，我们可以与现实圆满和解。同时，《沮丧：一首颂歌》的第七节揭示了"想象力"的释放（以不被需要的方式）和他匆忙逃离其可能引发的后果——他突然在中途放弃了这个话题。

这是这首诗的真正结尾。接下来短暂的第三和最后一处转折，并不是发展，而是会话诗中引导员以习惯性的姿态做出的退场鞠躬。总要确保某个人得到休息、安宁和良知。诗人在午夜独自写道，让这些事物和它们伴随的一切，去"造访她［萨拉·哈钦森］……欢乐提升**她的精神**"。上帝的祝福是可能的，很有可能，但不是为他自己。

第六章　黑暗岁月：马耳他;《朋友》；
　　　　《演讲集》;《文学生涯》；
　　　　柯尔律治的剽窃问题;迁居海格特

一

柯尔律治依然能对自己的处境开点玩笑。尤为有趣的是,他把自己比作一只鸟———一种形体笨拙、鲜有魅力的鸟。在《老舟子吟》中我们提过(当然只是匆匆带过,毕竟那是一首丰富复杂的诗)作为信天翁的柯尔律治,现在我们很快就要见到作为鸵鸟的柯尔律治:"我下了太多的蛋在滚烫的沙中,像鸵鸟一般粗心,像鸵鸟一般健忘。"他还有另外一种形象,我们此前注意到,就是诗人中的一只

111

鸵鸟，无法飞翔，却有翅膀"带来飞翔的**感觉**"，在平原上奔跑，仰望着云雀和雄鹰。同时，"我是一只自我囚禁的椋鸟，"他对葛德文写道，"总在脱毛，我所有的音符都是，明天，明天，明天。"沿着这一思路，他告诉威廉·索思比，"当我希望写作一首诗时……不是像一群诗意的山鹬那样扇动着音乐的翅膀，或像野鸭那样总是**形成**规则的队列快速飞翔……飞来一只形而上学的鸨，飞得缓慢、沉重，费力地掠过地面，飞过沉闷且平缓的荒原。"但是他在心底远不如在这些戏谑的时刻假装得那么潇洒无忧。他告诉普尔时更坦率些，他希望"哲学和诗歌不要中和彼此，把我变成惰性物质"。

　　真相是现在乃至未来的几十年，几乎所有事情都汇集一起，使他丧失了希望，感觉无能为力。柯尔律治的个人习惯正在产生不良影响：长期以来的归隐和孤僻，仁爱和退让，疑病症式的罪过和自责，更重要的是，服用鸦片。与此相关的是困窘如永恒的严冬落雪般笼罩着他的希望。他希望以哲学的方式摆脱困境，达到一种思想的统一，这种统一可以充当一位"朋友"，拯救思想的每个方面：艺术、科学、心理学、神学和道德。这是他最关切的；然而他发现，年复一年，他秉持的兼收并蓄的习惯，不仅

112

会堵塞门厅,还会堵塞整个思想的宫殿。与此同时,他在北方的三年时光里(1800-1803),想到了好几项中小规模的写作,有时他提及这些似乎正在筹备过程中:关于"超自然"和韵律的论文,一册《德国来信》,一本关于霍布斯、洛克和休谟的哲学书,一篇乔叟批评,一系列关于现代诗人的论文,一篇关于教会建制的论文,一本地理教科书,一篇"关于诗歌以及从中得到的愉悦的本质"的通俗批评作品,一部"英国散文史",还有更宏伟的计划是编撰"大英藏书"(Bibliotheca Britannica),讨论各种门类的知识。("你列计划就像鲱鱼产卵,"骚塞如是说。)他还想在格丽塔府设置一个小型的化学实验室,还为此写信求教朋友汉弗莱·戴维。特别要指出,他还在继续阅读形而上学著作,尤其对焦尔达诺·布鲁诺感兴趣,重拾早期对新柏拉图主义的兴趣,开始严肃地长期研究康德。

这个项目清单,包括几乎"可以付梓"的幻影作品,在未来几年会变成更强大的习惯,而且像许多变得具有操控性的习惯那样,总会有不止一个动机。柯尔律治当然部分是在向别人作保证:他惯于承诺,这时又在许诺去从事人们期待的工作——毋宁说他认为别人所期待的,因为世界上他人并不如我们想象的那样,为我们自己的缺陷

113

饱受折磨。更重要的是,他也在为自己设置一个标记,一个挑战。如果他说了某个作品"即将发表",他当然会努力付诸实践,除非他想让自己彻底沦为笑柄。更多时候,他确实认真考虑过这些话题,神采飞扬地谈论过。所需要的只是面对一张有待写满的白纸,它毫不起眼,却令人畏惧,这着实荒唐。问题是,闲谈的对象是直接的听众,相比之下,写作的受众只以抽象形式存在。在那张白纸上,所有的自我审查、对批评的恐惧和担忧都开始活动起来,使他畏葸不前。即便他在演讲时滔滔不绝,现在拿起笔来也字斟句酌:创造力被麻痹了;一次胡乱写下一个词,划掉,又换掉。当然,他有时能奋笔疾书,之前也这么写过。他在二十来岁时为杂志写感伤或常规的诗歌是一回事,此时试图在一个更高、更挑战的层面写作又是另一回事。有太多需要知晓、归纳,与其他考量协调。可是现在,他被困在了北方。华兹华斯在这里多么如鱼得水!但是华兹华斯在创作诗歌,缓慢而大量地吸收柯尔律治提供给他的思想。柯尔律治不得已只能写作完全不同的东西,必须学习"一次只做一件事"。

许多年前,在奥特里,他还是个孩子时,阅读《天方夜谭》中的一个故事后,一个梦魇挥之不去。那个故事讲的是一个男人"被迫"寻找一位纯洁无瑕的处女。现在他也开始了类似的寻找，为酝酿已久的"巨著"做准备。讽刺在于，他发现有越来越多的东西要和基督教相协调——哈特莱、贝克莱、新柏拉图主义者、斯宾诺莎，现在还有康德——他对基督教的理解本身也开始变化。他早先的一位论基础，对新的洞见如此开放和欢迎，这时被其他东西取代了。他的一部分激进地转向科学、德国认识论，甚至某种修正形式的泛神论（虽然他从不会承认该词），另一部分则带着同样的开明，发现新的理由转向保守，从一位论转向更传统的神学。当然和解二者是可能的，虽然需要时间——更多的阅读和更深的思考。对于其他事情他可以潦草马虎，但对于这点他不能。或者说和解真的可能吗？别人似乎不这么想。无论如何，结果绝不可能是"纯粹"，那意味着一心一意——不仅是"一次只做一件事"，而且是一次只做同一件事。这就是写作《克丽斯特贝尔》遇到的问题，他始终没能完成。她静态的、"纯洁的"性格只能做一件事，呈现一种形象。任何发展、任何戏剧性的相互作用，都会从纯粹和专一变成复杂。在艺术品或哲学作品中，反过来才对：从坦率地承认复杂开始，然后使之**趋于**统一。好吧，这正是他现在试图做的事。当然,他的志趣向四面八方做离心运动:先是斯宾诺莎,后是康德,然后一般的经验哲学,然后新柏拉图主义者,再然后是基督教神学和中世纪经院学者,最后又回来。有很多东西可以集合起来,彼此可能成为朋友。但是他的负担如此巨大,拖延和思考如此有必要,情形如此不利——远在北部的凯西克,身边有阴郁怨恨的妻子,没人能够交谈,除了走到格拉斯米尔去见华兹华斯——而华兹华斯在一心一意创作他的诗歌。

二

　　一八〇二年的夏季接近尾声,昭示着另一个绝望的冬季。柯尔律治再次计划去南方,这次是为了陪同托马斯·韦奇伍德和其妹妹游历威尔士。这是对他资助人的正当帮忙,可以对他自己、妻子及友人有个交代。

115 　　韦奇伍德兄妹带着他从一个乡间宅邸辗转另一个,柯尔律治的精神和健康状况大为好转。他吸引了几乎所有人。后来在伦敦,汉弗莱·戴维注意到,柯尔律治在人群中会通过同情的感染失去自我,成为"才智与活跃的化身。他依旧能言善辩;可能变得更温和强健"。但是戴维也感觉到"他的意志力可能与他的能力不相称"。柯尔律治感觉身体恢复很多,十二月份被女儿萨拉的出生感动,他决心忘掉过去家里的不和,在米考伯式的修辞爆发中,他写信给骚塞(1803年2月17日):

> 我首次向柯尔律治夫人献殷勤,那于我是不幸的一天;我娶了她,那于我是不幸的一天;但是我要小心翼翼、满怀激情,确保这对她来说并非不幸;而且作为丈夫,我无论是什么样子,或被描述为什么样子,我或许可以作为她无可指责的保护人和朋友。

但在四月他回到北方,途经格拉斯米尔时,多萝茜·华兹华斯说他已经"患了严重的风湿热",两个月内他不得不花一半时间卧病在床。到了仲夏,他们三人——华兹华斯、多萝茜和柯尔律治——决定北赴苏格兰旅行。本来他们一行会像在萨默塞特漫游的日子那样,那时柯尔律治计划写作《溪流》,和华兹华斯一起开始写《老舟子吟》。然而当他们在八月十五日出发时,天气阴冷潮湿,柯尔律治需要服用鸦片酊(他显然随身只带了少许),使得这次旅行不堪忍受。他自己忐忑不安，华兹华斯也遁入他称之为"安静和自我中心"的"疑病感觉"，令他恼怒。两周之后他们同意分开，柯尔律治抱着摆脱鸦片酊依赖的可怜希望，步行回家。他容易招灾致难，这次遭遇了诸多困难。他在奥古斯都堡被怀疑是间谍，遭到短暂拘留，他试图烤干鞋子时又不小心把它们烧穿了。尽管如此，他还是迫使自己在八天之内步行了足足两百六十三英里。

　　每天要步行将近三十五英里，经过崎岖的山地，是一种绝望的努力。但这种努力本身还不够。他试图振作起来，掌握自己的生活，多重困难紧密交织。这段时期的某些令人恐惧之事——"扼杀生命的恐惧，窒息灵魂的羞耻"，"内疚，无力的意志"，"深不可测的内在地狱"——在《睡眠之痛》的诗行中有所提及（1803 年 9 月）。生病、疲惫、恐惧接踵袭来，他最终转向鸦片酊，如释重负。正如他在随笔中写道，从未感觉现在这般舒适，"沉到水中，穿过一片又一片的海洋"。这时，骚塞一家来到了格丽塔府，一开始只是造访，后来在此定居，与柯尔律治一家同住。骚塞几个月来都在重新考虑他对柯尔律治的评价。他一直都有自以为是的严苛，还会继续如此。但是眼见柯尔律治变化这么大,如此缺乏自信,骚塞"刚正的品德"不禁动摇了。他会告诉威廉·泰勒,柯尔律治已经"因完全丧失道德力量而瘫痪",但又加上一句,"我认识的所有其他人跟他比起来都像孩子"。对于生活有条不紊的骚塞来说,整个事情看起来很奇怪,他无法给自己一个解释。后来他再次写信给泰勒说,"柯尔律治只会说话",然而

> 当我听到一群小狗对他尖叫时,我被激怒了。
> 他,一只体格庞大、性格温顺的獒犬,如果接近
> 它们,只会抬脚走过。想到这点我就烦恼伤心:
> 他肯定会离开,但他离世之后,没有人会相信他
> 带走了一个何等强大的大脑——它无与伦比,
> 比同时代最强的大脑还要强上千万倍。

一八〇三年十月十九日,柯尔律治在北方面临第三年时,在笔记本上写道:

> 我心已死!——这**一整年**就是一个痛苦的
> 梦 / 我什么都没做!——噢,看在上帝分上,让

我策马扬鞭,这样到了圣诞节我不至于一事无成
/ ——无论如何要完成"人与时代",并把它们以
及我为报纸写的所有文章都收集为一卷 / 收集
我所有的诗歌,完成"奥尔良少女的梦幻"和"黑
女郎",写完第二卷 / 完成《克丽斯特贝尔》。

117　大概一个月以后,他刚过完三十一岁生日:

> 伴随着内心深处发出的深沉叹息,我感到
> 自卑自贱,并清楚地觉知自己的弱点……我依
> 然写下了计划完成的作品名称……带着热忱的
> 祈祷,企盼我能攒足男子汉般的力量并坚持一
> 次完成一件事。

接下来是八部作品的名单,包括一本"逻辑史"和一本"德
国形而上学史"。

　　但是一想到未来漫长的几个月他就害怕了——阴冷
和潮湿,束缚在家,无休止的争吵,不能和别人谈话使他
忘掉这一切。是的,如果他能离开,且不给家人带来困
苦,他必须去南方——去马德拉或西西里岛。约翰·斯

托达特（海兹利特的姐夫，刚被任命为马耳他的王室法律顾问）劝他去马耳他，至少是作为一个起点。由于战争，欧洲大陆的大部分都对英国人关闭了。马耳他仍在英国掌控之中，行政部门提供的帮助是受人欢迎的。这可能会是一个好的开始。在那样温暖的气候里，从事一种截然不同的工作，他不仅能摆脱鸦片酊，还能挣脱整个联想和拘谨的锁链。与此同时，他以一个象征性的姿态表达了开始新生活的决心：他在十一月让他所有的子女在英格兰国教会的教堂接受了洗礼。

柯尔律治在十二月二十日停经格拉斯米尔跟华兹华斯一家道别时，病得很重，很有可能是为了支撑自己走出这么决定性的一步而服用了过量的麻醉剂。他在那里住了将近一个月，忍受着压抑的内疚，然后，在一次"机动地"恢复健康之后，他前往伦敦筹备旅行。华兹华斯已经借给他一百零五镑，柯尔律治希望能从兄长那里筹得更多旅费，结果发现没有必要——华兹华斯的朋友乔治·博蒙特爵士又给了他一百镑。于是韦奇伍德兄弟赠予的所有年金都能留给柯尔律治夫人。他在伦敦停留的时间比预期要长。商船不愿驶往地中海，除非与船队同行。在这几周，他会见了兰姆和别的朋友，还结识了一些新朋

118

友。他的肖像画——他最好的肖像画之一——由詹姆斯·诺斯科特绘制。

他终于坐上一艘有通行许可的船,斯比德威尔号,一八〇年四月九日从朴次茅斯起航。船在直布罗陀停留了五天,柯尔律治爬上岩石看了猴子。在旅途中他为《老舟子吟》做了些修改和增添。

三

柯尔律治会在马耳他停留将近十五个月。在那里,他很快取悦了总督亚历山大·波尔爵士,在七月成了总督的私人秘书,后来担任代理公务秘书,直到正式的公务秘书回来。同时,他还去了西西里岛度假三个月,两度爬上了埃特纳山,给妻子寄回一百一十镑,健康一度好转。不再感觉必须写作什么,他卸下了负担,自发地开始写随笔(他的《随笔录》中最精彩的描写要追溯到马耳他时期)。

但是随着时间流逝,他开始遭受良心折磨。家里所有人,连同柯尔律治自己,之前以为这次旅行会持续六到八个月。到了一八〇五年一月,他离开凯西克已有一年之久。伴随着内疚的增加,他的健康状况开始恶化。两个月之后,在为波尔夫人举办的一次聚会上,他得知华兹华斯的弟弟约翰的死讯,一个趔趄摔倒在地,撞到了头,只得卧床两周。是的,他必须为回家制订计划。但是直到九月他才离开。

他绕道迂回英格兰,途中又花了十一个月,战时状态只是部分原因。他本可以直接经过直布罗陀海峡返回,然而他去了那不勒斯,后又希望找到一条途经德国回家的道路,又在罗马停留数月。他在罗马结交了美国画家华盛顿·奥尔斯顿,后者为其画了一幅精美的未完成肖像画,还见到了威廉·冯·洪堡①和路德维希·蒂克②。 119
有人劝他逃离罗马,说他上了拿破仑的黑名单,原因是他先前为《晨报》写的一些政论文章(他后来当然夸大其词,可能编造此事以解释回程路上遇到的障碍)。他北上到了佛罗伦萨和莱航。他离家越近,健康状况就越反复不定,有两周他确定自己是瘫痪性中风。在莱航他遇到一位年轻的美国船长德尔克海姆。德尔克海姆自从"离开

---

① 威廉·冯·洪堡(Wilhelm von Humboldt,1767-1835),德国哲学家、教育家、语言学家及外交官,柏林洪堡大学创始人。

② 路德维希·蒂克(Ludwig Tieck,1773-1853),德国诗人、翻译家、作家和评论家,十八世纪末和十九世纪初浪漫主义运动的元勋之一。

尼亚加拉"之后,"从未听过类似"柯尔律治的谈话。他立刻竭尽全力为柯尔律治争取到了一张通行证,甚至发誓说柯尔律治是个美国人(对此柯尔律治假装震惊,说自己"决不"允许此事发生,无论其他做法的后果多么严重),说自己认识柯尔律治的双亲,他们住在纽约以外通往波士顿的路上。柯尔律治终于在六月二十三日不大情愿地从莱航出发。对于船上的所有人来说,这次航行都不愉快且令人焦虑,对柯尔律治尤甚,他大部分时间都在生病。

四

一八〇六年八月十七日,柯尔律治在肯特的斯坦盖特溪着陆时,筋疲力尽,几近崩溃。他从马耳他出发时带的钱都已花光,对鸦片酊的依赖更加严重。抵达伦敦的贝尔客栈后,他找到了兰姆,告知华兹华斯和骚塞自己已到,然后经过了三周的犹豫,写信告诉妻子他在回家路上。接二连三的事情耽搁了他,他总是带着歉意和半真半假的愤怒解释各种干扰。他终于一步一步到了北方。看到他外表的变化,华兹华斯一家和萨拉·哈钦森都非常痛苦。多萝茜说,

"他的肥胖更像一个浮肿的人而非健康的人的肉身",而且"他面部那种神圣的表情"也消失了。

他现在公开承认畏惧和妻子继续生活在一起。他们开始实施某种分居。两个儿子的教育由他照料,他们可以和母亲一起度过假期。他带着哈特莱去了乔治·博蒙特爵士位于科罗顿的乡间庄园,华兹华斯一家也在那里拜访。大部分时间他都在生病。他在鸦片酊和白兰地中寻求解脱,然后发现自己愈发不可救药,内疚和自责也随之倍增。他整体状况恶化,自我怀疑增加,一个症状是荒唐的嫉妒,他觉得萨拉·哈钦森萌发了对华兹华斯的爱意,对他不再感兴趣。担心韦奇伍德年金有变也困扰着他。托马斯·韦奇伍德于一八〇五年七月去世。乔赛亚·韦奇伍德希望柯尔律治能帮忙写一篇生平介绍,附在托马斯的一本著作中。这任务原本不足挂齿,柯尔律治却意志瘫痪到无能为力。随着时间的推移,乔赛亚自然感到恼怒。

整个一八〇七年柯尔律治都在四处漂泊,住在普尔和其他朋友家。这一年他只写了一首诗,《致威廉·华兹华斯》。华兹华斯在一月连续几晚对柯尔律治朗诵《序曲》,计划把这首伟大的长诗献给他。柯尔律治听完之后,自惭形秽又深受感动,试图做出某种回应。柯尔律治的诗——

最后一首会话诗——开头是对《序曲》精彩而浓缩的概要和解读。他面对的是一首杰作,大部分完成于他在马耳他之时。他的回应模式有迹可循,从祝贺华兹华斯很快变成意识到自己的失败和荒废。然而,他用一种其诗歌读者熟悉的外向友爱姿态一度挣脱出来,然后以进一步的克己之姿,声明了他在华兹华斯诗歌的智慧和力量面前的被动反应("像个虔诚的孩子")。这种自贬结束于一种获得和平的意识和勿忘慰藉的提醒。如果他自己的天才潜力都落空了,他所拥有的,还有朋友的爱和他自己的宗教信仰。柯尔律治虽颓废潦倒,却依然用感人的间接方式,在表示怀疑的括号中,怯怯私语他恢复的壮志和决心。这首诗以"朋友"一词开始,以"祈祷"一词结束。这两个词是柯尔律治此刻抵挡绝望的支柱;他的祈祷很有可能包含祈祷他能与朋友一分高下,尽管他自己不会承认这点。

五

柯尔律治在八月遇到了他和华兹华斯的崇拜者,年轻的托马斯·德昆西。德昆西通过约瑟夫·科特尔做了一项安排,使柯尔律治获得一笔三百镑的捐赠,捐赠者不愿公开姓名。柯尔律治把这笔钱的大部分或全部都用来偿还资助他的友人。

他的自我怀疑逐月加深,直至完全丧失了工作能力。他于九月九日对汉弗莱·戴维透露说,一段时间以来,

> 我不仅没有回复来信——上帝帮助我吧,我甚至一度不敢打开信件……读完一封令人痛苦的来信几分钟之内,我的心会剧烈跳动……我真切地感到了**疼痛**,就像遭受了内部的打击——这又导致剧烈的腹泻……像极了霍乱。

柯尔律治曾被邀请去皇家学院作讲座,他拒绝了,理由是感觉自己无力完成。通过戴维的努力,他再次受邀。这次他接受了,选择的总体话题是自莎士比亚至今的英国诗人所体现的"诗歌的原则"。这个讲座系列于一八〇八年一月十五日开始。他时常感觉病得无法起床,在二月他有两次根本没有现身,听众的出席率自然下降。据德昆西说,他的外表

总体而言是一个与疼痛和压倒性的疾病作斗争的人

的外表。他的嘴唇被发烧的高温烘烤，经常呈现出黑色；此外，尽管他在整个讲座过程中不停喝水，他总是显得瘫痪一般，几乎无力抬起上颌。

122　到了六月他决定必须终止断断续续的讲座——他一共讲了十八场。他与朋友托马斯和凯瑟琳·克拉克森在萨福克郡的圣埃德蒙兹伯里小住，然后在夏季结束之际北上前往格拉斯米尔。在这里的阿兰班克，华兹华斯一家搬入的住宅，他会在未来的一年半里来来往往。

　　柯尔律治希望重新开始，计划发行一本新的期刊，《朋友：文学、道德和政治周报》。时光飞逝，他现在已经三十六岁了。过去他随地下蛋，像"鸵鸟一般粗心和鸵鸟一般健忘"，那种日子不会再来。"大部分蛋确实被踩碎了——然而也有不少孵出来见了天日，为别人的帽子添加羽毛，也有一些装饰了敌人箭筒里的箭杆。"柯尔律治付出了对他而言巨大的努力，出版了二十八期的《朋友》（1809 年 6 月 1 日至 1810 年 3 月 15 日）。但是《朋友》的管理和发行，遭遇了比十二年前不幸的《守望者》更多的麻烦。他采取的出版甚至印刷方式如此不切实际，几近疯狂。我们检查各种细节，以及柯尔律治对自己遭遇的长篇解释,怀疑整个期刊的构想事与愿违。它的风格完全摹仿了十七世纪的英国布道者,主题经常是哲学式的分析,几乎存心吓跑读者。在英格兰或许有足够多的人对《朋友》饶有兴趣。但是这样一个全新的期刊,从北部农村发行,完全不知如何引起目标读者注意,自然无人问津。

《朋友》的内容虽然参差不齐,却是一个了不起的成就。如果写作的时候他无视一个新期刊的功能和需求,这部分是因为他在竭尽全力另辟蹊径,尽管这份努力姗姗来迟:他决心不辜负朋友们、助手们的期望。他挣扎着经营这份期刊,全然不顾巨大的内在对抗和自我怀疑。他口授给萨拉·哈钦森,完成一两期,然后回落到瘫痪状态。多萝茜·华兹华斯在给克拉克森夫人的信中,描述了《朋友》停刊前几周的情状:

123

> 他所有的时间和思想(除了阅读的时候,他的阅读量很大)都用来欺骗自己,试图欺骗别人。他会告诉我他在写作,他已经写了半期的《朋友》;其实我**知道**他连一行都没写。这个习惯充斥着他所有的言行。

更糟糕的是,柯尔律治开始封闭自己,这是前所未有的。先前如此合群的一个人,现在会在床上躺到中午乃至更晚。起床后,他"从不走出去"——即使"最美好的春日也不能诱惑他":

> 他从不离开自己的起居室,除了午餐茶歇,有时是晚餐,然后总是迫不及待地重返孤独。他吞下食物就离开了,而他一旦开口,话题总是尽可能远离他自己或友人。

六

《朋友》的订阅者中,这样一类人比比皆是,问他们为何订阅,答曰可能对它感兴趣。还有一些人在读了几期之后感觉失望。即使有人付费,也相当迟缓。《朋友》非但没有挣钱,反倒亏损巨大。柯尔律治口述的文章大多由萨拉·哈钦森记下,但她此时健康状况堪忧,决定投奔住在威尔士的兄长。不管她对柯尔律治的感情有多么善良,她自然也开始厌倦了当他的抄写员和护士,华兹华斯

THE

FRIEND;

A

SERIES OF ESSAYS.

———

BY S. T. COLERIDGE.

" Accipe principium rursus, corpusque coactum
" Desere : mutatâ melior procede figurâ."

CLAUDIAN.

LONDON:

—

PRINTED FOR GALE AND CURTIS, PATERNOSTER-ROW.

1812.

《朋友》(1812) 扉页

一家也觉得这样对她不利。

三月十五日发行了最后一期，一篇对亚历山大·波尔爵士的描述，结尾是典型的"下期再续"。此后柯尔律治在北方逗留了数月，不知何去何从。但是继续留在北方是不可能了（完成"巨著"的梦想现在看来十分渺远）。当然，他得去伦敦。以他的才干，除了在伦敦，还能在哪里谋生呢？自他离开奥特里去基督公学，有多少次他去往伦敦，以求从头再来！现在前往意味着又一次挫败。他总害怕变成流浪汉，最后却成了一个真正的流浪汉。他也谈到要去爱丁堡求医问药，但可能并非认真。

这时华兹华斯的一个朋友，麻利又忙乱的巴希尔·蒙塔古，在拜访华兹华斯之后要携第三任妻子回到伦敦，提议柯尔律治坐他的马车，并住在自己位于伦敦苏豪区弗里思街的住宅。蒙塔古的确相信，只要以自己的精力充沛和果敢决断为榜样，他就能帮助柯尔律治几乎在一夜之间养成新的习惯。他的妻子也抱有同样的信心：她富有决断的新婚丈夫能帮任何人排忧解难，哪怕是个天才。然而华兹华斯太了解他的两位朋友了。蒙塔古直来直去，倾向于机械地从一件事跳到另一件，心理上还反复无常。无论他有何种美德，他不擅长深思熟虑。幽微之处，动机的复杂性，对错之间的细微差别,他都无法理解。二人很快都会对这种安排忍无可忍。华兹华斯无法说服蒙塔古放弃计划,只好告诉他柯尔律治的一些习惯细节。但是蒙塔古我行我素,而柯尔律治别无选择,被动地接受了安排。后来,在蒙塔古的伦敦住宅,二人发生了矛盾。蒙塔古把华兹华斯的警告转告了柯尔律治,不带怒气但轻率直接,他认为这样做既诚实又实际。无论华兹华斯实际上说了什么,柯尔律治想象中的结果,能从以下不完整的言论中拼凑起来。他告诉约翰·摩根(1812 年 3 月 27 日),蒙塔古以这些话开头,"不,但是华兹华斯**委托**我告诉你,首先他对你不抱任何希望,等等",而且"宣称我讨人嫌,完全讨人嫌——还把这告诉蒙塔古这种人"。对克拉布·罗宾逊,柯尔律治显然说的差不多,还加上一句,华兹华斯也把罗宾逊描述为一个"烂酒鬼",他"因为酗酒无度损害了内脏"。*

125

---

* 罗宾逊为了寻求和解,代表柯尔律治质疑华兹华斯。他说华兹华斯"否认使用过**烂酒鬼**这样的词;这样的表述,他仅仅作为一个有品味的人,都不可能使用"。"他也从没说过柯尔律治在他家时讨人嫌。在谈话过程中,聊到某些具体的习惯时,他可能用到了'讨人嫌'这个词……至于'因为酗酒无度损害了内脏'这个表述,他认为自己没说过,但是他的说法可能传达了这个意思。"他最不可能给蒙塔古任何"委托"。他对蒙塔古这么说只是因为"他知道这种亲密关系形成得快,破裂也快,而且会导致非常痛苦的结果"。(*Henry Crabb Robinson on Books and Their Writers*, ed. E. J. Morley, 1938, I. 74–75)

第六章 黑暗岁月 205205

华兹华斯的评论，被蒙塔古过滤后，又经柯尔律治自己想象力的第三手加工，聚焦了他所有的自我不满和易感内疚。他一直以来都有这些感觉，从德国回来后的十年之间尤其明显。他曾经赖以依靠的坚强后背——他的父亲，兄长乔治，骚塞，普尔，华兹华斯——他一直希望从体面、正派、干练的人（那些能"一次做一件事"的人）身上寻找的认可——所有这些都突然被抽离了。他在心底一直清楚迟早有一天会发生。如果说他和华兹华斯的裂痕持续了这么久（某种意义上几乎是永久的），这是因为他的谴责实际上是自我谴责。他对这件事无法释怀。他给了华兹华斯十五年近乎迷信的尊崇（他不停地说）：看看它的回报。几个月后，他跌跌撞撞走进查尔斯·兰姆的家，对玛丽·兰姆语不成句地说，"华兹华斯，华兹华斯已经放弃我了"。再后来，他去北方，不会在华兹华斯家停留拜访，当马车经过他们房子的时候，他把头扭向一边。直到一八一二年春，嫌隙发生一年半之后，破裂的关系才得以部分修复。

与此同时，他即刻离开了蒙塔古的家，不知能去哪里，就在柯芬园的哈德森旅店住下。在这里他试图振作起来。他的朋友约翰·摩根听到了他和华兹华斯的不和

126

以及柯尔律治的痛苦,把他带到了自己位于汉默史密斯的住所(波特兰坊 7 号)。在那里,摩根一家试图减少他的鸦片酊用量。据骚塞说,那时他的用量到了一天一品托的地步——他可能夸大其词。柯尔律治很快自愿离开了,从一个临时居所漂到另一个临时居所,但经常回到汉默史密斯。一八一一年的整整半年时间(四月到九月),他为《信使》写了各种各样的文章,然后在绝望中振作起来,从一八一一年十一月十八日至一八一二年一月十七日,在费特巷旁的斯考特公司大厅发表了他著名的第二系列演讲(关于莎士比亚和弥尔顿)。这些演讲是英国批评的经典,幸运的是,它们以近乎完整的形式保存下来,因为当时有速写报道,此事部分由骚塞负责安排。而且它们很快引人注目。拜伦亲自前往聆听了一些讲座,说柯尔律治"现在风靡一时"。柯尔律治在演讲中,尤其是关于古典的和浪漫的戏剧的区分,吸收了德国批评家奥·威·施莱格尔的观点,虽然后来他尽量想使吸收借鉴显得无足轻重。

柯尔律治被听众的兴趣鼓舞,又发表了一系列的讲座,这次是关于戏剧的一般知识,他选了一个地方(威利礼堂),希望能吸引更上层社会的听众(1812 年 5 月 19 日至 6 月 5 日）。但是这些讲座并未带来太多收益，我们对其内容也知之甚少。他还改写了十四年前他二十五岁时创作的剧本《奥索里奥》，更名为《懊悔》。令他欣慰的是，它在十月被皇家剧院接收了；次年一月演出时，上演了二十晚，剧本出版时印到了第三版。另一个系列的讲座开始了（1812 年 11 月 3 日至 1813 年 1 月 26 日），这次是在萨里学院，他放弃了吸引贵族听众的期望，转而面对"福音派"听众。

七

与此同时，柯尔律治这些年来一直承受的韦奇伍德年金（一百五十镑）被减半了。托马斯·韦奇伍德在遗嘱里安排保障了他提供的份额（七十五镑）。但是战争导致韦奇伍德家业损失惨重——超过十二万英镑，乔赛亚·韦奇伍德一度入不敷出。乔赛亚把这些告知了柯尔律治（1812 年 11 月），柯尔律治立即颇有风度地解除了他的义务。如果这就是人们常说的打击，柯尔律治从没表现出来——他很容易被人看透心思，总是忙着去和别人沟通解释。我自己的感觉是，它算是某种解脱。他在一八〇

127

七年可能会担心失去年金，当时感到无力完成乔赛亚期待的哪怕最琐屑的任务，但是现在不存在私人的反对了。柯尔律治只是免除了一个慷慨大方的人所许诺的责任，这人曾在过去帮了他很多忙，现在陷入了困难。能够以些许慷慨回馈别人是一种快乐。

尤其让他感到快乐的，是他能够通过闪到一旁或放弃某事表现出慷慨大方，而非总是必须通过行动证明自己不负众望。活出别人的期望——当然大部分也是自己的期望——这一负担从他在奥特里的少年时期就如影相随。他身上的一切，或者因为纯粹的单调，或者疲于在某一点为某件事经受的持续压力，很久以来就开始反叛。他当然时断时续地尝试达到期望，做出承诺，为自己设定目标，宣称作品即将完成，但是内在的畏缩过于强大。多年以前，几乎早在他求学剑桥的第二或第三年，他发现自己面临挑战或要求时，尤其是为了某项特定成就而遭受持续压力时，会处于半麻醉状态，这种感觉自他从德国回来以后更强烈了。到现在，正如他告诉克拉布·罗宾逊的那样，"道德义务对我来说好似兴奋剂，它的作用如此强大，十有八九像是麻醉药。吸入一口本应使我振作，实际使我昏迷"。

128

好吧,他一直在试图调理自己。他已经发表了一些演讲,有一部剧本上演了,虽然作于多年以前。他在一八一三年十月去了布里斯托,希望能重复他前两年冬季在伦敦演讲的辉煌。在布里斯托(1813 年 10 月 28 日至 11 月 23 日),他发表了六场莎士比亚讲座,两场教育通识讲座。别的讲座也有广告宣传,有时成功举办。但是疾病接二连三折磨着他。到了十二月初,他似乎濒临死亡,每时每刻都在和拥抱死亡、结束痛苦的念想作斗争。在这几周,他陷入了此前从未经历的更深一层地狱。最终,在看似部分恢复或缓解之后,他于十二月十九日写道:

　　　　对于上帝的恐惧把我围困——尽管我被无休止的疼痛反复折磨了七天,就像一头洞中困兽,然而心灵的痛苦和懊悔比全身的病痛更难受。——噢,有一个全新的世界向我打开,在我自己无限的精神里!——如果我对这最后的警告置若罔闻,就让我遭天谴吧。

　　但是接下来的几个月同样糟糕。他不敢或者无颜拜访住在附近的汤姆·普尔。如果他能筹到钱,他会住进一家私立的精神病院。他的老友约瑟夫·科特尔不太清楚他的近况，对他的变化感到震惊。柯尔律治回复了科特尔的请求（1814 年 4 月 26 日），坦率承认自己的无助，尤其是

> 问心有愧，它更糟糕，糟过一切！——我已经祈祷了，带着额头痛苦的汗滴，不仅在我的造物主的正义面前颤抖，也在我的救赎者的仁慈面前颤抖。"我给了你如此多的才能，你用它们做成了什么？"……如果我有几百镑，哪怕只是两百镑，一半送给柯尔律治夫人，而另一半把我送进私立的疯人院，那里我只弄到医生认为合适的药物，那里要有一位医护人员能陪护我两三个月（要不了多久就能判定我的生死），那么还会有希望……我的问题是某种形式的疯癫，只不过是精神的错乱和**意志**的瘫痪，而不是智力的失常。你让我振作起来——去吧，让一个双臂瘫痪的人快速摩擦双手，说那会治愈他。啊！（他会回复）我在瘫痪和痛苦中没法活动双臂。

129

此时他求助一位叫亨利·丹尼尔的医生,并自己建议雇一个人来时刻监管他,阻止他获得鸦片酊。为此他雇佣了一个叫哈瑟菲尔德的老书记员。抓狂的柯尔律治自然很快就找到了法子欺骗他可怜的看护人,当然他也为此感到羞愧。他对约翰·摩根这么写道(1814 年 5 月 14 日):

> 我在与鸦片酊的肮脏交易中上百次地把人欺骗、戏弄,不,简直是有意**撒谎**——然而**所有**这些恶习都与我的本性相违,要不是因为这毒**药消灭了自由能动性**,我真的相信我宁可把自己碎尸万段也不愿沾染任何一种恶习。

一八一四年夏天,柯尔律治一度振作起来,写作了他最精彩的短篇批评作品之一,是一组三篇文章,题为《论和蔼批评美术的原则》。若非为了帮助别人,他从不会写这些。他在罗马结识的画家华盛顿·奥尔斯顿,正在布里斯托办画展。柯尔律治希望为这些绘画争取更多关注,自愿写下了这一系列短篇,发表在菲利克斯·法利的《布里斯托周报》(八月和九月)。这些论文在当时英国批评写作中无出其右，却发表于如此不相称的期刊，是典型的柯尔律治做法。同样典型的是，他很快忘了奥尔斯顿，开始在最广义层面讨论艺术。他可以为朋友付出这等努力，但是到了儿子哈特莱要上大学，需要筹集学费时，他却一筹莫展。写一两篇文章，或一整本书，都无济于事。骚塞像接手破产公司一样接管了格丽塔府的柯尔律治家庭成员。他写信问询柯尔律治可否由他出面帮忙，柯尔律治为自己的完全无能深感羞愧，甚至无力回复骚塞。骚塞索性直接行动，从柯尔律治的朋友和亲戚那里筹集了一笔资金用于支付哈特莱的学费，令柯尔律治尴尬之余又如释重负。同时，出版商约翰·默里在招人翻译歌德的《浮士德》，柯尔律治和默里开始协商后又放弃计划。默里提议的一百镑报酬在柯尔律治看来是"杯水车薪"。但是柯尔律治原本心不在此。无论《浮士德》是怎样的天才作品，也正因为其天才，无疑令他不安。即便在当时的形式下①，《浮士德》的内涵也远远超过了肤浅读者的理解力，对真正的基督徒而言简直是异教性质

130

①　这里指的是《浮士德》第一部，出版于 1808 年，共二十五场，不分幕。其内容博大精深，形式错综复杂，以多种诗体写成，剧中套剧，囊括了到歌德时代为止德国乃至欧洲所有重要的戏剧类型。

的。不行，柯尔律治已经有太多罪孽，挥霍了他的才华，背叛了每个决心、每个新的自我奉献。但他是无心之失。难道他现在不该只是漂流，而应故意游离他如此希望进入的宗教思想大潮？更重要的是，值此困厄之际，他又开始重新考虑那部"巨著"的整体构思。无论他的个人生活多么混乱，某种程度上他至少能为自己辩护。他现在考虑在更具体的宗教范畴内写作。他将从圣经开始——先写五篇论文"论逻各斯，或存在于自然和人类的交互智能"，然后是详细的"约翰福音评论"。

八

柯尔律治从布里斯托去了威尔特郡的乡间小镇卡恩，次年的大部分时间都在这里和摩根一家度过，他们再次尽力控制他的鸦片服用剂量。他结交了一些新朋友，哈特莱也在假期过来探望。尽管他决定在各个方面都重新开始，他觉得也可以先利用已有的任何资源，推出一版新的诗集（如果努力一把，或许能增加几首新诗），再为这些诗附上一篇前言或申辩，然后转向别的写作。

就是这篇前言，在仅仅三个月内（1815 年 7 月至 9

月）变成了举世闻名的《文学生涯》，整个批评史上当之无愧的五六本最具影响力的作品之一。他坦率地称之为"杂乱无章的混合体"，质量自然参差不齐。鉴于作者当时的状况，人们会惊讶于它居然达到如此水平，或居然能被写出来。柯尔律治不顾一切，下定决心减少对鸦片的依赖，可能的话，甚至要彻底戒断鸦片。他开始把"前言"题献给约翰·摩根，因为摩根除了密切监管柯尔律治服用鸦片酊之外，还在别的方面提供了热情帮助。面前等待被填满的空白纸页不再使他恐惧，无私友人的每日陪伴和帮助让他感到安心。柯尔律治不愿辜负朋友的美意，文思泉涌，笔耕不辍。他从早上十一点写到下午四点，又从六点写到晚上十点。他写作前几章时，精彩的章节接踵而至，早年生活的回忆时常点缀着对文学的反思。

　　在这两卷本传记的第一卷中途，自传色彩开始消退。在心理学上尤其有意思的是，柯尔律治没有探讨他最令人感兴趣的诗歌，甚至只字未提《忽必烈汗》。相反，他转而讨论骚塞，着重分析华兹华斯。写完从德国归来的部分以后，自传元素几乎消失殆尽。他本能地不愿提及随后的糟糕岁月。此时取代自传的是哲学和理论章节，接

BIOGRAPHIA LITERARIA;

OR

Biographical Sketches

OF

MY LITERARY LIFE

AND

OPINIONS

By S. T. COLERIDGE, Esq.

VOL. I.

LONDON:
REST FENNER, 23, PATERNOSTER ROW.

1817.

《文学生涯》首版（1817）扉页

着又是讨论华兹华斯的诗歌（华兹华斯在他心中如此重要），至此本书结束。后来，因为印刷商需要更多内容来填充第二卷，他用过去完成的作品拼凑了两章，包括以前发表在《朋友》上的关于德国之行的"萨特拉尼来信"，和他最近为《信使》写的论 C. R. 马图林的戏剧《伯特伦》的系列书信。

九

柯尔律治口述《文学生涯》时，最能揭示他对自己缺乏信心的，莫过于他借用德国资料时没有标注出处。我指的不仅是释义或使用资料不加引用*，而是直接的翻译。尤其是《文学生涯》的第十二章，很大部分直接抄自谢林作品。

在这里我们姑且停留片刻，总体讨论柯尔律治的"剽窃"问题，因为第十二章是柯尔律治自己发表的作品中的主要例子。三言两语难以说清，至少有两个原因。一是

132

---

* 例如，他的有些"联想主义"心理学历史，沿袭了约翰·G.E. 马斯的《试论想象力》(1792)。

它揭示的关于柯尔律治本人的内容有传记价值,二是人们处理它时怀着纠结的情感,导致这个问题被不必要地复杂化了。甫一开始便是如此。柯尔律治去世几周之后,托马斯·德昆西在《泰特杂志》上发表文章,首次详细提及柯尔律治对谢林的"剽窃"。"剽窃"问题显然已经折磨了德昆西多年。当然德昆西有理由为自己辩护:如他后来所说,他希望阻止任何不怀好意的人以更严苛的心态使用这些证据。但是德昆西作为现代最主要的剽窃者之一,有更私密的动机。*

德昆西以后,关于柯尔律治剽窃问题的讨论继续充斥着各式各样的主观情感。伟大的人物,或者哪怕只有些许重要性的人物,不可避免要遭遇幸灾乐祸。那些在自己的讲座中,甚至在发表的作品中习惯性解述别人的学者,一旦发现柯尔律治自己未发表的残篇中有只言片

---

* 他自己盗用或总结的材料数量保守估计可能至少是柯尔律治的二十倍之多(Albert Goldman 在 *The Mine and the Mint*〔1965〕第159页甚至推测德昆西"在他约六成的写作中都或多或少依赖于文学素材")。德昆西已因《一个英国瘾君子的忏悔》在英语世界闻名遐迩。通过让人留意柯尔律治的借用(这也顺便强化了德昆西自己作为一个博学的记者的名声),同时又暗示它们并不那么重要,他试图为自己的将来未雨绸缪。他的打算是,万一将来他自己使用的任何资源被发现了,他能指出这样一种借口,即瘾君子的记忆力会模糊,使用的材料会混淆,这在意料之中,也算情有可原。

语被疑为翻译或意译，会变得像鹰一样专注决绝。另一个极端是有些人对此不予理会或轻描淡写。他们或因为民族或文化的极端爱国主义（现在不如十九世纪晚期那么常见），或对柯尔律治有同情的体认，不大情愿去相信这等天才有必要以这种方式拾人牙慧。或是研究柯尔律治的学者，被告知他的作品与原作有相似之处，在至少调查了直接剽窃的部分控告后，发现它们言过其实，便决心我行我素畅所欲言，不再费力阅读大量未经翻译的作品，寻找人们提醒过的所有可能相似之处。

　　这种言过其实和不以为然相互作用，令人困惑。它之所以能够存在，是因为英语世界的德语研究境况特殊。十九世纪二十年代以前，还可以指望学者们对德语有细致的了解，但是很少有人对文学理论有严肃的兴趣。然而现在，我们的学识兴趣发生了转变。由于两次世界大战，文学研究者和批评家们对德语不再熟稔，对一七八〇至一八三〇年间伟大的批评作品和智性散文更为生疏。这个事实给我们的话题又增加了一重复杂度。那些熟悉德语思想宝库的人，发现英语世界的读者对柯尔律治赞誉有加，十分恼怒，因为他的论述在当时的德国批评界堪称稀松平常，他们便不时发出泛泛的控告，指责柯尔律治的思想在本质上"毫无创意"（这部或那部作品的"大部分"是"意译自……"），使得相关话题经久不衰。他们真正想表达的是另一回事：在这个时代，我们为自己在文学理论上的全新兴趣倍感骄傲，却忽视了根植于这门学科的大量批评思想，真是奇耻大辱。他们完全有理由表达内心所想。但是把柯尔律治推向风口浪尖时，他们使这个特殊的问题复杂化了，却没能推进自己的议题。他们的战略性错误在于激进地、任性地拒绝区分普通意义上的"剽窃"和柯尔律治从同时代德国作者那里泛泛借用的思想、前提、概念和词汇。后者可被视为理所当然，它本来是柯尔律治值得赞扬的地方。前者是我们感觉困惑之处，也是我们现在要讨论的。

134　　柯尔律治现已发表的作品，除了信件，将会填满至少十二大卷，其中大概七十页似乎是直接的翻译或近似意译，主要是源自两位作家，奥·威·施莱格尔（在莎士比亚系列讲座中）和谢林。如果非要吹毛求疵，我们还可以再搜集十五或二十页。再次声明：我们此处说的不是对他人思想的普遍使用。如果非要这么做，我们就应当记住歌德的话，所有人都是赤裸而无助的，尤其是那些侦探意识更强的学者，他们像堆积的珊瑚礁一样，作品构建在彼此的基础之上。我们还应记住,在谈论柯尔律治的"作品"时,我们说的很多都是他做梦都没想到会发表的。我们也应该面对这个现实,即那些批评他的人,大多不用这样面对别人无情的审查。至于我们说到的几十页(只占他写作的很小一部分),只有三分之一出现在一部计划发表的书中——《文学生涯》——写于作者万分痛苦之时。另外三分之一出现在一八〇八至一八一八年四个系列的莎士比亚讲座中。剩下三分之一的大部分出现在讲座"论诗歌或艺术"和《生命的理论》中——他试图组织这个论述以帮助詹姆斯·吉尔曼。*

---

    * 从施莱格尔处的借用,在莎士比亚讲座中有大约二十五页。根据具体的讲座系列划分如下:1808 年的讲座有两页;1811 年至 1812 年有六页;1813 年至 1814 年有三页;1818 年有十三到十四页。A. A. Helmholtz 对此有详细记录(*University of Wisconsin Philosophy and Literature Series*,Ⅲ〔1907〕,279–370),T. M. 雷泽编写的《柯尔律治的莎评》(1930)对此也有详尽注释。从谢林处的主要借用是在《文学生涯》中(大约二十页,主要在第十二章)和讲座"论诗歌或艺术"中,在后者中他借鉴了谢林的《关于美术和自然的关系》(1807)。针对他整本《生命的理论》只是谢林和他学生亨利克·斯蒂芬斯思想的拼凑的指控,属于人云亦云的指责,一旦形成就不加检验。有些基本思想具有谢林风格,但是直接抄自谢林的只是三页半的关于一个磁力现象室内实验的描述(抄自谢林的《推测物理学杂志》〔1800〕,I. 8),和另外六七页从斯蒂芬斯的著作(尤其是他的《超越自然的内在历史》〔1801〕,第283,287–292,302,309,314–316 页)中翻译或意译而来。

十

柯尔律治的"剽窃"这一话题在心理学上让人着迷。在任何其他作家身上，无论主要还是次要作家，只要生平稍微为人所知，都没有类似情状。但这并不是说他抄袭的数量巨大。有意思的是以下事实的奇怪组合：（1）这位口才卓绝的人原本可以（我们猜想）毫不费力改写他借用的任何篇章的措辞，就像历代数以百计的作家所做的那样，包括学者、批评家、评论家、形形色色的新闻记者，且不说他们的语言天赋只有他的几分之一。连每位老师都知道，每月都有上千的学生在习惯性地改写。柯尔律治从德国学者抄来的几页相对较少，为什么他会沦为——没有更合适的词来形容——几乎**逐字**翻译？（2）他所挪用的材料，在重要性和文风上，都参差不齐，极为荒唐。大多数挪用非但不能强化他自己的某个论点，还在思想情感上平淡无奇或在措辞上枯燥乏味。德昆西将它比作一个孩子口袋里杂乱而琐碎的东西，十分准确。不说别的，单就这两点，就能证实这种解释，即用多年前作的笔记准备演讲或口述的时候，柯尔律治经常记不清它们的来源，不确定它们究竟是当时打动他的摘录的翻译，还是单纯的总结加上他自己观察的融合。我自己的看法是，这连同他强健的语言记忆，充分解释了他绝大多数短小、常规的"剽窃"，不管他在其他方面的记忆力如何不可靠。* 但是它可能不足以解释别的借用——莎士比亚讲座中一些简短但重要的段落，摘自施莱格尔，总被当作柯尔律治的原创来引用，使德语专家大为光火；它也不能解释《文学生涯》的第十二章，《生命的理论》中逐字的翻译，或"论诗歌或艺术"中对谢林的近似转述。（3）柯尔律治还总是倾向（至少在中年）去尖锐评论其他思想家，指责他们的哲学是从别人那里"提取"这条那点。他一贯温和，却在这一点上格外尖刻。显而易见的合理推测是，他自己良心不安。（4）他吸引别人注意此事的方式几乎是自毁式的，尤其是在《文学生涯》中。更老练的剽窃者要么会不提出处，要么会习惯以总结者的姿态恶意攻击或反驳他实际盗用的材料。但是心怀内疚的柯尔律治不

136

---

* 我们知道，他在大学时候只读一遍就能完整复述伯克的一本宣传册子。他的天赋在我们探讨的现阶段绝没有丧失。他去利特尔汉普顿逗留时（1817 年 9 月），结识了 H. F. 凯里牧师并快速阅读了他翻译的但丁。次日，凯里的儿子说，他们一起去散步，途中柯尔律治背诵了整整几页的译文，并与原文做比较。

时抛出暗示,说能找到他和谢林之间"怡人的巧合",似乎希望被人发现。他让《生涯》中的任何内容,"或将来的任何思想作品,与同时代德国前辈的学说相似或雷同的,全部归功于他[谢林]"。柯尔律治说这话时的确试图误导别人。他暗示可能有一些总体的相似之处,而不是几页的逐字抄袭。然而事实是不幸的柯尔律治把我们引上了查证的正轨,而他本不必这么做。我们只能称这情形为"整体的疯狂"——这个词即便对一个满怀同情的仰慕者来说也是合理的。除此之外,整件事是徒劳的,连同围绕它的语汇,如罪过、道歉、欺骗和半忏悔,都是无用的。第十二章对于《生涯》来说并非必要。事实上它算某种累赘,读起来也相当枯燥,远不如处在最佳状态的谢林。

我们面对的,首先是柯尔律治精神上的极度疲惫和自我怀疑。即便最有创造力的天才,当他个人生活的一切都被剥夺,不是一次而是反复如此;同时他又接二连三地感觉自己必须多产、精彩绝伦、意味深长,而且是以他最不自信的方式来表现,这时也会陷入精疲力竭和缺乏自信。在生平广为熟知的主要作家中,没有哪个像柯尔律治那样,在一八〇一至一八一六的十五年间,从他二十九岁到四十四岁,在生命如此关键的时段这么长久地陷入窘境。在这种情况下，即使一个善于表达的人也会堕入同样程度的瘫痪；大多数不擅写作或言辞的人，得知他们必须面对一大群人演讲或他们的言论将被发表时，也会这样反应。那些愿意比照自己经验的人，不会对此感到震惊。我们可以更进一步说，别人很有可能表现更糟。以眼睛为例，长时间盯着一种颜色看倦了，一旦闭眼，视网膜上会出现相反的颜色。或如杂技演员，经历高空走绳后的高度紧张，感觉放松的诱惑势不可挡。如果我们总是违背自己的意愿写作，在表达最平凡的思想时，别人的措辞，无论多么平淡无奇，都会被绝望地抓住，以便帮助我们渡过下一个难关。（如果愿意，我们在形形色色的诸多作家身上都能看到这样的表现，除非我们对这些作家无甚兴趣。）第二，还有习惯的危险效果。柯尔律治开始写作《生涯》之前，在绝望中拼凑起来的三个莎士比亚讲座系列中，借用了施莱格尔的一些片段（约十一页）。当他真的试图为自己辩解，要克服更大的困难时，过去一度屈从的诱惑现在变得更为强大。第三，是鸦片带来的长期折磨，以及它对任何鸦片成瘾者所意味的一切，对柯尔律治尤甚。长期的自我怀疑和负罪感，令他疲惫不堪，又把他的痛苦复杂化了。（尽管当时人们对鸦片成瘾相对无知,他却无法像德昆西那样,做到哪怕轻微的无拘无束,良心清白。)

最后,还有他在面对"巨著"时陷入的长久僵局。多年来,他相信能够提供一个充满希望的解决方案,然而方案的诸多部分却为他的宗教良心所不容。这就是半泛神论性质的机体论哲学,当时德语世界对它的研究如火如荼。它几乎能回答一切问题。但是他自己能彻头彻尾地相信追随吗?重要的是,在所有这些严肃的"剽窃"中(奥·威·施莱格尔,谢林,斯蒂芬斯),他展示的论点或细节,可能支撑对生命和艺术进行有机的、几乎一元论的解释,而他还没找到任何方式使这种解释与正统的基督教和解。探索整理自己观点时,他的旧习惯再次强烈彰显——寻求代理,如果感觉没有完全的自由去亲自推动某事,他就充当引路人——尽管这习惯现在是以一种扭曲的、几乎梦游式的方式表现。他本能地去找另一个人取代他的位置,似乎对他内在的审查官说,不是他而是谢林,或他刚好读到的某个人在说这些。(他在几个月后终会发表《忽必烈汗》,诗中那些断言似乎不是他的发声——那只是他受到正在读的一本书的启发而做的一个怪诞的梦。)是的,最好让世人认为,他可能在附和具有泛神论色彩的作家的作品，虽然只是为一个特殊的目的暂时而为（而且他不是插入暗示了吗？）——这样好过他自己去发声，去自信地表达他人的思想。在这件极其重要的事情上，他还没有准备好，去完全接受他们的前提。*但是他有可能接受；他很快就会知道；他那时可以加倍还债（反正他并不确定那到底是多大的债）。鸦片的副作用之一是扭曲了他的时间观——他分辨不清什么是可以马上付诸纸笔的，什么是将来要写的。因为他在交谈中酣畅淋漓地说出了自己的观点（在交谈中没人要他证实，他能强调自己感兴趣的而忽略其他），他能感觉自己正在做的杂务，无论是为了谋生而举办的莎士比亚讲座，还是仓促写就的《生涯》，都只是过渡性的小插曲。一旦开始写作，他很快就会超越这些。那时一切都会好起来的。

十一

柯尔律治在口述《文学生涯》的闲暇时间，整理了自己的诗集，于一八一五年夏日将尽时送到布里斯托，以

---

* 对于"巨著"的讨论，参见第 183–203 页。

《通灵诗叶》的书名交付印刷。① 《忽必烈汗》和未完稿的《克丽斯特贝尔》均不在列。

三月，他打算寻找一位伦敦出版商，反复考虑重重困难之后，心情沉重。他处理这类事情一向低效，现在可能收效更微，而这时恰恰又不允许他徒劳无功。根据威·利·鲍尔斯的建议，他写了一封自荐信给拜伦勋爵寻求帮助。拜伦可否拨冗阅读他的诗作，如果认为它们并非不堪卒读，"能否推荐给某个有声望的出版商?"这封信的口吻卑躬屈膝又自我贬低，至今读来令人难堪。但是那时，正如柯尔律治信中所说，"焦虑使得我们大家都很客套"。拜伦大方地同意尽力而为，还提议说，他要再写一部像《懊悔》一样的悲剧可能会赢得观众。因为拜伦参与了德鲁里巷皇家剧院的管理，绝望的柯尔律治抓住这个建议，在他口授《生涯》和整理诗集的整个夏季都在继续考虑创作悲剧。现在到了十月，柯尔律治重拾通讯。他把刚印出的诗集转寄给拜伦，希望得到拜伦的首肯，并

139

---

① 西比尔(Sibyl)是古代传说中可以传达神谕的女预言家，会将写有预言的树叶留在自己居住的洞口。如果请求占卜的人未能及时领取这些树叶，它们会随风飘散，承载的奥义也无从解读。柯尔律治以此冠名诗集，是想暗示这些诗歌长期处于零碎和散乱的状态。

把它推荐给一家不错的伦敦出版商。他还趁机补充说："受到阁下建议和美意的鼓励，我在利用一切闲暇时间写作戏剧。"事实上，他酝酿了好几个戏剧，列了份清单，特别是一个远比《懊悔》更好的悲剧。它能在两个月内完成（12月12日）。是否有可能在他提交剧本之后的几周内制作出来？他还在创作一部戏剧性"娱乐节目"，大致基于莎士比亚的《冬天的故事》。这是对戏剧《扎普亚》做的奇怪删减，他立刻开始口述给摩根。

一想到他应该开始的其他写作项目，尤其是应该在十二月十二日前完成的悲剧，他的心灵就开始遭受折磨。为什么他在急于重表决心之时，总是给自己那么少的时间去完成许诺的工作？是害怕他若非如此便永远不会开头？他病了，显然又开始依赖鸦片酊。与此同时，拜伦询问柯尔律治，为何著名的《克丽斯特贝尔》不在寄给他的诗集之中——他听到沃尔特·司各特朗诵了该诗的片段，知道它尚未出版。柯尔律治回复说还有很多要充实完善，这首诗要扩展成至少五卷。但是他寄给拜伦目前已写成的部分，拜伦强烈推荐给出版商约翰·默里。柯尔律治提到他的悲剧写作被耽搁了，因为他要"每周为报纸之类的写稿，挣得一周的口粮"，拜伦便馈赠了他一百

140

英镑。

柯尔律治显然处于深度的精神痛苦之中。他现在不能失败，这是最后一次机会了。带着这种认知，他在几个月前开始口述《生涯》，不顾一切想重新开始。他不能让这新的动力消失殆尽——在荒废了这么多年之后，绝对不能。柯尔律治忍受着病痛，惶恐不安，又退回到日益依赖鸦片的状态。他还是继续口述《扎普亚》，为它并非他之前许诺给拜伦的悲剧而感到羞耻和罪过。

一八一六年三月，柯尔律治终于决定必须去趟伦敦，表面上是去看能否在柯芬园安排制作《扎普亚》，真实原因可能是希望找到一位医生，或许真能帮助他控制服用鸦片的剂量。这只能是希望。柯尔律治——至少在一段时期内——怎样才能偿还这样的帮助？

十二

在伦敦，柯尔律治寄宿在一位药剂师的店铺楼上，位于斯特兰德的诺福克大街 43 号。正如查尔斯·兰姆所暗示，可能是信鸽的直觉，引导他"暂住在一个化学家的实验室……上帝使他免受圈套和陷阱的干扰"。但是另

外一个有心或无意的动机是，万一发生不测，他能有机会
寻医问药。

　　确实很快就出事了。屋漏偏逢连夜雨。忠实的摩
根，多年来一直被经济问题困扰，现在被债主们追踪纠
缠。摩根为柯尔律治付出那么多后，还挤出时间护送他
到伦敦。柯尔律治本来就被未来缥缈不定的前景吓坏
了，现在对摩根的困苦又格外感同身受，便立刻服用鸦片
酊寻求解脱，在抵达伦敦三天之后就倒下了。这也有可
能是半故意的，是他发出的最后求救信号，看是否会被对
的人发现，无论是谁。不管怎样，楼下的药剂师被惊动
了，遂请来了一位医师，约瑟夫·亚当斯博士。幸运的
是，他是个善良而敏锐的人，让柯尔律治部分恢复了健
康。几天之后，柯尔律治拜访了拜伦。在那次会面中，很
有可能拜伦问他是否还有其他诗作，柯尔律治朗诵了《忽
必烈汗》。拜伦自然十分钦佩，传话给了约翰·默里。默
里来到药剂师店铺的楼上拜访了柯尔律治，提议为《克丽
斯特贝尔》支付七十镑，《忽必烈汗》二十镑。他们计划把
这两首诗，连同《睡眠之痛》，做成一本薄薄的诗集，于五
月出版。

　　亚当斯博士研究了一番这位非同寻常的病人，相信

如果能把柯尔律治完全隔离，他依然有救。亚当斯求助于一位年轻的外科医生，詹姆斯·吉尔曼，他在伦敦郊外的海格特居住从业，那里在当时仍是半城半乡之地。对于要承担这样的职责，吉尔曼有些犹豫不决，同意至少去和柯尔律治交谈一次。多年以后，吉尔曼说这次会面让他"如受符咒迷惑"，他从没见过任何有类似能力的人。他们很快决定柯尔律治应该搬去海格特，事实上次日就去。柯尔律治并非第二天就动身了，而是两天之后才启程。他不是在犹豫，或需要一份大剂量的鸦片酊来支撑自己。他想交给吉尔曼一份坦率的、经过深思熟虑的决心书。他告诉吉尔曼，自己断离鸦片酊的最长时间不超过六十小时，尽管没说这种状态持续了多久。他的整体天性憎恨撒谎欺诈，但他需要被人监管。

　　柯尔律治出现在海格特时，当初设想的是只会住上几个月，但是他在那里度过了余生十八年。现在他终于到了某种港湾，而且接连创作了一系列的作品，标志着他的思想从中年转向了晚年。

142

　　我们可以在此暂停，简要考量他作为批评家的生涯。如果要求一份生平介绍，在提及一位作家时，先介绍其在一段时间内的外部境况——无论是多长一段时间，然后再讨论那段时间的作品或思想，我们现在的做法显得违反了时序。的确，柯尔律治在海格特的前三年，继续作为文学批评家而写作或演讲，而且他最精彩的洞见可以追溯到那三年。但是他那时所依赖的思想资源，是他从德国之行乃至此前就开始积累的。事实上我们可以再往前把起点追溯至基督公学时光，那时他就展现了阐释文学的天赋，而这种天赋，正如他的哥哥乔治所说，极有可能威胁了柯尔律治自己作为诗人的发展。我们要是像现在这样，利用他的信件和随笔来解读他的思想，可以认为他到一八〇〇年，二十八岁时，才开始有了批评家的成熟思想。在随后的十九年里，一八一六年是个方便的节点可作停留。如果说他在写完《文学生涯》之后，继续作为评论家从事了一段时间的写作和阐释，也可以说他开始了包括智性生活和整体内在生活的人生第三个也是最后一个阶段。

第七章　作为批评家的柯尔律治；
文学的功能；论想象力

一

　　从三十岁到四十三岁的那些年月，连同随后在海格
特的三年，无论柯尔律治多么痛苦，他还是走出来了，跻
身文学史上屈指可数的最伟大批评解读者之列。鉴于他
作品的零散和对别人见解的借用，有人对此持保留意见，
但这并无大碍。如果说他比多数批评家易受攻击，他在
别的更重要方面也超然绝俗；若是他暴露了自己更多的
缺陷，部分是因为他做了更多尝试。

论智力资源,他的智识力、想象力和情感力都极其强大。这些品质在别人身上只会单独出现,偶有结合也是小规模浅层次,在他身上却深度结合且高度活跃,使他成为几乎绝无仅有的批评家。首先,在哲学深度上他超越了其他任何英国批评家。要想有真正的可比性,我们别无选择,只能转向德国。德国在十八世纪末期重新诠释了文学和艺术,具有开创性影响。我们像柯尔律治一样受惠颇多,却也像他那样,在承认德国影响时显得健忘或满不在乎。与此同时,柯尔律治拥有一般的艺术理论家身上罕见的品质:他能密切而实际地掌握形式和风格,直接感知具体的事物。就此而言,英国的经验主义批评,无论有何理论弱点,都是无与伦比的。英国文学史上有着其他国别文学无法媲美的一系列诗人-批评家,从菲利普·锡德尼爵士①到本·琼生,德莱顿②,

① 菲利普·锡德尼爵士(Sir Philip Sidney, 1554–1586),伊丽莎白时代的诗人、朝臣和学者,其作品包括十四行诗集《爱星者和星星》(Astrophel and Stella)和批评理论《诗辩》(The Defence of Poesy)。

② 约翰·德莱顿(John Dryden, 1631–1700),十七世纪英国文学全盛时代的诗人、剧作家和批评家。他是英格兰首个桂冠诗人,最著名的作品包括喜剧《时尚婚姻》(Marriage à la mode)和英雄对偶句讽喻诗《押沙龙与阿奇托菲尔》(Absalom and Achitophel)。德莱顿的文学批评著作有《论戏剧诗》和《悲剧批评的基础》。他被约翰逊称为"英国文学批评之父"。

艾迪森①,约翰逊②,华兹华斯,雪莱和阿诺德,乃至艾略特,而柯尔律治是最重要的人物之一。需要强调的是,一般而言,诗歌创作和文学批评需要的兴趣或才华迥异,但在柯尔律治身上,它们不仅强化彼此,延展彼此,还形成合力,产生了比各自相加更伟大的成果——某种在"类别"和"程度"上都不同的东西(借用柯尔律治最喜爱的区分之一),那就是见多识广的机智得体,把知识、富有想象力的洞见和他自己的思考融合,形成习惯性的情感。他曾这么写信告诉威廉·索思比(1802 年 7 月):

> 一个伟大的诗人必须是一个深刻的形而上学者,不是直接的就是含蓄的。他可能在逻辑连贯中没有形而上学,脑里没有口里不提,但必须用**技巧**获得。对于人性的所有声音和形式,他的**耳朵**都要像野性的阿拉伯人那样,能在寂静的沙漠中

① 约瑟夫·艾迪森(Joseph Addison, 1672-1719),英国诗人、散文家、戏剧家和政治家,与理查森·斯蒂尔合编《旁观者》(*The Spectator*)杂志而著称。

② 塞缪尔·约翰逊(Samuel Johnson,1709-1784),常被称为约翰逊博士,集文评家、诗人、散文家、传记家于一身。他花了九年时间独力编出一部《英语大辞典》。詹姆斯·鲍斯威尔后来为他写的传记《约翰逊传》记录了他后半生的言行,使他成为家喻户晓的人物。《莎士比亚集》序和《诗人传》包括了约翰逊的主要文学评论。

聆听声响;他的眼睛要像北美的印第安人那样,能
在撒满森林的树叶上追踪敌人的脚印;他的**触觉**
要像盲人那样,能感受到孩子可爱的脸庞。

第三是柯尔律治广博的智识。除了文学和哲学以外,他
在诸多研究领域都博览群书。在现代文学批评家中,只
有英格兰的约翰逊和德国的歌德及施莱格尔兄弟①能在
学养层面与其相提并论。就像培根在《学术的进步》中所
言,"在平地上"不能有任何发现,"如果你只站在目前科
学的水平之上,也同样不可能使任何科学发现往横向或
纵深发展"。

我们还要指出两种性格特质,它们当然阻碍了他的
其他工作,但在这里却有极高的价值——当然,这只是因
为它们现在可以被真正有才智和想象力的天才所拯救和
利用。一个是他柔韧共鸣的天性,总以惯常又热切的开
放心态为别人的成就和事业鸣锣开道。(这可能有助于

---

① 奥古斯特·施莱格尔(August Wilhelm Schlegel, 1767-1845)和弗里
德里希·施莱格尔(Friedrich Schlegel,1772-1829),德国早期浪漫派的领军
人物,在文艺批评、古典学、语言学等领域取得了令人瞩目的成就,在莎士比
亚作品的翻译、研究和评论方面也有杰出贡献。

解释为什么在他的批评散文中会经常释放出强劲的措辞、精彩的比喻,远比他绝大部分诗歌中的要多。)第二个是这一事实:他在许多不同的方面,都像约翰逊一样,是一个深度分裂的灵魂。这两种品质尽管在柯尔律治身上密切相连,通常并不同时出现。事实上,自我分裂往往会违背共情的开放性和普遍性,导致自我防御的僵化,就像我们在精神分裂症患者身上看到的那样。我们从而多了一个理由去推测,在柯尔律治身上,自我分裂更有可能是替代感受的结果,而非反之。对柯尔律治而言,他会拥有更广泛的心灵原料,更肥沃的体验和共情土壤去加工创造。没有哪个批评家,既在文学技巧上如此老道,又对艺术本质有深刻的哲思,还能对平凡质朴、置身事外的人如此开放。没有哪个评论过文学或广义艺术的人,对哲学主体的诉求(无论是唯心主义的还是英国经验主义那种)有更直接而深情的感受,更哲学化的理解,同时还对哲学客体的具体或技术性的要求有如此牢固的把握。同样有意义的,还有古典的和浪漫的,抽象理想和具体过程,理性和情感,象征和直接表达,形式和摹仿,诸如此类不一而足。他的头脑如一个剧场,总在上演戏剧,试图结合它们,设想它们存在于积极的相互作用与同化中。

最后，正如我们在他的随笔和信件中发现，他日复一日在自己身上要面对的，是各种各样的洞见、兴趣、钦佩、同情，还有因他未能达到自己所看重的标准而产生的自责；他试图振作起来开始行动、整合洞见，同时葆有哲学的丰富以及心灵情感的直接坦率，在此过程中他也获得了一种心理洞察力，它关乎创造性头脑的本质，不曾被任何其他作家拥有，抑或如雪泥鸿爪无迹可寻。

二

　　柯尔律治的头脑同时呈现出许多方面，然而始终被统一的理想主导，或是占据纠缠。在探索这样的头脑时，倘若我们能保持开放，哪个切入点都一样。在柯尔律治那里，随便一个假设，一种价值或洞见，最终都会导向别的很多方面。但是喜爱和敌视一样会导致近视，我们很容易沉浸在他思想的边缘而忽略其中心。没有哪个批评家像他那样，在不同的层面从明显不同的角度言说了那么多，以至诱使我们把他的作品当作宝库，从中挪用任何能反映或支撑我们自己兴趣的东西。

　　这么丰富的思辨思想，我们要以最直接、最接近它本真的精神来面对,不妨从他自己反复回归的中心兴趣开始:艺术的目的和功能。毫无疑问,他采用了伟大的古典前提,即艺术既是自然的**摹仿者**——是捕捉、誊写、再现各类现实的手段——还是一个**传播者**,传播它已经发现并试图复制的东西。艺术探索经验世界的各个方面,或尝试在文学中通过文字来传达,或在音乐中通过声音来传播,或通过可视化的线条和形式来表达。艺术不仅是自然或现实的"摹仿者",也是"自然和人类之间的仲裁者和调解人"。他把艺术理解为一个潜在的联结纽带——一个联结者,调解人或"朋友"。这若不算他的思想成就,也是他批评思想的核心,他总体思想的抱负。

不出所料,柯尔律治接过这个传统的经典前提,帮助它张开臂膀,拥抱艺术的诸多现代运动——它们被肤浅地认为不但非经典而且反经典。他的目的是拯救这个经典前提,赋予它新的生命,给予它更多意义。与此同时,他希望拯救现代运动,使其摆脱自造的孤儿状态,喧嚣的自我放逐,无能为力的挣扎,和引以为傲的全新孤立。他常有一种直觉,划分辨析以后再重新统一——先承认并论证个体特征和不同诉求,然后寻求更深层次结合的基础。带着这种直觉,他继承了古典和浪漫(或现代)的区

147

别,作为自己惯用的前提之一。这一区别是当时德国批评思想的诸多贡献之一,尤其与奥古斯特和弗里德里希·施莱格尔兄弟相联。古典艺术揭示了有序的自然内在的理性和谐,仔细区分了呈现的客体。它关心的是等级和类型;它把客体控制在得体的规范之中,倾向于将其限定为"固定的"和"自足的"。浪漫或现代的精神更不安分。它的目标,与其说是描述客体固定的形质性状,不如说是暗示一种动态的波动,存在于外部的区分之下。它忽略清晰划分的界限和"独立存在的完美",如奥·威·施莱格尔所说,直接穿透一切,抵达自然流动的现实。它"永远在追求全新而奇妙的诞生",因而"更接近宇宙的秘密"。艺术在呈现生活时,如果不是呈现其"简单、清晰……自足"的层面——施莱格尔认为这是古典主义的目标——而是把生活当作一个重要的演变过程,这样才能取得一种更深刻、更本质的真实。柯尔律治也这么认为。例如,古代或古典的戏剧作家,由于期望抓住"普遍性"的东西,从而塑造了"固定的"或规定类型的角色。而莎士比亚,作为"浪漫的"或现代的剧作家,呈现了"我们**内在的**自然,激情在其最幽闭的角落里的运作"。

现代精神在其最佳状态更近似具体的**过程**。"艺术家必须**通过**形式和形象,摹仿事物的**内在**,摹仿其积极活力。""他们,而且只有他们,"柯尔律治在《生涯》中写道,

> 能获得哲学想象力,自我直觉的神圣力量,他们在内心能够诠释并理解图像,感知精灵的羽翼正在毛毛虫的外皮下面成形。他们感到在自己的精神中有种直觉,就像促使角蝇的蛹破茧而长出触须的直觉一样。他们明白且感知**潜在内因**的作用,即便**实际外因**同时也在起作用。

柯尔律治总是既怀抱有机论的理想,又能主动直接地感知关联,这在英国评论史上是空前绝后的。即便在德国,公认的有机论思想的智力家园,也很难找到类似的人物。别人暂且不提,施莱格尔兄弟和谢林,在艺术**理论**中发展机体论的思想,就比他领先且走得更远,尤其是谢林。即使考虑到德国,我们依然能证明,柯尔律治是第一个重要作家,在对风格、表达和思想的大量实践批评中,自始至终贯彻落实了机体论的思想。

　　机体论的概念充斥着他实践批评的每个方面——语言、习语、比喻、语义、形式和体裁的大问题;关于"创造性

148

想象力"、鉴赏力和感受力的心理学;在戏剧中表达之于角色的关系,及此二者之于整体结构的关系;在所有这些方面都能证明柯尔律治是最多产的开拓者,引领了二十世纪令人眼花缭乱的批评实践的许多专业方向。他实践批评的例证洋洋大观,我们可以只挑选其中一例作为代表——他对莎士比亚的角色的处理。这些角色远非只为古典意义上的"类型"提供例证,而是带着各种各样的特质,作为人物的天然部分或自然结果,以极其逼真的方式出现。即使在近乎荒诞的喜剧角色中,它们的特征也始终只是角色中"精致独特"的一部分:

> 无论多么离奇,夸张,可笑,然而就像巴道夫的鼻子①[它们仍是]特征。可是琼生的[角色]要么是一个长着大粉瘤的人,瘤子有自己的血液循环系统,我们可以考虑将其切除,病人因此也失去了所有个性;要么他们只是粉瘤而非人——人格化的粉瘤。

---

① 巴道夫(Bardolph)是莎士比亚笔下的著名喜剧角色,在《亨利四世》中跟随嗜酒好斗的士兵福斯塔夫,典型特征是大红鼻子。

同样,当莎士比亚在他的某个角色身上揭示了一种特定激情或反应的活动方式时,我们看到的,不像一般的新古典主义剧作家笔下那样,仅仅是抽象或描述,或把激情单纯呈现为激情,而是情感的真实波动,找到自然的发泄出路,以至于我们看到的不是激情,而是活生生的人。凯普莱特的愤怒可以佐证。当时提伯特准备挑战罗密欧,因为他胆敢来参加凯普莱特家的庆典。凯普莱特命令提伯特善罢甘休未果,怒气更盛,因为他在自己家里被人蔑视了权威。然后他注意到灯光幽暗,突然停住,把怒气撒向了仆人。在他的怒气转移目标的过程中,

我们看到没有哪种激情是特别突出,但是它包括了这个人物的所有部分。读者看到的绝非一种抽象的激情,如抽象的愤怒或抱负,而是整个人物呈现在他面前——有一种主导的激情在发挥作用,如果我可以这么说,就像乐队的领队。

三

虽然柯尔律治对具体的生命和有机论的理想有着更多的现代兴趣——我们尚未开始揭示其程度——他的批评写作也显示出了一种反复的斗争,试图将其价值(形式的,风格的,摹仿的,心理的)与古典的普遍性理想结合起来。他"完全相信亚里士多德的原则,即诗……本质上是**理想的**……它表面的个体性……必须代表某个类别"。柯尔律治甚至更进一步。他思考的是不亚于柏拉图式绝对普遍性的理想。诗歌,或一般而言的艺术,只要是真正的智性媒介——一种真正的知识形式,而非无关紧要的表达——将反映并分享自然本身的终极形式或普遍现象。这些不能被混淆,就像洛克和其他经验主义者,混淆了艺术与一般归纳,但后者不过是头脑根据经验建构的,能被更高的思维能力(理性)所掌握,而非散漫地概括。艺术是我们一直以来强调的具体过程的形成性目标和向导,特殊性只作为普遍性的"机体"而存在,"就像肺之于空气,眼睛之于光,晶体之于液体,形象之于空间"。但是,如果特殊性的意义只在于揭示普遍性——它的自足性只是"人类想象力用自己的局限形成的一个框架，就像脚在雪地上丈量自身"——另一方面，普遍性只能通过特殊性来理解，用通俗的话说，它"没有特性"，就像"最纯净的水没有味道"。而艺术要使它成为现实，必须把它表现为"能够无止境改变的物质"，在人们熟悉的细节中运作完成。150

这么做时，艺术呈现的是现实本身的"删减版"。"普遍性"和"特殊性"在本质上是相互依赖的。也就是说，现实是指价值或形式以某种方式变得明确和突现：现实是具象和价值之间的桥梁。具象印证了**理想**时，价值成为**现实**。所以在此意义上，**理想**和**现实**是同一的，而"理想主义"同时也是"最真实和最有约束力的现实主义"。这个构想对于柯尔律治的整体思想至关重要。如果说他的批评写作总体而言有一种令人费解的、圣书体的品质，这个最基本的立场，就像罗塞塔石碑①，一旦被充分理解，便能帮助人们逐步理解其他原则和猜测。然而也是在这决

———————————

① 罗塞塔石碑（Rosetta Stone）是 1799 年在尼罗河西河口罗塞塔附近发现的石碑，其碑文用象形文字、古埃及通俗文字和希腊文字刻成。1822 年让-弗朗索瓦·商博良对铭文中象形文字的释读使埃及文明的其他许多早期记录得到解释。

第七章　作为批评家的柯尔律治;文学的功能;论想象力　247

定性的一点上，我们很难言之凿凿，就像约翰逊对他家中形形色色的人等中那位神秘莫测的波尔·卡迈克尔①的看法："我一开始对她抱有希望，但是……她摇摆不定，我永远不能劝她变得明确。"从广义上讲，柯尔律治的前提不过是重复了亚里士多德的基本命题，即普遍和特殊，形式和实质，只能相互依存。但是我们发现，柯尔律治在他关于柏拉图派和亚里士多德派的著名区分中，把这些术语用于区分善人与恶人；他的观点是，普遍性对于柏拉图而言——因此柯尔律治自己作为善人——是固有的和"基本的"，对于亚里士多德而言只是"调节性的"。柯尔律治认为，二者的区别在于，亚里士多德没能更进一步，将形式和实质作为现实的两面，它们除了人为地抽象无法独立存在；然而柯尔律治自己希望强调，形式和实质的这种结合预设了形式的优先存在。他明显的不一致主要是在于术语的不严谨。普遍性独立存在着，但是只有当它们出现在特殊性中，才变成"现实"——也就是得以实现，从而成为更高形式的存在。就好似我们把普罗提诺

151

---

① 波尔·卡迈克尔，一位苏格兰女子，可能从前是妓女，于 1773 年住进约翰逊家，大约在 1783 年离开。

关于共性的概念当作既超验又内在于个性，然后声称共性通过变成内在而实现了"更高的现实"——亦即更圆满的表现。正是在这一点上雅各布·伯梅的新柏拉图主义对柯尔律治有很大吸引力。对伯梅而言，普遍性预设了内在化作为它的实现条件：例如，统一可能作为普遍性而存在，但也只在有"对立"需要被统一时才获得完全的实现。在它完整的价值中，它作为一个过程而存在：它应被理解成"统一化"而非"统一体"。

同样，对柯尔律治而言，主动分词比名词能更好表达普遍性的实现。因此他强调把思考理解为"一个**行为**，而非一个**事情**或**实质**"。如果只是简单地把这个论述跟模糊的有机活力论相联系，便会误解它。柯尔律治说起一个单独存在的原则（"统一"）时，似乎一般使用"普遍性"这个词；他把"理念"一词用于"行为"（"统一化"），在此过程中普遍性得以体现。相应地，他将"理念"称为"真实的""鲜活的""开创性的"，诸如此类。他所说的普遍性，指的不是大脑的"简单抽象"；它有客观的存在。但是它作为一个控制性和形成性的原则，只有在实现了这些功能的时候，才成为一个"理念"，而若没有控制对象，这个原则就无法实现控制。因此它必然要内在于具体的个体性，"控制者"和"被控制者"在同一行为中并通过同一行为证实和实现彼此。所以柯尔律治把"理念"描述为"存在于个体内的普遍性，**或个体性本身——内在力量的一瞥和典型**"。同样在艺术中，"理想存在于共性和个性的成功平衡"，因为"任何事情都是作为明确的和个体的而**真实存在**"。

152

由此看来，对于艺术家而言，焦点既不是"普遍性"也不是"特殊性"本身，而是一个联结的过程，维系并实现了二者。是特殊性本身中的普遍可能性的"胚胎"给特殊性施加了偏压，引导它实现"自我展示"，从而创造了个体性，而与此同时，特殊性在获得实体的时候展示价值，"把本质扩展成存在"。正是这个基本的前提构成了柯尔律治的莎士比亚批评基础。莎士比亚的戏剧，就像自然本身，有"一种活力，从内在成长演化"。事实上，正是因为他在详细阐释自己的整个美学理论时，习惯性地以莎士比亚为例证，我们开始感觉，读柯尔律治的批评时，莎士比亚几乎是惟一的诗人，而柯尔律治是他的预言家。因为莎士比亚的特权是

> 在每一个特殊性中，潜在的**普遍性**都向他开
> 放……不是作为对各样人等观察的抽象，而是

作为一种实质，能够进行无休止的修改，他的个
人存在只是其中之一，并把**这**其一作为眼睛观
察其他，作为口舌去传达这个发现。

在此意义上，莎士比亚本人或许可被看作一个特殊的"修
改"，普遍性通过他得以宣扬。他揭示了维系特殊和普遍
的关联的活跃线索。我们不妨把他与博蒙特和弗莱彻等
戏剧家的伪普适性相对比，他们只刻画"能被整合到一起
呈献给眼睛的东西"。他们不是把握特殊性中固有的活
生生的潜在可能性，而是从**外面**（*ab extra*）来观察特殊性，
从而在他们经验主义观察的基础上建构了一个毫无章法
的综合体。就好像我们

可能把四分之一个橘子，四分之一个苹果，四分
之一个柠檬和四分之一个石榴拼起来，让它看
起来像一个不同颜色的圆形水果。但是大自然
是根据某个法则**用演化和同化从内部工作**，它
做不到这样。莎士比亚也不能，因为他也是本
着自然的精神在写作，**根据一个理念，通过想象
力让内在的胚芽演化**。

153

当艺术实现了这个目的,也因此被视作类同宗教本身的实现。柯尔律治在《政治家手册》中说,宗教起作用的方式是"通过将普遍真理缩约为个人义务,这种缩约是这些真理获得生命和现实的惟一形式"。正如共性通过具象被揭示,宗教

> 是**行走在天国花园中的上帝的声音**的回声。因此,在所有的时代和文明国家,宗教一直都是艺术的母亲和培育者……艺术的共同本质在于共性和个性的相似结合。

四

如果现实存在于特殊性和普遍性的"演化和同化",在柯尔律治的美学理论中,美可能被描述为一种手段,现实通过它得以被"整全"的头脑理解。也就是说,美本身并不是自然的特征或意义;它不是真理。它是一种品质,维系着人类对那种现实独有的概念或意识,只有在这种意义上它才是主观的。美并不只是一种愉悦的感觉,产

生在恰好吸引某个个体的任何事物以宜人的方式激发了该个体的私人联想之时。只有当构想的对象是客观真理,当动态而富有活力的事物具有了普遍的形式和价值时,美才能存在——这种美甚至会包括"联想的断裂"(the rupture of association)。"**美的**因此能立即和**宜人的**及**善的**区分开来,前者在其下,后者居其上。"因为美是行为的方式而非最终目的,它不是善。美是**接近**善的过程,因此从属于它。同样地,因为美最终会导向善和真,它不仅仅是宜人的。

宜人性当然也伴随着美,但美不是因为恰好宜人而美。相反,它令人愉悦,**因为**它是美的。这是个基本的经验事实,似乎不能被一般的心理相对主义者理解。相对主义者以其分析的严谨性为荣,他把这种严谨性同简单的化约论混淆,把所有"令人愉悦的"事物混在一起,从晚餐时的一块鹿肉到古典雕塑。他急于将"愉悦"归结为一个共同点,却忘记了"愉悦"本身并不是一种特定的"情感"或"动机",而只是一个松散的术语,适用于完全不同**种类**的体验的结果。当一种体验作用于大脑的一个非常有限的部分,甚至一种感官时,就会产生一些愉悦。如果说鹿肉"令人愉悦",那是因为它在被食用的短时间内刺激了味觉和嗅觉。当我们有更复杂的体验范围时,心灵的许多方面都会被激发并形成共鸣,这时可能会产生其他的愉悦感。面对"愉悦"一词(或其任何对应词),我们会陷入一种绝境,简化论者总是朝此绝境前进。这是柯尔律治《论和蔼批评美术的原则》一文的中心主题。艺术中的"美"之所以"令我们愉悦,**因为**它是美的"。

因此,正如艺术本身是自然与人类之间的调解者一样,"美,"柯尔律治说,"是真理的速记象形文字——真理与感觉、头脑与心灵之间的调解者"。换言之,美虽然不是真理本身,但可以使真理立即实现。因此,它摹仿自然的现实,在针对个人(ad hominem)熟悉而有意义的图像中呈现"化多为一"的现象。"抽象地说,它是多样性的统一,多元化的结合;具体地说[即在艺术作品中],它是形状美(formosum)与生命力的结合。"柯尔律治从而盛赞拉斐尔的伽拉忒亚(Galatea)显示了"**自由的生命**和限制的**形式**这两个相互冲突的原则"平衡与协调的效果。"后者的……顽固完全被前者的渗透和电光**融合**了,几乎挥发了。"柯尔律治用十八世纪美学中常见的一幅插图,举例说明了在简单的视觉形式中,"**直线**"如何体现纯粹形式本身的刚性,"由**外部**(ad extra)确定";而在**曲线**中,约束

155

形式是由"自我证成"的生命力的内在运动来满足和修正的：

> 物体中的美可以归为两个要素……第一个属于匀称的……在这一点上，它属于规律和理性；第二个属于活跃的，自由的，自发的，自我证成的。至于线条，直线本身是无生命的，由**外部**确定的……曲线是由内力或自发力对外力的一种修正。这些不是任意的符号，而是自然的语言，具有普遍性和直观性。

在"这两个相互冲突的原则"的平衡和协调中，形式和内容体现了彼此，如同水晶包含了光，赋予光以形状，却消失在其中：

> 必须有某种东西来实现形式，**赋形之形**(*forma informans*)存在其中，并通过它来显示自己……可以从纯晶体中得到说明性暗示，一方面把它与不透明、半透明或云状物质相比，另一方面把它与空气等完全透明的物质相比。晶体

消失在光中，但它包含、体现了光并赋予其形
状；可是它穿过空气时是无形的，遇到更粗糙的
物体，就会碎裂或消散。

然而这个比喻是不充分的，因为他期望的平衡不是静态
的，而是动态和发展的。调和，就其本质而言，意味着一
个过程，一个**趋向**统一的运动。正是这种积极的进展，而
不是最终的统一本身，构成了美。因此，艺术并不是要表
明"只有顶点"，而是要呈现出他所说的"协调过的混
乱"。因为"和谐"——柯尔律治在这里呼应着雅各布·
伯梅和谢林——在它反对和制服"混乱"时才彰显：就是
说，它预设了某种**正在被**协调的东西。"美德不仅在于没
有恶习，而且在于克服恶习。美亦如此。被制服和征服
的景象……应该由艺术家在其人物中全部展示，或……
在旁边以补充和对比的方式起作用。"

　　"把诸多力量融合为一"可以描述整出戏剧的展开。
它也能以"让情感……改变许多其他方面"的形式，表现
在一个特定人物身上，就像李尔王的痛苦"把忘恩负义和
残忍的感觉播撒到宇宙万物"。或者，在一个单一的形象
中，它能制造"一种整体性，利用的是一个普通人会以缓

156

慢而平淡的顺序来描述的许多事情"。莎士比亚描写了阿多尼斯在黄昏时飞离维纳斯,柯尔律治引用这些诗行时评价道,阿多尼斯的光辉,他飞行的迅疾,维纳斯无望的怀念,加上"一个笼罩整体的模糊的理想人物",都是统一的:

> 看! 如流星划过天空,
> 他连夜溜走毫无影踪。①

这种化约为统一的原则在美丽的艺术品中是基本而普遍的。在一个既定的艺术媒介中,当一件原创性作品被摹仿时,差异中出现了相似性——"多样性的结合"——可谓重复了这一原则。像凯姆斯、亚当·斯密和其他十八世纪的作家一样,柯尔律治指出例证,当原作和仿作之间的相似性过于明显和接近时,我们缺乏反应,因为这时统一感和相似感并不能从差异中突显,也不能取代差异。相反,我们首先感到明显的平淡无味,然后留意到差异之

---

① 出自莎士比亚的长篇叙事诗《维纳斯与阿多尼斯》。维纳斯是罗马神话中的爱神,有一次不小心被儿子丘比特的箭擦伤,在伤愈后第一眼看见了美少年阿多尼斯,便爱上了他。

处,却因其虎头蛇尾而倍感失望。也就是说,发展轨迹不是从不同到相似,而是从相似到不同。于是在看到蜡像时,我们一开始几乎误认为它们是真人;然后,

> 没能找到我们期望的动作和生命,我们被一个虚假之物震惊了。此前细节的各种情状都引发了我们的兴趣,现在却使蜡像与真人的差距更明显。你从一个假定的现实出发,对这种欺骗感到失望和厌恶;然而对于一件真正的仿制品,你一开始就承认它与原作完全不同,然后每当发现一点自然之处,都会获得一种接近真理的乐趣。

艺术通过在既定的媒介中,呈现一个类似的"从多元到统一"、从差异到相似的积极进程,摹仿了自然的本质——普遍性和特殊性的协调。因此,它所使用的符号本身也是积极重现了"自然的缘起",可能与单纯的"复制"不同,后者只产生"面具,而非会呼吸的生命形态"。我们也应该这样理解这句表述:"象征"(symbol)不同于"譬喻"(allegory),它"总是参与现实,使现实明白易懂"。把这一观点进一步推演,我们就能逐步理解,柯尔律治借

用了奥·威·施莱格尔对"有机的"（organic）和"机械的"（mechanical）形式的区分，除此以外别无他解。当形式是被强加，而非"从物质的性能产生出来"时，也就是说，当一件艺术品——情节的展开，人物的揭示，一个意象，一个符号——没有在它**自己的**媒介中呈现一种有机的进展，没有从既定的多样性中产生并表现出统一，形式就是机械的。但是"有机的"形式直接从这种多样性本身出发。应该记住，"理念"是"特殊性**中**的普遍性"，普遍性变得积极活跃而影响重大，于是它逐渐演变成特殊性，同时作为一个控制原则，它在控制的行为本身中实现了自己。类似地，艺术中"有机的"形式"从内部发展自身的同时，也塑造了［其材料］"。它因而象征性地复制了自然这一"原初的和蔼艺术家"，在此过程中，形式也是"内在的面相，从凹镜反射和投射的真实图像"。

由此可见，美与真或善不同，是手段而非目的。它用容易理解又有说服力的象征符号，为人类提供了逼真的"自然的缩写版"，"真理的象形文字速记"。也正如此，它作为自然与人类的调解者，既是誊写者，又是传播者和接受者。"美之于心灵，就像光之于眼睛……因此希腊人称一个美丽的物品为……对灵魂的**呼唤**。"

柯尔律治的批评中,最令现代读者感兴趣的莫过于他的艺术心理学,尤其是他关于想象力的理论。因为他对这个话题的论述非常零散,如果孤立对待,就可以把它们变成我们想要的任何东西。这是对他的见解的合理使用。我们如果试图在这些散论的基础上建立一个统一的理论,然后把它说成是柯尔律治自己的理论,这就大错特错了。倘若我们关注的是统一的理论,如果把他的想象力理论作为前文总结的基本概念的推论,会有一个更好的视角。

他的心理学的基石,无论是美学的还是其他,都是对"理性"(reason)和"理解"(understanding)的区分,这区分首先是从他对康德的解读中发展出来的,然后与传统的柏拉图理性主义*相结合。理解(康德的**理性**)是指向具体的世界,包括感官从现象世界得到的印象,并从这些印象出发。它把康德在《纯粹理性批判》中描述的自身主观结构所固有的范畴投射到这些印象之上。但是,人类也

---

* 见下文第 185 页。

通过**理性**，直接洞察那些普遍的、超验的形式；自然的具体过程在这些形式中发挥作用，并通过它们实现自己。在人身上，"理性"确实是这些持续存在的形式的精神对应物或类似物，与它们合用一个"共同基础"。

为了解释我们如何想象了过程的有形世界，还有自然的普遍形式，柯尔律治提出大脑有两种截然不同的功能："理解"和"理性"。但是这种区别本身违背了他自己的有机自然观念。他已经强调过，现实并不存在于共相或殊相本身，而是存在于实现的过程，在此过程中，共相和殊相确认了彼此；而价值和具体性，"理想的"和"真实的"，在相互证实中成为一体。如果人类头脑要把握并参与这个现实，它就只能通过某种能力，将这两个方面各自提供的东西结合起来。在谢林的引领下，他（至少直到后来的宗教写作）转向了"想象力"，他称之为"整全力"，通过它，我们称之为思维的各种功能得以统一。

这样一个意识过程会复制自然本身的创造冲动。在 159 此意义上，它可以被描述为"有限的心灵对永恒的创造行为的重复"，并将充当"人类所有感知的生命力和原动力"。如果具象世界在人类头脑中有一个对应物，以感官和理解的形式存在；如果普遍共性在人的理性中也有它的对应物,按类似的方式,自然充满活力的创造力,能把普遍性和特殊性结合在一起,与这种创造力相匹配的,是想象能力,它将理性的洞察与从具体事物中获得的印象和概念焊接在一起。于是,就像现实本身是具象与价值之间的桥梁、交汇点和显现点,想象也是头脑各官能之间的一座类似的桥梁。它是"统一的精神,混合一切,(似乎)把彼此**熔合**在一起",在"相同与差异的平衡,笼统与具体的平衡,理念与形象的平衡,个体与典型的平衡"中显露出来。因此,在《政治家手册》中,柯尔律治定义了想象力,这可能是他提供的最具体的单一定义。他把想象力描述为

> 一种调解和调停的力量,它将理性融入感官的形象中,并通过理性永久的、自我循环的能量来组织(似乎是)感官的流动,产生了一个符号系统,这些符号自身和谐,充当真理的导体,并与真理同质。

想象力与其说是一种"能力",不如说是一种实现的**过程**,通过这个过程,人脑两个不同方面的产物和洞见被

转变,并导入一个单一的意识流中。一方面,它转向具体世界的形象和物体,因为它们是由感官和理解所呈现的,看起来是"固定死的"。但是,通过感知这些细节中内在的以及它们似乎拥有的静态"面具"背后的动态潜力,想象力挥发了它们留下的印象以及产生的概念,使之充满能量,提升到可熔的烈度。同时,它还将理性所描述的形式和共相描画下来,将其转化为类似的重要反应。在积极实现之时,普遍概念变成了"理念";正是在此意义上,柯尔律治将"理念"定义为"纯粹理性驱动的想象的产物"。因此,想象的中心是调解,形式和具体的潜能像在自然中那样,被**加工融入彼此**。想象因而成为"一个实验室,思想在其中把本质合成为存在"。这一过程按照既定的媒介重复表达,就实现了艺术的最高功能。所以说莎士比亚"通过想象力使内在的萌芽根据一个理念"生发。同样地,在对艺术的反应中,"品味"作为想象力的一种模式,"连接了我们天性的主动力量和被动力量,智力和感官",它还包括一种能力,可以"提升后者的**形象**,同时实现前者的**思想**"。

如果借用柯尔律治自己的措辞,把想象力看作一种"整全力"——他认为这是对更基本的原则和假设的总结和综合——我们至少可以确定他有关想象力概念的大致轮廓。事实上，除此以外我们不知道是否还有更好的方式来理解这一概念。他对想象力本身的具体评论少得出奇。我们最不应该把《文学生涯》第十三章结尾处关于想象力的定义作为出发点。柯尔律治告诉我们，他曾计划在此对这个主题进行分析，篇幅不会"少于一百页"。这一章的标题大有可为，"关于想象力，或整合力"——他从希腊语中创造了"整合"（esemplastic）一词，意为"形成一个整体"。但随后，他没有用一百页的篇幅来讨论想象力，而是插入了一封写给自己的信，假托是一位"明智"的朋友写的，对他的工作表示祝贺，但说"对**毫无准备的读者来说**"，他"对整合力的思索是完全无法被人理解的"。因此，柯尔律治决定将这部分内容推迟，在"将来的作品"中与别的一起补充讨论。

161 　　论"整合力"的论文显然从未写完。柯尔律治的解释是，此处的阻碍在于他的宗教审查，而非他缺乏思想，因为我们看到，即使在这么困难的时刻，他仍在口述传记。他正准备以谢林的方式来探讨这个问题，不过他会着力声称想象力是洞察终极真理的器官。这将使他非常接近半泛神论的一元论，他的一部分被其深深吸引，但另一部

分已经试图摆脱。* 无论如何,他只出版了如下的总论,作为他原计划写作内容的提示:

> 我认为首级想象力是一切人类知觉的活力和原动力,是无限的"我是"中永恒的创造行为在有限的心灵中的重演。次级想象力在我看来是首级想象力的回声,它与自觉的意志并存,然而它的功用在**性质**上与首级想象力相同,只在**程度**上和发挥作用的**方式**上有所不同。它溶化、分解、分散,是为了再创造;而在这一过程变得不可能进行时,它还是努力将其理想化和统一化。从本质上讲,它是**充满活力**的,纵使所有(作为客体的)对象在本质上是固定和僵死的。

这种"首级"(primary)和"次级"(secondary)想象力之间的区分似乎是对谢林思想的发展。"首级"想象力是指知觉的无意识的统一,是全人类共通的。"次级"想象力是指在艺术中更自觉、有限制地运用想象,它和施加在物质

---

* 见下文第 191 页。

现象世界上的创造力和活力一样,而这些物质客体,在感官和理解看来,是"本质上固定和僵死的";是它"努力去理想化和统一化"的对象。因此在这双重方面,想象在整体上利用了自然,并呈现出类似的综合。柯尔律治又增加了"想象"(imagination)和"幻想"(fancy)之间的区别,这一区别在过去五十年的英语批评中,尤其是在苏格兰的批评写作中已经部分确立[*]:

162

> 幻想,相反,只与固定的和明确的东西打交道。幻想实际上是摆脱了时间和空间秩序拘束的回忆模式……但是,幻想与平常的记忆一样,必须接收根据联想规律制定的一切现成材料。

这一著名的区分只是强调他赋予想象力的独特功能的一种手段。他想切断"想象"这个词与单纯的"塑形"能力之间的任何联系,后者复制、分离或结合了从感觉中获得的形象。当然,心灵拥有这样的能力。记忆有一种明显

---

[*] 尤其是威廉·达夫和杜加尔德·斯图尔特的写作。对于这一区分背景的详细探讨,参见《现代语言札记》,第 60 期,第 8-15 页。

的形式或模式,即能保留或重复感觉而不受其原始环境的限制,并且在这种程度上"摆脱了时间和空间秩序的拘束"。它可以根据联想的各种规律,对"固定和确定"的印象进行转换、分隔和组合。柯尔律治把这种能力命名为"幻想",以便区别于有机融合的力量和包括理性在内的全部心智努力——它们都进入了艺术创作。

六

想象力作为一种激发活力的能力,是贯穿于头脑的所有功能的内在力量,它不仅把理性与感觉和理解结合在一起,还延伸到人性中最基本的情感冲动,诉诸这些冲动,达到一种高度的觉知和更深刻的认识。正是在这种反应的基础上,而不是在联想主义者所谓的"观念"或感觉的机械碰撞中,人类的动机才得以实现和保障。的确,联想本身(正如柯尔律治在一八〇三年八月七日写给骚塞的信中所言)

在很大程度上依赖的不是一连串的观念,而是相似感觉状态的重现……一个形而上学的解决方案,如不立即**告诉**你心中的某些东西,会被严重怀疑是虚构的。我几乎认为,观念只要是观念,就**永远**不会唤起观念,就像森林中的树叶不会引发彼此的飘摇一样。是微风吹过它们……这种感觉状态。

　　想象力不仅是对真理的综合性和创造性的洞见,而且作为这一功能的必然结果,它还将那种洞见转化为美,是"真理和感觉之间的调解人"。理论上,推论的过程必然伴随着前者。于是有了这种说法,在莎士比亚的非戏剧化诗歌中,"智慧能量"萌生了最初的构思,"创造力量"把这构思变成针对个人的符号,两种力量"就像战斗中的扭抱,一方力量稍大,就会威胁另外一方的生存。最后,在**戏剧**中,双方实现和解,将盾牌抵在对方胸前,与其交锋制衡"。①

　　因此,在概念转变为具有"调解"形式的美的过程中,并没有损耗或内在的变化伴随。独到的洞见是想象本身的独特成就,在不间断的想象过程中依然存在,它作为一

---

　　①　该句译文参考了王莹译《文学传记》,北京:中国画报出版社,2019年,第265页。

种自然和自动的补充,把想象的概念转化为对人类情感有说服力的术语或象征,成效显著,立竿见影。象征或由此而来的产物,随着不可避免的有机衍生而发展,并与最初的概念保持"同质"。这就是《政治家手册》中那句话的意义:想象力凭借"理性永不消失并自我循环的能量组织着感官的流动",在此过程中,它

> 生成了一个象征系统,它们自身和谐,作为真理的导体,与真理同质。这是上帝之手放在以西结的身上时,以西结看到的**轮中套轮……灵往哪里去,轮就往哪里去,活物就要往哪里去,因为活物的灵也在轮中**。①

正是这种观点,而非浪漫的主观主义,支撑了这种偶尔被曲解的说法,即艺术家"必须按照思维的严格规律,从自己的头脑中创造形式,以便生成自由与规律的协调……使他融入自然,并能理解自然"。象征通过一个客观概念衍生而来,是观念的"导体",从而保留了对整体心灵的吸

164

---

① 该典故出自《旧约·以西结书》(1:15-21)。

引力。柯尔律治区分"譬喻"和"象征"主要是为强调这一点。譬喻的吸引力仅限于感官和一种特定模式的"理解",它只是"把抽象的概念翻译成图像语言,而图像语言本身不过是从感观的对象抽象而来"。然而,象征作为把真理传递给感情的"轮子",一方面把有意义的东西呈现给感官和理解,具体地描绘出个体的特殊之处,同时也向理性揭示出,理解所形成或辨识的一般性中,何为真正的"普遍性"。这似乎是《政治家手册》中一句评论的要点,用了毫无必要的复杂语言来表述:象征的特点应该是

> 半透明性,个体中有特殊性,或特殊中有一般
> 性,抑或一般中有普遍性;最重要的是永恒的半
> 透明性,它存在并贯穿于现世。

通过强调真实"象征"的客观吸引力,柯尔律治决不与亚里士多德的信仰精神相冲突。亚里士多德认为诗应该提供对现实世界的**摹仿**,而非象征性的表现形式。亚里士多德的态度可以用他的假设来解释,即象征依赖于我们现在所谓的"惯例";当然,惯例也会改变。但象征主义并不一定意味着完全的相对主义,无论是局部的还是

个人的,除非我们采用的主观主义的前提将同样限制任何其他传播理论。十八世纪的联想主义,实际上创造了我们现代对于象征的理论兴趣,它强调,象征越是能克服"当时当地"的局限而诉诸普遍的人性原则,就越有价值。柯尔律治的立场包含这点以及更多。他所说的并不只是任意依赖于习俗的象征,尤其不是私人联想和主观情感,而是一种与广义上的"摹仿"相去不远的东西。换言之,他所说的是客观的概念转化为情感,即"自然之物与纯粹人类之物的结合与和解"。

165

即便如此,具有重要意义的是,在后来的写作中,柯尔律治会日益频繁地使用"象征"一词,并不遗余力将其推广。他并不是想找一个术语,真正替代视艺术为"摹仿"的古典概念,而是想要一种**补充**,或依他所言,一个术语上的"积极合作伙伴"。事实是,在他尽其所能开拓"摹仿"这一经典概念,使之在理论上几乎囊括了经验范围内的一切之后,他仍然想要一个更具可塑性的词。"象征"作为一个相对较新的批评术语,具有那种优势。这与我们"被动的自然"(natura naturata)之类的陈腐观念联系不大,无论柯尔律治本人多么试图区分"摹仿"和"复制"——这是他钟爱的另一对区别。"象征"也能允许思想和情感更自由地活动。然而随着他愈发倾向于主观，他会仔细考虑这个词的灵活性，在使用时借"象征"和"譬喻"的区别加以限定，从而回到一个中心，让客观和主观、古典和现代能在其中会合。

七

柯尔律治强调感觉是真知灼见的必要元素，这与浪漫主义-原始主义对纯粹本能或冲动的信任毫无共同之处（"感情提供的给养是如此的微薄，胚胎在准备**出生**的过程中便消亡了，任何道德主体都不会变得健康"）。无论他自己有多么冲动的仁慈，他不会把他所谓的"感伤的准美德"①奉为道德向导。这一点于艺术和道德同样适用。当时非常普遍的观点是，我们对艺术的主要兴趣应该是它们表达了"原初"和原始状态下的纯粹私人而主观的情感。这是浪漫派留给后来艺术的最有问题的遗产，歌德、海兹利特和济慈都不能接受，柯尔律治亦如此。他

---

① 英文原文"sentimental pro-virtues"，是柯尔律治批评十八世纪感伤主义作家劳伦斯·斯特恩（Laurence Stern，1713–1768）和其模仿者的用语。

272

认为这对艺术乃至一般生活而言都是一条死胡同。

无论他探索主观自我时有何种的心理洞察力，他的终极立场绝非离经叛道。感觉本身是盲目和无助的。它或许能提供独特的人性内容以促成实现；但在其想象诱导发生之前，感觉的意义只是潜在的，就像等待被塑造的黏土。柯尔律治关于头脑的一般论述也特别适用于感觉："事件和图像……就像阳光、空气和水分"，没有这些，它"就会腐烂和衰亡"，它必须"吸收和消化从外界获得的食粮"。

所以说，感觉远不是一个洞察的器官，而只是一个反应的过程，其目标是中立的，这是我们的物质存在所特有的和不可避免的：它被动地依赖外部事物获得方向，又主动地回应它所接收的事物。从这个意义上说，"我们的观念类似于表盘的指数和指针；我们的感情是推动机械的隐蔽弹簧，有了这种差异，观念和感情就会相互作用"。艺术将真理针对个人而呈现，运用并发展了这种互动。因此，它的功能之一是激发一种预期的紧张，但这样做只是为了增强接受性。诗歌中使用格律便是一例。格律"旨在增强一般感觉和注意力的活跃度和易感性"，但只是作为一种手段。即便它的效果无处不在，格律本身也不能成为"明确意识关注的目标"，而应"作为热烈谈话中

一种含有药味的气氛,或如同葡萄酒一般"而存在:

> 因此,如果不能为这样激起的关注和情感
> 提供相应的食粮和适当的物质,读者肯定会感
> 到失望;就像我们在黑暗中下楼,明明绷紧了肌
> 肉,准备跳过三四级台阶,实际跳过的只是楼梯
> 的最后一级。

同样,在艺术创作中,"感受力"(sensibility)是天才的必要
陪伴。但是,正如他在《文学生涯》中补充所言:

> 真正的天才还有一个重要标志,那就是这
> 种感受力是由超出其个人利益的其他更强大的
> 诱因所激发产生的;这是显而易见的道理,天才
> 大都生活在理想国……因为他的情感总是习惯
> 性地与思想和形象联系在一起,**自我**的感觉总
> 是和这些思想和形象的数量、清晰度和活跃度
> 成反比。

由此看来,"一个诗人的心灵和才智应该**结合**起来,与自

然的伟大外观紧密地结合、统一起来"。

也就是说,感受在同情中得到满足。英国浪漫主义最显著的特征之一是重视同情的体认,而柯尔律治在这一问题上的论述可被看作这一特征的延伸,尽管他理所当然地认为同情不是一种内在的向导,而是通过想象形成和发展的一种产物或结果。然而,情感的潜在渴望,尽管取决于它"从外界得到"什么,还是向往同情的,就好像"身体"本身"只是努力成为心灵"。正因如此,原来的"同样感觉"在不同形式的概念中被修正和改变。例如:"天堂提升了我的灵魂,大海的景象似乎使它宽广。"在这两种情境下,感觉的不同之处在于

> 我们应该在实际的横向旅行或垂直上升中感觉到……因为我们的这种感觉,不过是想象的运动,连同伴随着这种运动而来的感觉,[但是]不那么明显,更加混合,更加迅速,更加混乱,从而密结,除此以外还能是什么?就像白色存在于一切的混合中,成为一个图征(emblem)。

感觉于是实现了价值,成为实现的侍从,以至通过想象

向外发展,变成同情,并为它所吸收的东西所改变。正是通过这种方式,"在精力充沛的头脑中,真理经过驯化很快变为力量"。这样高度发达的情感是莎士比亚的独特品质之一,他远非原创天才的"自动操作",而是"耐心研究,深思熟虑,细致理解,直到知识成为习惯和本能,**与他的习惯性感受结合在一起**"。因此他拥有诗人的"首要条件":"把自己的思想从自己的独特存在中投射出来",并在他人身上唤起"那种崇高的能力,通过它,一个伟大的头脑变成了它所冥想之物"。这种能力应该与柯尔律治所说的"口技"(ventriloquism)相区别,实际是直接相对。口技是诗人通过把自己投射到一种现象之上而非其中,"把自己的枯燥无味分散开来"。当然,在对人物的戏剧性刻画中,同情的体认达到了最高的相关性。在此意义上,莎士比亚尤其无与伦比。柯尔律治像海兹利特一样,喜欢把莎士比亚比作古典神话中的普罗透斯①,能把自己变成各种各样的形态:"去**想象**别人的思想和感情",无论他人处于什么样的境遇,"**这项劳作,这项工作**(hic labor, hoc opus);

---

① 普罗透斯(Proteus),希腊神话中的海神,具有预言能力,但会变幻成各种形状以逃避回答问题。

有谁做到了？也许只有莎士比亚"。相比之下，弥尔顿"把一切形式和事物吸引到他自己身上，与他自己的**理想**形成统一"，而华兹华斯和歌德，在另一方面，是"外部的旁观者——能与他们的角色共情，但从来不能同感"。

然而，这些诗人只有与莎士比亚的独特成就相比时，才显得与他们的主题貌合神离。同情的浸入，作为诗歌的基本要求，比戏剧的具体需要更具有普遍意义。任何一个诗人，无论是否写戏剧，他的想象都必须有"道德有趣、形式难忘、声音和谐的三重形式的同情"作为补充。因为诗歌确保其独特的人文魅力的方式，是通过积极地协调融合想象，使它与情感的自然摹仿和交感能力相结合，将客观概念转化为情感参与。正是通过"对客体非同寻常的同情心，基于非同寻常的情感，和异常活跃的……想象力"的结合，诗歌才成功实现了其目标，那就是"更生动地反映自然和人心的真相，并结合持续的活动，修改和纠正这些真相"。

八

想象力通过呈现一种构想，把理性的洞察与感官的印象和理解的判断结合起来，从而复制了自然，任普遍性　169

和特殊性在其中发展。然而它还协调自己的构思与"人类独有的特质"。在后一种功能中,感觉本身可被看作一种潜在可能性,有待通过想象过程用形式得以实现。艺术包含并依赖于想象的这两种功能。从前者出发,它确保了对真理的客观忠诚。通过后者,它将真理转化为实际反应。

许多年前,当柯尔律治只有二十二岁,尚在剑桥,醉心于"大同社会"计划时,他曾致信骚塞说:"**心灵**本应以**真理**为**食**,如同昆虫以树叶为食,直到它染上树叶的色彩,在每一根细小的纤维中都显示出它的食物。"这个理想终生伴随着他。(如果他自己的生活似乎嘲弄了这一理想,当然,确实嘲弄了,这不是对理想的控诉,而是对他自己的控诉。)艺术不仅是"自然与人类之间的仲裁者和调解者",因为它能让真理以可实现的方式出现在人类面前。就其"调解者"的能力而言,它也非常重要:它"使人类融入自然",并指导人性的实现过程,在此过程中"真理……通过驯化变为力量",而且"**知悉**就是**相像**"。

第八章　初到海格特(1816–1820)：
晚期诗歌；宗教思想，"巨著"计划

一

柯尔律治于一八一六年四月十五日抵达海格特山詹姆斯·吉尔曼的住宅时，手里拿着《克丽斯特贝尔》的校样，吉尔曼回忆说。更有可能的情形是，校样一两周后才到达（四月十二日才做出该诗的出版安排）。但是吉尔曼在多年后写作时，会把柯尔律治的到来和《克丽斯特贝尔》的印发联系起来，这表明了柯尔律治当时的忙碌，他下定决心，自我革新——他要开始全新的生活。这是他绝望中的希望，后来多半也实现了。过去的十五年将被置于身后,不会再有犹疑不决。承蒙拜伦的帮助,如果约翰·默里打算发表《克丽斯特贝尔》《忽必烈汗》和《睡眠之痛》,就让他发表吧,他会把收入移交给现在急需帮助的约翰·摩根。柯尔律治还想筹钱支付这位年轻的外科医生,三十四岁的詹姆斯·吉尔曼,是他把柯尔律治领进了家门。吉尔曼的妻子安妮看起来是个多么热心的女人啊!是的,他将动用自己的一切资本,雷厉风行。他还要整合所有较小的写作项目,然后马上投入他早就计划好的核心工作,那就是写作一部"巨著"。

171　　此时的海格特还只是一个小村庄,与伦敦隔着四英里的开阔乡村。这是理想之地,有一个花园,附近是美丽的卡昂林苑。这里与过去没有联系,不会让人尴尬,过往可以一笔勾销。我们提及海格特时,想到的总是老年的柯尔律治,会忘记他初到时才四十三岁半。然而他在过去的十五年里衰老了很多。我们不禁对比二十年前,他第一次去雷斯冈农庄拜访华兹华斯兄妹时,多萝茜说,他跳过柴门去见他们。现在面对吉尔曼夫妇,他也试图这么做。但在雷斯冈,他遇到华兹华斯和多萝茜时,所有道路仍然开放。现在他别无选择,不能连这些人也辜负了。

九个月前,他在威尔特郡的卡恩开始口授《文学生涯》,可谓洗心革面。他可以问心无愧地说,他总算靠自己取得了关键的开局。诚然,他还没能摆脱鸦片,但多少能控制它,至少有时能够。而且他开始了写作。

实话实说,柯尔律治抵达海格特一两周后,就设法把鸦片酊偷运进来了——他警告过吉尔曼这种可能性。他写信给无辜的默里,请他寄些书来。顺便一问,可否请默里帮个小忙,"派个门房把密封的字条[带给一位药剂师],并等待回应",然后让一名雇员"把门房带回的不管什么东西,连同书籍一起包裹好吗"?* 尽管如此,在接下来的几个月里,柯尔律治在吉尔曼的帮助下,把鸦片的服用量减少到了可控状态。到了七月,克拉布·罗宾逊说,他从没见过柯尔律治看起来如此健康。

---

* 格里格斯教授引用了(《书信集》,IV.633)玛丽·拉塞尔·米特福德(1787-1855)信中提到的一件趣事。柯尔律治"让自己接受监视和监护……把自己的钱交给朋友保管;希望药剂师不要信任他。几天下来一切顺利。我们的诗人很快陷入了绝境;不能写作;不能吃饭,不能——看似不可思议——不能说话"。然后突然"他开始恢复,能阅读,能交谈"。柯尔律治"又正常了"。吉尔曼"开始在屋里屋外观察。第二天就发现了肇事者:这天另一剂鸦片酊送达了,夹在默里包裹完好的《评论季刊》校样中"。

二

　　柯尔律治感觉时间紧迫,希望迅速行动,无奈内心多愁善感,无力拒绝别人,这二者之间开始发生冲突。不知不觉中,百依百顺、频发意外的柯尔律治已经与一家小出版公司签约了,而它会在三年之内破产。这家名为盖尔和柯蒂斯的公司早在一八一二年就重印了他的期刊《朋友》。柯尔律治希望利用自己过去的写作,开始和他们商谈《朋友》的重刊。柯蒂斯新近成了神职人员,亲自拜访了柯尔律治。柯尔律治被他公司的高尚原则感动了。拜伦的出版商默里有着明显的优势,但柯尔律治认为,在这下定决心的关键时刻,建立"与宗教出版社的联系"更为恰当。他最后承诺盖尔和柯蒂斯的,不仅有他新的诗集《通灵诗叶》(除了五月已由默里出版的《克丽斯特贝尔》《忽必烈汗》和《睡眠之痛》),还有《文学生涯》(已经印刷,等待出版),以及他将来可能出版的任何作品。柯尔律治与他们交谈时,无意之中还同意写一篇《世俗的布道》,几乎立刻开始着手写作。这在一定程度上是为了帮助那些高尚的出版商——他们正在努力站稳脚跟。该项目立即发展为三个"布道"计划,第一个是面向"上等阶级",第二个是面向"中上阶级",第三个是面向"劳工阶级"。他为什么不能投身这项任务呢?它会非常简短。这是在做善事,还有助于他开始更宏大的写作。努力的结果是参差不齐、精炼浓缩、影响深远的"布道",书名勇敢而天真——《政治家手册:或圣经是政治技巧和远见的最佳指南》,出版于一八一六年底。

整个夏天他都在写作《政治家手册》。如果说他身体虚弱,在九月和吉尔曼一家去了汉普郡海边,这不是因为他过度服用鸦片酊。他真是在逼迫自己用功。夏末或秋初的某段时间,他还写了精彩的断篇——大部分是口述的,题为《生命的理论》,文章虽短,却极其重要,有助于我们理解他中年乃至晚年的思想。柯尔律治像在许多更有意思的作品中一样,在此充当的角色是护卫或助手。他写《生命的理论》是为了帮助吉尔曼,后者希望写作一篇医学论文。(这篇文章后来证明太长而且太哲学化,吉尔曼没法借用。*)稍后我们简要讨论柯尔律治在这段时期的思想时再

173

---

    * 也有人猜测文章的创作日期是 1823 年。但是他给吉尔曼的信里(1816 年 11 月 10 日)明确提到了《生命的理论》,以及吉尔曼不确定是否能够用它。

来看这篇作品。《政治家手册》之后,他很快又出了第二篇《世俗的布道》,照惯例这么叫是因为它的正式名称过于冗长,取自《圣经》,"你们这些在有水的地方撒种的人有福了"。① 写给劳工阶级的第三篇布道从未动笔。与此同时,与他签约的小出版社(它在破产前经历了转手,现在叫瑞斯特芬纳)出版了柯尔律治的诗集《通灵诗叶》(1817),《文学生涯》(1817),以及未上演的剧本《扎普亚》(1817)。

这家出版社还想推出一套新的百科全书("大都会百科全书"),编排体例不是按照通常的字母顺序,而是一般的主题,更重要的是方法。柯尔律治可能是这个新的方法和设想的主要设计师。他同意为新百科全书写一篇全面的介绍,贡献一些条目,并整体监督和编辑这部作品。柯尔律治认为他应该获得五百镑的年薪作为报酬,但出版商的报价稍低一些。这项计划很快就流产了。出版社提防柯尔律治的习惯,要求他离开海格特,每天在编撰百科全书的场所工作。柯尔律治明智地拒绝离开海格特。

174 他最后写了一篇《方法初论》作为总体介绍。*出版商将它

---

① 出自《以赛亚书》(32∶30)。

* 由爱丽丝 D. 辛德(Alice D. Synder)编辑(伦敦,1934)。

THE

STATESMAN'S MANUAL;

OR

THE BIBLE THE BEST GUIDE TO POLITICAL
SKILL AND FORESIGHT:

A Lay Sermon,

ADDRESSED TO

THE HIGHER CLASSES OF SOCIETY,

WITH AN APPENDIX,

CONTAINING

COMMENTS AND ESSAYS

CONNECTED WITH

THE STUDY OF THE INSPIRED WRITINGS.

By S. T. COLERIDGE, Esq.

"Ad ist hæc quæso vos, qualia cunque primo videantur aspectu,
adtendite, ut qui vobis forsan insanire videar, saltem quibus insaniam
rationibus cognoscatis."

LONDON:

PRINTED FOR GALE AND FENNER, PATER-NOSTER ROW;
J. M. RICHARDSON, ROYAL EXCHANGE; AND
HATCHARD, PICCADILLY.

1816.

《政治家手册》(1816) 扉页

打散并重新排列,柯尔律治也很快将其中一部分并入新一版的《朋友》(1818)。毋庸讳言,在他试图重整旗鼓之时,这些困难令他苦恼、受伤、困惑,而他真正的困难是不惜一切拯救自己。在他下定决心解决自己生活的主要忧虑之后,这些小的忧虑和障碍不断涌现,使境况更加复杂——这多么出乎意料!

算了,他会继续前进。他会举办更多讲座,尽管这远非他真正想做的。在他开始严肃的工作之前,必须先结清一些开支。他欠吉尔曼医生那么多。如果可能,他想寄钱给妻子。次子德温特需要教育资金,这个问题也折磨着他的想象。他同意为哲学协会举行十四场讲座,主题是从中世纪到当下的文学,定在一月二十七日至三月十三日的每周四和周五晚上(在弗利特街的鸢尾花公馆报告厅)。他认真地为大多数讲座准备了笔记,对此我们有相当完整的报告。这些讲座给他带来的经济收入超过了他所举办的任何其他系列讲座,他得以偿还部分债务,还给妻子寄了一笔额外津贴。与此同时,在刚刚过去的夏天,他与前来拜访自己的德国诗人路德维希·蒂克交谈,还见到了造访伦敦的骚塞。柯尔律治和吉尔曼夫妇在九月去了利特尔汉普顿,在那里他结识了但丁的翻译者 H.F.凯里，并在读了一天译文之后几乎一字不差复述内容，令凯里的儿子惊讶万分。

在十二月，华兹华斯南下伦敦造访几周，柯尔律治时常见到他，但总是和其他人一起。华兹华斯在伦敦逗留时总是有些烦躁。他年岁渐高，愈发不喜欢城市、人群和车水马龙。他想对人性抱有好感，甚至比我们任何人都想，也心甘情愿这么做，前提是人们不能离他太近，近到让他窒息。在这次造访中，他给好几个人的印象都是庄重正式，不苟言笑。（正是在此期间济慈会见了他，朗诵了自己的《潘神颂》，华兹华斯称其为"一首很漂亮的异教徒诗歌"。）在查尔斯·兰姆家的一次宴会上（12月27日），华兹华斯的崇拜者克拉布·罗宾逊在日记中写下，他"平生第一次对华兹华斯感到不悦"。柯尔律治谈到"绘画风格的那种神秘主义，这是他现在的惯常感觉。华兹华斯用干巴巴、冷冰冰的反驳来应对。柯尔律治对待华兹华斯的态度非常恭敬"。作为这桩轶事的部分背景，我们应该记住，华兹华斯对柯尔律治在《文学生涯》中关于他的章节不甚满意。如果说评价有过多赞誉之词的话，那么少有的几点保留意见深深地打动了华兹华斯，因为它们来自他最为敬重的一个人。华兹华斯的戒备心强是自然的。他知道,七年前的那次争吵,由于柯尔律治的能说会道和自辩宣传,已经变得众所周知。

三

在这忙碌的一年里,柯尔律治也开始再次偶尔作诗,风格与以往非常不同。也许晚期的六首诗都作于此时。* 此后五年是相对的沉寂。后来他时不时又写了几首诗。如果我们在此处暂停,整体考虑他后期诗歌的特点,部分是因为至少有三分之一比较严肃的作品是在那段时间完成的。一个更有说服力的理由是,我们发现这些诗歌中有些内容与柯尔律治的自我分裂确切相关,必须在本章的后半部分讨论——由于空间的限制,我们无法零零碎碎探讨这个话题。

176 　　他在晚年写就的少量诗歌非常私人化。当一个诗人不再把自己当作诗人,但出于某种原因仍会偶尔写诗时,可能会写下这些诗歌。换言之,这些诗不为公众而写,不做任何声明,不遵循任何形式或标准,不指向任何传统,

---

　　* 晚期诗歌的创作时间大部分都是猜测的。但是在 1817 年至 1818 年间完成的作品,可能包括《地狱边境》《极限》《骑士之墓》《多恩的诗》《以色列的哀悼》《云中幻象》。

也不对任何传统感兴趣,纯粹是作家的心血。它们大体包括笔记本和相册中的随笔,未曾打算出版。摆脱了自我要求的焦虑以后,柯尔律治的题材通常微不足道,这是自然而然的,像任何作家那样。有时他的整体才智会结晶和析出,就像对多恩诗歌的四行著名评论(大约作于1817 年至 1820 年):

> 多恩的缪斯在单峰驼上小跑,
> 把铁火棍当真爱同心结来绕;
> 韵律是强壮的跛子,幻想是迷宫和线索,
> 机智是铁炉和火焰,意义是锻压和螺丝。

柯尔律治在这首诙谐的短诗中,不但总结了德莱顿和约翰逊等前人有关玄学派诗歌的观点,还称玄学派的"机智"为压力下的混合或融合,这是二十世纪才流行开来的称赞。他的成就是独特的。我们发现,柯尔律治从一八一七年到去世之间完成的好诗中,绵密的思想经常体现在一个怪异而新颖的意象中,这个意象通常是朴实的,偶尔会是怪诞的。于是在《人的生命》中,人被比作"蜂巢,目的像幽灵一般奇怪";或在《责任比自爱长久》中,柯尔律治说"老朋友黯然失色,像浊

风中的灯火"。鉴于哲学(或哲学神学)是柯尔律治晚年主要兴趣所在,我们发现他诗歌语言中的一个重要要元素是对抽象概念的使用,体现了复杂的哲思,这不足为奇。在《人的生命》中,人是一个"完全的意外！毫无异常！"他的"存在本身就是矛盾"。在《地狱边境》中,柯尔律治唤起了一种他称为"断然的否定"(positive Negation)的"恐惧"或"未来状态",这种抽象对他来说几乎是实质,充满了情感和意义。在这些诗歌中,柯尔律治以其强烈的反省,奇怪的、经常是稠密的隐喻,对技术词汇的借用和对哲学的概念化处理,创造了一种完全属于他自己的诗歌风格。

这些年他给人印象更深的是宗教诗,宗教情感无比切身。在一八一七年创作的两首具有非凡想象力的诗《地狱边境》和《极限》中,我们瞥见了柯尔律治时而遭受的骇人听闻的精神痛苦。在《地狱边境》中,他作为诗语者,曾经见过存在的最外层边界的"模糊"之境,甚至在其中居住过,他认为这是一个鲜有生命或堪称存在的状态。* 灵魂像囚犯一样生活在炼狱中,囚禁他们的是对虚

---

* 英文"Limbo"又译作灵薄狱,指天堂与地狱之间的区域,一些基督教神学家将其解释为用来安置基督降生前死去的好人和未受洗的婴儿的地方。

空的恐惧,而虚空从四面八方包围着地狱边境。他们被比作鼹鼠,"消极的眼睛"只能看到黑暗:

他们像鼹鼠一样退缩

(自然的沉默僧侣,地下的活曼德拉草)

避光而爬——然后听它的声响;——

看到却害怕,但不知为何害怕。

这里又是我们提到的典型新式风格:凝练的意义,戏谑或稀奇的阴郁意象,严苛的化约主义游走于二者边缘。鼹鼠是"自然的沉默僧侣":这些灰色的、与世隔绝的生物,有着盲目的、恐惧的、自保式的虔诚,只会制造隧道式的迷宫,供赤裸的灵魂躲藏。曼德拉草也是人类古老的象征,只有根部安全地埋在地下才能生存,而且传说它被挖起时会发出尖叫。

在这幻想的游戏之下是一种存在主义的恐惧,即这种"半存在"的状态——人类如同"鼹鼠"或曼德拉草——可能就是一切。对"同一生命"这个充满希望的概念而言这意味着什么?"人类时间"——人类的存在——被想象为一个年迈的老人,停下手中世俗的琐事仰望苍穹,凝视着月光下的天宇。但他是盲人,脸上"没有眼睛"。他可能感觉到,不知怎地知道,那里有光。然而他仰着脸,就像雕像一样茫然,如果转身朝向"当空的皓月",那也纯属偶然。

　即便这种盲目的希望,地狱边境的灵魂也得不到。因为在那里,如果不相信人的救赎,希望就会变成恐惧。这些灵魂用他们"消极的眼睛"会突然看到某些东西,它来自边境之外,穿越纯粹的黑暗和围绕黑暗的虚无,更加可怕,可能是黑暗的本质,柯尔律治称之为"断然的否定"。灵魂见到它如同见到光一样,在恐惧中退缩,总有一天会被它消灭。换言之,地狱边境的灵魂,处在一种消极状态,自然会躲避光,被囚禁而无能为力,而且面临着更深的深渊,在消极的尺度上从"一无所有"降到"断然的否定"这一终极恐惧。在柯尔律治的笔记本上,紧接着《地狱边境》的是这首名为《极限》的诗,它设想了这种消极的绝对。这首诗采取了连祷文的形式,其中"积极否定"对应的是撒旦,因为柯尔律治为恶的原则取名时融合了哲学与神话的名称:

惟有确信黑夜!

无比憎恶光明!

命运的惟一实质! 原初的蝎杖!

上帝惟一容许的对立!

这个存在的名字之一是"拦截者",如果要问他拦截何物,诗中明确指出,他介入人与神之间。他"巨大的爪子"截获了,或如柯尔律治所说,封锁了祈祷。换句话说,在这首诗中,柯尔律治唤起了精神死亡的"不可揭露"的原则。

柯尔律治熟悉这种状态,记住这点就能容易理解他多数宗教诗歌的特殊基调,这种基调可以追溯到《睡眠之痛》《老舟子吟》,甚至更早的诗歌。他好像是受到了骇人的惩罚,现在做出了谦卑而感人的屈从姿态。其中一首诗是《献给自然》(写于此时或此后几年),柯尔律治在诗中向上帝献上某种类型或修会的真理作为"祭品"。柯尔律治说,他自己可以在树叶和花朵中发现关于爱和虔诚的训诫。即使"大千世界"认为这不过是种"幻觉",世人可能是对的,但他本人将坚持幻觉。换言之,柯尔律治曾经相信想象的建构是真理的启示,然而现在——至少在这首诗中——放弃了这种自信,他还假设自然与上帝可能分离。尽管如此,他将通过想象,在地上"建立"一个祭

179

坛,在天上支起一个"穹顶",使自然至少**看似**上帝的庙宇。他这样把自然还给上帝,可能是在篡改自然。但如果这样,他只是让智力辨析屈从于敬拜行为。这样做之后,他可能希望上帝不会"连我都鄙视, / 这个可怜的祭品的牧师"。现在想象的构建是真是假已经无关紧要,真正重要的是灵魂与上帝的关系。再举一例,另一个类似的象征性姿态,体现在一八三二年的一首题为《自知之明》的诗中。这里象征性的姿态再次表现为交托:柯尔律治从其智慧的王冠上摘下一颗宝石献给上帝,这宝石即为他珍视的格言:"天降[指令],**认识你自己**。"现在他认为人不能认识自己,于是诗的结尾是:"忽略你自己吧,努力去认识你的上帝。"

四

柯尔律治于一八一八年三月结束了他的文学讲座后,依然忙忙碌碌,仍想保持三年前开始的势头,着手修订新版的《朋友》。像《政治家手册》和《方法论》,新版的《朋友》——包含《方法论》的部分——将为他的主要作品做准备。岁月如梭,他还计划于一八一八年十二月十四日至一八一九年三月二十九日期间,在斯特兰德大街上的"王冠与船锚"酒馆,举办一系列关于从希腊到当代的哲学史的讲座,每周一晚上讲一期。这些讲座以速记形式保存下来,直到一九四九年才以《哲学讲稿》为题出版。* 他还同时举办了两门文学讲座,并非因为他此时对纯文学题材有什么新的想法。他做这些额外讲座只是为了挣钱,有些心不在焉。

180

事实上,从一八一八年到一八一九年,柯尔律治时年四十六七岁,思想大部分开始定型。他逐渐清理了干扰和边缘兴趣,越来越接近一个主题。二十年来,他一直觉得,只要有足够的时间和自由,能摆脱个人和经济上的焦虑,他就可以开始写作这一主题。现在他相对自由了——要多自由有多自由。但是当他更深入思考这个话题时,他发现自己一直在改变。哲学讲座中最有意思的当属"动态"和"有机"的哲学,但是最终出版后却令读者大失所望——柯尔律治二十年来对这一话题都颇有好感,真正谈及时却突然变得缄默。我们期待在这么长的讲座系列中,德国哲学应该占据三四讲,实际却被挤进一

---

* 由凯思琳·科伯恩编辑(伦敦和纽约,1949)。

场讲座的一部分。他对谢林的论述，是研究柯尔律治的现代学者们热切期待读到的，实际却限于一个犹豫不决的段落。他可以借口说，他在这个问题的早期阶段已经花费太多时间，现在必须赶紧结尾。但讲座本来可以延长；而且无论如何，如果他真的愿意，在讲座或是写作中，他从来不会不知所措，而是直接谈及他的核心兴趣。

显然有什么东西在干预。出于某种原因，一个内在的铁闸落在了这些作家身后，落在了曾经深深吸引他的整个思想运动之上。以前也有过这样的时刻，但在过去铁闸很快会被升起，他会张开双臂伸出双手，迸发出近乎洞察的同情。在某种程度上，这种情况还会发生。总会有第二、第三、第四种想法。这位孤主，这位很早就成为主人、陪同者和迎宾者的孤儿，总在渴望家的安全，还有客人的来访（《午夜寒霜》中的"来客"）。但是总体而言，《哲学讲稿》标志着他思想年表上一个决定性的转变。在这里他遭遇了如此严重的心理障碍，如此强大的审查机制，以至于他无法概括出那种思维方式的前提、目标和兴趣点，而这种思维方式多年来比任何其他方式都更令他兴奋（也令他深感不安）。要开始解释这些作家，解释他们的所思所为，他怎能克服一种压倒性的冲动呢？这种

181

冲动就是去支持他们，去就有关"有机"和"动态"哲学的一切畅所欲言。但他还没准备好，在这些作为预热的讲座中，最好不要谈及这些话题。他很容易说错话。再给他一两年，他就会游刃有余了。

五

　　我们终于可以谈论这部"巨著"的写作计划并迅速回顾背景。我们一直在间接提及。只有在对柯尔律治生平更为详尽的叙述中，我们才能恰如其分地讨论背景，逐年追踪他的目标，他所遭遇的挫折和重新燃起的希望，看它们如何与他生平的其他境遇交织。篇幅所限，我们被迫大幅删节，只能在某些可能的时刻暂停，从他复杂的思想生活中选取某些片段，就像讨论他的诗歌或批评写作那样，然后集中论述他的思想传记中一个关键章节的重要几页。

　　柯尔律治长期以来一直梦想着完成这部"巨著"，而且从未完全放弃这个梦想。"巨著"无异于对神学、道德观、心理学、逻辑学、科学和艺术的全新集大成之作（*Summa*），或毋宁说是一系列的作品，可能共同构成一部

182

大全。* 提及这样的希望难免会令人莞尔,但事实上这个想法并非那么异想天开。在某些方面,柯尔律治的资质几乎是得天独厚的,不是因为任何单一资质,而是得于它们的结合。首先,在当时德国以外,几乎没有人比他更广泛地阅读过哲学史(尽管对于坚定的亲德派来说,这可能是无足轻重的赞美);而这只是一个开始。其次,他是一位实践艺术家,创造精神和批判精神同样卓越。他因此对一系列重要的精神功能有着直接而即时的了解,而这些知识无法通过道听途说和传统抽象的过滤,经第二手或第三手获得。与此同时,他对科学有广泛的兴趣,在某些方面非常具体。在现代的主要艺术家中,除了歌德(然而他反对形而上学的推测)和托马斯·曼之外,可能无人能出其右;相反,在过去一个半世纪里,很少有如此精通科学的人在艺术上拥有像他这样的能力,同时具有创造性和批判性思维。第四,柯尔律治是那个时代最有天赋

---

* 这里出现了一个命名问题,自然会让读者感到困惑。根据约定俗成以及柯尔律治自己试探性的使用,"大作"(*Opus Maximum*)这一标题被用来指涉一个具体的、相对有限然而实际存在的作品(虽然处于非常初步的未完成状态),除了几页之外,仍未出版,但计划出现在《全集》中。它作于1820年代(见第212页),几乎完全关于神学。(想必这些章节还需很多补充。)相比之下,"巨著"(*Magnum Opus*)一词指的是柯尔律治从德国回来后(1799年)一直怀有的雄心壮志。

的心理学家。最后，他是一个极具宗教气质的人，或者至少正在变得如此。他真的很想写一部具有终极神学目标的大全。他真的很想找到一个统一体，把许多经验领域统括在内，而诸多神学和哲学著作通常只是刚刚意识到这些经验。对统一整体的渴望，对浅尝辄止的不安，从最广泛意义上说，是一种宗教感觉，也是一种宗教需要。

另一方面当然也有不利因素，而且在很大程度上是他美德的本质所固有的问题，如他的同情范围之广，无力拒绝他人。对于被遗忘的细节，被忽视的微妙差异，明显难以驾驭而且顽固的例外，他渴望不仅加以拯救，而且要将它们迎入一个广义的家。当然，他身上如此宝贵的正是这种品质。这对他而言并非完全起抑制作用。他好奇心强，兴趣广泛，博闻强识，能言善辩，需要结合的东西越是丰富多样，他的头脑越是兴奋而且足智多谋。当他需要考虑**方法**和**手段**时，真正的困难开始滋生。值得称赞的是，他认为"巨著"应该囊括的，不仅有丰富多样的学科主题，还有截然不同的研究方法——传统观念认为每个主题都有相应的研究方法。简而言之，如果期望的统一只涉及一个二维的、水平扫过的对象，就像绘制地图一样，那么统一将一文不值。真正需要的是一种深度的统一,能纵向整合程序和价值、逻辑推理和技术步骤、实际的考验和引人入胜的洞见。作为一个思想家,柯尔律治在此处是最勇敢的,当然也是最脆弱的。

六

在柯尔律治中年乃至晚年的思想中,有五种主要的方法不断地相互对比。如果我们忘记了其中任何一个的存在,忘记了他兼容并蓄的大脑不能排除任何一个,我们就无法参透他的内心生活,不能理解他的希望、挫折和冲突,还有他实际完成的许多作品的意义。他会争辩说,难道每种方法不都是在人类理解自身和身外之物的努力中扮演一个重要角色吗? 当然,一种诚实对待人类经验多样性的哲学,会寻求一个广泛的基础,以便公正妥善对待所有方法。前三个可以简略提及,以它们复杂性的升序排列:

（1）从柏拉图到文艺复兴以来的古典理性主义的传统,其前提是一个有序的、客观的现实,它超越了我们的感官经验,但可以通过理性来认知。

（2）理性主义在渴望体系的同时很容易脱离人类经验。抑制理性主义的过度泛滥的,是英国经验主义较为温和的健康传统。这种经验主义支持或试图解释我们通常所说的**科学**，与"激进的"经验主义不同，因为后者全力攻击理智时也削弱了自身，正如大卫·休谟①以宜人的才华所展示的那样。休谟乐于承认，当他在街上看到一辆马车朝他冲过来时，他会避让。柯尔律治同样接受科学事实，实际上对它表示欢迎。

为什么现代哲学家如此急于说服我们，只用一种手段来获取知识？激进的经验主义者和激进的理性主义者总是试图作出许多断言。然而有趣的是，为了使人接受他们的论点，他们的实践违背了自己的准则，理性主义者接受了经验主义者的前提，而经验主义者采用了理性主义者的系统程序。柯尔律治则认为，将古典理性主义的前提与温和的、常识性的经验主义结合起来并非难事，他乐于在柏拉图和培根之间确立一个共同点和相互作用的前提。怎么可能存在困难呢？他不是有科学史甚至人类的全部实践经验的支撑吗？在他看来，僵硬纯粹的分析，

---

① 大卫·休谟（David Hume，1711-1776），苏格兰哲学家、历史学家和散文家，以其经验主义哲学和怀疑论而闻名，主要哲学著作有《人性论》《人类理解研究》《道德原则研究》，史学著作有《大不列颠史》。休谟被认为是西方哲学史和苏格兰启蒙运动史上最重要的人物之一。

结果若是否认这一重大证据,只对心理学有好处,而对哲学无意义。它能让人饶有兴致地观察,当我们更感兴趣的是排除而非包容时,思维可能发生什么。

(3)引用柯尔律治著名的赞誉,康德哲学"就像用巨人的手一样","控制"了他。最能解放思想的,莫过于康德的权威论证:在认知过程中,头脑至少堪称一个积极的合作伙伴。主体和客体的二元对立削弱了自笛卡尔以来的哲学传统,而康德哲学对于扫除这陈旧的二元对立何等有用!

当然还有改进的空间,或者至少能加以补充,而柯尔律治的改进通常意味着在一个事物上植入其他东西加以补充,或者通过赋予它家庭亲缘(兄弟、表亲、祖先、可能的后代)和环境根源,将它纳入更广泛的语境中。康德在别的方面都非常令人钦佩,但否认人类可能通过理性获得终极知识时,却是太过谨慎——或许他只是表面上否认这点?康德对知性(Verstand)和理性(Vernunft)的区分固然犀利——知性是指向现象世界的,而理性则根据某些普遍认可的"理念"来组织并解释知性的判断,但这一区别尚未达到它能够且应该达到的深度。在康德看来,理性借助终极"理念"组织和解释知性的判断,但终极理念并非真正知识的目的,只是必要的假设。柯尔律治说,问题在于,理性的"理念"是否如康德所言,只起"规范性"作用,或是"根据柏拉图和普罗提诺等人的观点,同样构成了哲学的最高问题,而不是其命名法的一部分"。

在柯尔律治与康德的长期角力中,他似乎认为自己是个有罪的雅各①,在这一点上,与上帝派来考验他的天使抗争。他坚定地背靠着整个古典传统,以及与之相结合的希伯来和基督教思想,一有机会就申明,理性——就像在柏拉图的理性概念(nous)中——能够超越从具体世界中得出的经验和判断,直接触及一种实在,而这种实在的精神类似物或对应物正是理性自身。从现在起直到他生命的尽头,柯尔律治就他与康德的这一关键区别大做文章,以至我们可能会被误导,认为他对这一问题的关注胜过任何其他任何哲学问题。对"理性"和知性做出他自己的区分,是柯尔律治的期刊《朋友》(1809)的"一个主要目标"。二十一年后,他仍然声称这一区别是通往哲学的阶梯(Gradus ad Philosophiam)。

186

———————

① 雅各是《圣经》中以撒和利百加所生的双胞胎中的幼子,他骗取了哥哥以扫的长子名分,后在雅博渡口过夜时与上帝的使者摔跤到黎明,瘸腿后被改名为"以色列",意为"与天使搏斗者"。

这一区别确实是他思想的核心。但另一方面,我们可以很快指出,他也有丰富的背景支持,能频繁引用从柏拉图到中世纪和文艺复兴时期的基督教作家。为什么还要年复一年纠结这点呢?他并不是在提供一个新的认识论证据。他有两个特别的动机,第一个直接导向第二个:(i)这是证明意图的一个重要象征。当然,柯尔律治永远也不可能背弃这一信念,即人类有可能通过理性认识到终极实在,而人身上的理性则是这一实在的对应物。其他想法都是某种形式的渎神。是的,像雅各一样,他会为这个事业而角力。如果他也像雅各一样,在与强大的康德半殉难性质的角力中落下跛足,他不会介意留下伤疤,不会介意在以后的职责和努力中一瘸一拐。至少在这一点上,他会努力奋战。(ii)他迫切需要一个主题来加以完善,在区分中彰显自己的哲学立场,在这一点上他算是已经成功了。他希望借这个主题转移注意力,与其说别人的,毋宁说是他自己的注意力,使他不去考虑一个更大的问题。这个更大的问题随着时间的流逝愈发令他烦恼,就是如何结合以下两者(或者更确切地说,如何为它们找到一个

304

共同点）——

（4）有机或动态的自然哲学——自然是一个统一的过程，这一构想深刻地吸引了他，然而令他苦恼的是，它常被宗教正统派斥为"泛神论"；

（5）基督教——他所能构思的任何巨著，自然都¹⁸⁷是为了促进基督教的发展。

当然，这些考量属于另一个层面。现在他已经不管那个恼人的、仅仅是**初步**的问题了，它像挥之不去的噩梦，占据甚至困扰了自笛卡尔和洛克以来的哲学，那就是知识的问题——我们**能**知道什么、我们**如何**认知的问题；过度关注它降低了人们的视野并抑制了活动的范围（就像寓言中的蜈蚣，停下来思考它走路时先迈哪条腿，结果不会走路了）。所有这些都只不过是在哲学的门槛慢慢挪动，迟迟不肯登堂入室，去解决真正重要的问题。并不是说柯尔律治省略了那个仪式：在跨过门槛、恰当地出场、得体地致歉和问候等方面，他比所有人都更用心，难道他没有证明这点吗？事实上他不是一直在证明这点吗？谁会在做初步区分时比他更一丝不苟、深思熟虑呢？用卡莱尔豪放的话说，谁会像他一样提前积累大量"强大的设备、逻辑的游泳囊、超验的救生设备，以及其他预防措施和车辆装备,然后出发"?

七

事实是,在柯尔律治二十多岁到四十多岁之间的每一年,这最后两个至关重要的问题,每个都深深地吸引着他,但似乎都在新的领域发生冲突或是摩擦。然而同时,它们在许多方面又看似不谋而合——都全面而理想,重视同情心,对待个体温柔而忠诚。这是怎么了?为什么宗教的正统派会对动态哲学进行这种严厉而尖刻的审查,斥之为"泛神论",意即赞成它的人会直接假设上帝只不过是宇宙的中性总和?回到兰姆描述的基督公学求学时代,柯尔律治阅读普罗提诺和新柏拉图主义者的著作时,想象力被这一观点激发——上帝可以既**内在**于他所有的创造物,同时又**超越**它们。为什么人们总是说只有这个或那个是可能的?难道他们彻底遗忘了,即使最简单的经验事件中——最简单的物质形式本身中,也有多样性在相互作用?柯尔律治在二十来岁时,刚开始可能会对宗教审查漫不经心。"会话诗"背后的整个前提是完美的相互关联、相互促成和综合过程,但通常相信(或希望）它与某种形式的基督教兼容。在所有宗教中，难道不是基督教既珍惜个体也珍视结合的可能性吗（通过人的兄弟情谊结合；通过基督这个伟大象征与上帝结合）？当他在二十多岁，开始寻找一种能够将经验的多样性与基督教信仰结合起来的哲学时，他所崇拜的哲学家，先是大卫·哈特莱，然后是贝克莱，最后是斯宾诺莎。哈特莱被证明过于唯物主义，而贝克莱过于专注唯心主义，只有在斯宾诺莎身上，他觉得自己终于找对了人——如果不是一个值得追随左右的大师，也是一个在思维的广度和清晰度上堪称权威的典范（只需一点健康的英国经验主义的帮助，因为它乐于接受科学，并且在心理学上更了解人类头脑和心灵的冲动和需求）。

但在他从德国归来后的动荡十年里，发生了两件事，对他造成了干扰。其一是他阅读了康德，其二更为渐进，是他在宗教思想和情感上日益趋向正统，这点我们多年来都有所注意。阅读康德本身一开始似乎没有造成任何问题，反倒开辟了新的前景。在充分并诚实地考虑到其他因素的情况下，若能恰当地运用想象，康德哲学难道不能帮助我们解放思想，帮助我们重新证明"动态"和"有机"的过程观的合理性吗？诚然，康德同时也推翻了斯宾诺莎的方法赖以依存的理性主义。然而年轻的柯尔律治看重的不是斯宾诺莎**方法**中系统的理性主义，而是统一的理想，它充斥着这个"醉心于上帝"之人的思想——诺瓦利斯如是称呼斯宾诺莎。是的，如果康德关上了一些门，他也打开了另一些门，通向一个宇宙，它可能比斯宾诺莎的更自由（如能正确解读康德）。事实上，就在此时，在海峡彼岸，四分五裂而群星荟萃的德国，这难道没被证实吗？而众多英国人在他们的日常阅读、古典教育和巴黎罗马之旅中对此似乎一无所知。在德国，思想迅速发展，如雨后春笋般在大学城相继出现。几乎在每个大学城的中心，都有一位天才人物，致力于修正或拓展康德在两本伟大的开创性"批判"中提出的思想。有人采取的是独树一帜的病态主观主义（如费希特①），有人则寻找方法，以全面的精神来重新解释科学和艺术。这种精神跟斯宾诺莎的相比，或许方法不同，但目的相似，它既忠实于科学或心理学意义上的客观事实，同时又是"动态的"，

---

① 约翰·戈特利布·费希特（Johann Gottlieb Fichte, 1762–1814），德国哲学家，常被认为是连接康德和黑格尔之间哲学时期的过渡人物。他的思想有助于解释德国唯心主义从康德的批判哲学到黑格尔的精神哲学的发展。近年来，学者们认识到他对主观性和自我意识的理解，提高了他在哲学史上的地位。

重新发现了作为**过程**的现实。

最重要的是,柯尔律治开始对那位才华横溢却命运多舛的哲学家弗里德里希·谢林①产生深厚的亲缘。谢林比他小两岁半,后期的智识生涯经历的困难和阶段性麻痹,与柯尔律治本人的遭遇惊人地相似。从谢林以及其他人身上,柯尔律治领悟了接连的洞见,获得了接连的肯定,尽管他后来变得戒备,试图轻描淡写自己的受惠,这有失高尚。柯尔律治说,他发现谢林"与我自己辛勤劳作的成果有诸多精神巧合,为我未竟的事业提供了强大的支持"。

然而"未竟"的是什么呢?当然是协调"动态"的哲学与基督教。谢林无论多么有天赋,还未完成此事,也没有任何其他人做成过。但是该如何进行呢?我们注意到,在柯尔律治二十多岁时,动态哲学和基督教哲学的调和似乎相对简单。然而在他三十多岁时,复杂性增加了。造成真正困难的,是他希望欣然接受斯宾诺莎,或者说接

---

① 弗里德里希·谢林(Friedrich Wilhelm Joseph von Schelling, 1775-1854),德国哲学家,十八世纪末和十九世纪初德国唯心主义和浪漫主义运动的代表人物之一。哲学史上将他看作早期康德和费希特的唯心主义和后来黑格尔著作之间的桥梁。有学者认为他的观点过于跳跃,经常改变,伟大但捉摸不定。他集中关注的问题是人类自由、绝对存在、精神与自然的关系。

受斯宾诺莎所代表的统一梦想，被**第二次**中断。这就是柯尔律治对基督教本身的看法发生了改变。他再也不能像在信奉一位论的日子里那样灵活看待它了。基督教长期以来被日益渗透，首先是有传统的希伯来和天主教信仰，相信上帝和其造物之间存在深刻的二元论，相信罪的本质，相信人本身及其关切在无限面前何其渺小；其次是人们愈发坚信基督的独特功能。柯尔律治一直被这些信念所吸引。《老舟子吟》反映出一些深刻的意识——人的有限性，人类心灵强烈需要皈依（皈依本身是个谜），以及需要神性恩典的帮助。无论这首诗的暗示多么不完整，难道它没有反映出这些吗？

柯尔律治三四十岁的时候，接二连三地经历了一些事情，开始深刻体会到他曾在《老舟子吟》中有所暗示却未能清醒意识到的问题：人是多么容易陷入孤立，在浩瀚无垠的宇宙中，他的存在稍纵即逝，他的无助和需求都一览无余，令人恐惧。我们很快将会发现，他在笔记本上匆匆写下的诗中会突然流露出这些思绪。尤其是《地狱边境》和《极限》这两首诗，遒劲而凝练地表达了无边无际的孤独，在英语诗歌中堪称卓绝。他的经历中，最让他无法抗拒传统的宗教教义的——希伯来的连同基督教的，是他很早就意识到,人类若无神恩的眷顾会有多么无助。但是怎么能把这点融入对他同样有吸引力的"同一生命"这一概念呢?人类不同于地上的一片草叶,谷仓里狂吠的狗或树上啼叫的猿,为什么会被单挑出来?人类可能面临的孤独如此可怕,对个体的要求如此严苛,对上帝的要求又如此特别。当然可以获得答案,但是答案往往来自那些和他一样渴望统一的人。他们理解的统一是纯粹的,兴趣单一,和他所想的统一完全不同。这就像艺术中的形式主义,它不是从多样性中崛起,随多样性发展,通过多样性提高,而是排他的。它的姿态是阻挡而非拥抱或容纳。然而基督教的伟大之处正在于,它既可以包容也可以排斥。

八

在柯尔律治的思想中,基督教和有机、动态的哲学之间的关系逐渐陷入僵局,这该归咎于什么?这是否只是反映了他自身的人格分裂,对此他还没能从心理学上理解?或者是更重要的问题?这两种整全的世界观都对他有吸引力,看似有很多潜在的相通之处,它们之间是否可能真的有根本性的分歧,甚至互不相容?他仍然无法相信二者真的不能兼容,如能正确处理,至少在基本精神上是相通的。

当然,在思考"同一生命"时,他自己从来没有在明显而简略的意义上考虑过"泛神论"。当发现了泛神论的直接例证,有谁能比他更严厉? 或者,若非更严厉(当他想到像雅各布·伯梅这样既温和又如受神启的人时,他很难变得严厉,毕竟他受惠于伯梅那么多),有谁能比他更快留意到某个哲学正在滑向泛神论? 谢林有这倾向? 好吧,可以施加有益的纠正——可以对谢林的见解加以补充。"泛神论"这个词着实让柯尔律治苦恼。这根本不是他所想的!不,他从来都不是彻底的"一元论者"(monist)。一元论者一开始就假定(泛神论者不是这样做的吗?)一切都是同一实质,单一的自然,在这自然中,感知的头脑和感知的对象,精神和物质,甚至上帝和自然,只是名字不同,至多是属性不同。相反,他所设想的动态哲学,从一开始就预设了一个根本区别。所以在《生命的理论》(《更全面的生命理论的形成提示》)中,他遵循的"最普遍的法则"是"自然的两极并存或根本的二元对立"。

他开始写那篇《生命的理论》,因又一次充当助手的角色而摆脱了良心的束缚,轻松释然。写这篇文章是在做好事,是为了一位尊贵的朋友,詹姆斯·吉尔曼。在柯尔律治努力挣扎着要证明自己之时,吉尔曼把他带回了家。(我们之前提过,这篇文章是为了给吉尔曼计划开展的医学讨论提供背景。)因此柯尔律治不必用自己的声音说话,也不必在每一段中都遭遇来自宗教和认识论的双重审查。由于他现在帮助的人是一名医生和科学家,相对远离神学纷争,他感觉更加自由。柯尔律治实际写就的并不多,却构成了他自然哲学观的最精炼表述。(一些主要思想借鉴了德国资料,但这与目的无关,至少现在如此。*)我们并非在谈论特定思想乃至特定思想系列的原创性。事实上,如果《生命的理论》不过是一本精选的引文集(当然它不是),我们就能合理地推断出他希望与基督教思想结合的一些动态自然哲学思想。无论如何,它能告诉我们他内在的一些激烈辩论。

柯尔律治现在试图奋笔疾书,并且觉得自己有充分理由这么做。在这五十多页的《生命的理论》中,只有五分之一的篇幅用以初步厘清(非常有效)生命的定义,柯尔律治

---

* 同样无甚关联的是这一事实:柯尔律治匆忙为吉尔曼拼凑了这篇论文,可怜地希望向这位新恩主证明他并非一无是处,在此过程中他也从亨利克·斯蒂芬斯著作中直接摘抄或意译了相当于六页的材料,用同样方式从谢林那里获得了三页半的材料。(参见第 134 页)

很快揭示出它们多是同义反复。然后他提出了自己的定义,这定义受到了亨利克·斯蒂芬斯①的启发,在精神上近似于我们时代的阿尔弗雷德·诺斯·怀特海②所体现的机体论。生命是"**个体化的要义**,或是将一个既定实在**全部**融进一个**整体**的力量,这个整体由其所有构成部分预先设定"。这就意味着"特定事物越是自成一体,构成整体的事物越来越多,相互之间的依存度越高,统一程度也就越深"。(柯尔律治将这个前提不仅应用于"生命"——从最低形式到最高形式的生命,而且应用于思想的每个方面,尤其是艺术本身。)换句话说,"当部分对整体的最大依赖与整体对部分的最大依赖相结合时,个体性也达到了最深程度"。从这个定义出发,他确定了"自然的本质二元论"为这样一

---

① 亨利克·斯蒂芬斯(Henrik Steffens, 1773-1845),德国哲学家和物理学家,将科学思想与德国唯心主义形而上学相结合。他在十九世纪早期与谢林、歌德和弗里德里希·施莱尔马赫建立了友好关系。作为哲学家,他喜欢用科学事实作为基础,来构建类比和形而上学结论。他还写作了两卷本的《人类学》(1824),一些小说和诗歌。

② 阿尔弗雷德·诺斯·怀特海(Alfred North Whitehead, 1861-1947),英国数学家和哲学家,以其在数理逻辑和科学哲学方面的工作而闻名。他与伯特兰·罗素合著的《数学原理》被认为是二十世纪最重要的数学逻辑作品之一。他创立了过程哲学,以相对论和量子力学等现代科学成果为基础,综合人文科学等因素,构建了一种庞大的形而上学体系,试图从本体论层面系统地回答认识论、方法论、价值论、宗教和社会文明等问题。

种假设，即"个体化倾向"和"联系化倾向"必须以有东西需要"联系"起来为前提。反过来，前者（"本质二元论"）以后者（联系和"个体化"倾向）为前提，就像离心力以向心力为前提，或者"磁铁中相反的两极彼此互构，共同形成磁性"。在结束这一部分的讨论时他说："生命由两种相对力量的**本体构成，存在于**它们的冲突之中；它们一旦和解，生命立刻死亡，并化为新的形式。"

然后，他颇有洞见地预见到现代科学的一个中心前提，将"物"定义为"对立能量的合成"。他观察了空间中的点和线，时间中的节奏和模式，随后探讨了电和磁、金属、晶体，最后是有机生命。这些讨论简短而有半象征意义。在个体化"上升"的每个阶段，部分和整体的相互依赖性都在增长。柯尔律治特意停下来谈论昆虫。反正他为昆虫着迷，因为它们和动物世界的"机制"很相似，再说他还从亨利克·斯蒂芬斯那里借鉴了一些好的想法，打算在此插入并展开讨论。与高等动物相比，昆虫的生命在整体组织中是趋于**外向的**（*ad extra*），它们朝着身体的"表面"运动，几乎变成独立的"各种工具"（例如，它们的眼睛与其说是光的**导体**，不如说是"感觉器官"本身）。相应地，"一只昆虫分为两半后，这两半会继续发挥或尝试发挥各自的独立功能,失去躯干的头部以其惯常的贪婪进食,而失去头部的躯干遇到性刺激则会表现适度的兴奋"。对于鱼类,生命体的组织力量开始趋于向内发展(*ad intra*):

> 结果是外部形体变得愈发简单,以器具的相对统一性代替了凝聚而灵活的力量,因为各种各样的工具,几乎和它们施加的对象一样多,这些工具源自昆虫生命的浅表性,也构成其生命特征。

至此为止,《生命的理论》的写作进展相当顺利,至少相对其写作或口授的特殊境况而言。顺带一提,我们应该注意到,柯尔律治在某种程度上预见了现代遗传学的观念,即进化是通过突变进行的。[*] 他这样做,不仅提前解

---

    * 详见 Craig Miller, "Coleridge's Concept of Nature", *Journal of the History of Ideas*, XXV(1964), 77-96. 曾有人认为,柯尔律治反对前达尔文时代的原始推测,即人类是猿类的"后裔"(他称之为"猩猩假说"),因此他也反对进化论的基本观点,只在《生命的理论》中提到,不同形态的自然以静态的形式呈现从物质到精神的升级。米勒的论文有力驳斥了这一观点。我们可以补充说,在他未发表的论文中有一篇题为《焦尔达诺·布鲁诺注释》,经常被模糊地引用,作为他不相信"进化"的证据。但是柯尔律治在此文中提到,创造的每一个"步骤"必须"先有成长的**过程**,结果就导致,与每一个连续的发展时刻相对应[功能的凝集,形态的完成],是一种退化和蛰伏状态"。

决了十九世纪后期达尔文之后的进化论者所面临的一些问题,而且可能为他谈及人类的存在时解决一些不确定性奠定了基础。一个半世纪以后的博物学家可以利用的知识储备,柯尔律治都不具备,但他所企及的深度令人惊奇。

但是,当柯尔律治面临着从内部追溯个性化进程时,他变得不安。主题逐渐接近人类了。以这种动态进化的精神直接探讨人类,并非他的打算,至少当时不是。这篇文章分崩离析了。关于鸟类的有单独一页,哺乳动物的不足一页,人类的只寥寥几句。柯尔律治即便是代人发言,也找不到合适的声音了。当然他不能就此结束这篇文章:如果吉尔曼想以此作为背景讨论医学,前提是要有一些关于人类的论述。似乎为了回归专业意义上的**科学**,同时把整个主题提升到更抽象的层面以减轻诟病,柯尔律治借用了谢林的《思辨物理学杂志》,吸收了其中三页半的关于磁性的实验室实验,然后写了几句泛泛之谈,就放弃了整篇论文。(当然,吉尔曼也从没用过柯尔律治的文章。)

九

这篇文章相对自由，因为它可能是代人发言。它精彩但仓促，受到了至少一种潜意识抑制力的侵扰。显然他还没有准备好谈论后达尔文世界所谓的"进化论"应用于**人类**时的情形，甚至没有准备好书面材料供他人谈论这一话题。他暂时遇到了障碍。首先需要的是一定的时间，还有一定的谨慎、判断力、想象力、开明心态；还有许多其他因素需要考虑。* 同样明显的是，他至少试图不去依据简单的泛神论"一元论"去思考（也不借人发声）。一个基本的"二元论"构成了他的概念的本质，难道不是吗？事实上，如果一开始没有这样的对立，这样一个"公认的差异"作为前提，人们怎能想象出一个真正动态的统

---

* 四年后他也没有做好准备（1820年），那时他接待了一位年轻的造访者，法国人费拉雷特·查萨尔斯。二人进行了"许多交谈"，查萨尔斯请求他"揭示他伟大思想系统的主要观点"。"生命的物质系统……在他看来和精神奥秘一致。"他相信"自发的进展"——"植物在发展中**变成**了动物，低等动物**上升**为高等动物"。如果他在这些"多次"交谈中，哪怕只是简要说过人类和高级动物的关系，我们确定查萨尔斯肯定会提及，因为柯尔律治任何相关的推测在当时都会令他吃惊，毕竟他曾告诉查萨尔斯，自己的信念是"所有的哲学信条都是通过基督教来解释的"。

一,或者确切点说,**走向统一的过程**呢？当然,重新考虑之后(柯尔律治倾向于思考再三),我们不能严格地说"一开始"。"二元论"这一假设的前提又是什么？神学家可以反驳说,这样一个宇宙仍然是"一元论的"——一个统一体分裂开来只是为了以后重新统一。那么,神学家对恶的起源的解释有何不同？(我们记得,柯尔律治早在二十多岁的时候就迷上了这个话题,还差点为之写了一首长诗。)这个问题显然很大程度上与人类思维的局限和习惯有关,即我们所用术语的模糊性。但无论如何,就目前而言,在另一个关于上帝和自然的神学问题上——上帝**超越**了自然,同时又存在于宇宙万物：柯尔律治不是一次又一次地提供证明吗？在他公开宣称的目标中,在他重新奉献自我时,在他与康德就"哲学的最高问题"——"理性"和"知性"之间的区别单独角力时,所有这些的本质不都关涉一个超验的上帝？

他显然别无选择(这个残酷的事实年复一年摆在他面前),只能再次回到令他不愉快的**知识**问题上,一个半世纪的哲学思考把它推到了中心位置,这实属不幸。沮丧一直在消磨着他。他走投无路,只能先清除"交互智能"(communicative intelligence),以及所有不必要的绊脚石、对传统术语的俗套反应、伪问题和无谓的分歧。如果有人希望寻找基础，使基督教和动态的自然哲学之间重修友谊，重新结合，除了彻底从头开始，还能有何选择？

假设有一种选择是，他干脆跳过有关知识的所有初步问题（十八世纪和当时的十九世纪都认为它很重要），单刀直入，首先从传统的基督教神学开始，逐步将它调整，以便在其上植入有机和动态的哲学——他曾在笔记本里写下一段话，不无尖刻地称之为"从斯宾诺莎到康德，康德到费希特，费希特到谢林的柏拉图-普罗提诺-普罗克洛斯式唯心主义英雄史诗"。但这是不可能的，他在写作过程中必然会对传统神学做无情的修补。第二种选择更是难以想象——首先从动态哲学开始，然后把基督教神学作为金字塔的顶端。

不，他必须先从更深的基础来讨论事物，然后向上建构，以温柔呵护的方式向基督教神学表明，它其实不必害怕——它的信条、前提和目标都已预先做好交代，在一个更丰富的语境中得到了真正的解释和证明，这个语境同时也包含了动态自然哲学所能揭示的一切。他当然别无他法，只能开始全面讨论"交互智能"——逻辑学、认识论和（越来越多的）心理学。早在一八〇三年六月四日，他就概述了自己的计划（"我称之为真正的工具"），这本身只是一项预备工作，关于在"现实生活"中使用一般智力或"实践推理"。他打算在前面加上三篇概论，探讨亚里士多德的逻辑学，中世纪的经院哲学，和"普通逻辑史纲要"，该纲要由十二章组成*，而这一切都在他陈述自己的"工具"（Organum）之前！他说这部作品完成近半，已经可以付梓。当然他现在的做法，将来还会频频采用——他告诉别人一部作品即将完成，希望借此来迫使自己迅速开始写作，哪怕只是出于自尊。当这本介绍性的书"完全脱手"时，他就能"认真地开始工作"。

---

* 第一章，哲学的一般起源及逻辑学的起源。第二章，论埃里亚和麦加拉派（Eleatic & Megaric）逻辑学。第三章，论柏拉图的逻辑学。第四章论亚里士多德，包含详细论述"器官"（"ορϒανον"）这一概念。"在凯姆斯勋爵的《人类历史概述》中，里德博士关于"ορϒανον"的说法是错误的，不仅有误而且有毁谤性。——我的作品的第二部分没有涵盖这种陈述……"第五章，对真理、价值、亚里士多德的逻辑学系统以及所有后来增补的哲学的考察。第六章，论亚里士多德和柏拉图作为哲学家总体上的典型优点和缺点，试析亚里士多德多年来的巨大影响，以及柏拉图的作品对于纯文学（Belles Lettres）复兴和宗教改革的影响。第七章，拉蒙·陆里（Raymund Lully）。第八章，彼得吕斯·拉米斯（Peter Ramus）。第九章，培根勋爵，或培根式逻辑学。第十章，分析培根逻辑，并与柏拉图的逻辑学比较（在这里我试图解释，尽管培根认为他的逻辑学是柏拉图的对立面或矫正，实际上它们一样，而且柏拉图被严重误解了）[第十一章，]笛卡尔。[第十二章，]孔狄亚克及其逻辑学的哲学解释……

因此，整整十一年之后，他在《论和蔼批评美术的原则》中宣布，他"即将付梓一部巨著，关于逻各斯或自然界和人类的交互智能，还有对《约翰福音》的评论，前者作为后者的预备工作"。随后他作了详细的描述（1814 年 9 月）。现在这部作品被直接叫作《基督教：一种真正的哲学》。该书将有五篇关于"逻各斯，或自然的、人类的、神性的交互智能"的论文。在后来关于同一著作的另一篇提纲中，他决定包括**六篇**而非五篇论文，开篇是《论从毕达哥拉斯到当今的哲学史》，着重讨论"公正推理的障碍"。在这些论文中，他将花更多笔墨讨论现实生活中的思想习惯（"律师，神职人员，上议院，以及理性对话"）。在他论述"先验"哲学时，他还要写"**前提**科学"。会有关于"神秘主义者和泛神论者"的单独章节，并附有"他们的生平"。除非是在有机的整体语境中，公平地考量这些人的生平境遇和生活实际，否则怎能评价他们呢？会有一节关于斯宾诺莎，当然还有斯宾诺莎的"生平"——充分解释，斟酌体谅，妥善处理。还会包括许多其他内容，而所有这些只是为了补充或引出他的真正关切：《约翰福音》评论。他终将在那里履行家人为他指定的职业，而他的实现方式远远超出了家人原初的希望。

199

十

与此同时,柯尔律治作为思想家、作家和个人,一直在经历一些事情。其中最主要的是自他旅德归来、北上凯西克后我们一直留意到的:二十年来的挫折失意、重燃希望、深入阅读和重新思考的历史;思想冲突以及随之而来的自我怀疑、内省分析、无限拖延的恶性循环。如果我们把这一切视作理所当然,也必须认识到,在这二十年里,柯尔律治一生的主要努力和雄心壮志都受挫了,而受挫的原因正是他认为实现这些目标所必需的美德(同情的开明,渴望包容而非排斥)——这些美德,他不敢放弃,也不能放弃。

他陷入自己尚未明白的某种困境。如果他能不去关注太多事情,当然可以走出困境。如果他非得拼凑出某种集大成之作,只要他能像《天路历程》中的基督徒一样,把手指塞进耳朵开始奔跑,他就能做到。总有一天非要这样做的,但时机还没到来。有太多的事情在吵闹喧哗,想要争取他的认可和关注。当然,他可以永远这样拖延下去。他不就是这么做的吗?

200

柯尔律治越是感到内疚和不能胜任,就越是夸大了横亘在门口令他犹豫不前的恶龙——他所处的那个时代对认识论、知识论、所知为何与如何认知这类问题的痴迷。他越是害怕,它就越逼近;它越是逼近,他就越想征服它,而征服它似乎是在哲学界赢得尊重——至少是赢得接受——的必经之路,偏偏他是如此渴望接受和尊重。从现在到最后,无论他能摆脱其他什么兴趣或焦虑的习惯,他都对认识论继续表现出最正式的尊重,并且不遗余力向自己和他人证明,他意识到了其重要性。他变得越来越足智多谋,在准备开始讨论任何哲学话题时,能组织适当的认识论工具和武器来帮助自己。然而他是最友好的争论者,通常只会挥舞它们,就好像在庆典游行上一样。因此人们普遍的(也是非常错误的)印象是,柯尔律治毫无希望地痴迷于思想的预备功能。在讨论别人的时候,我们总是急于解释,忽略了自己的经验,忘记了习惯容易被一些原初的渴望诱导,也能轻易被恐惧和抑制诱导。

柯尔律治停下来反思自己的犹豫不决,总是急于发现情感和思维的共同点。多年以来,他会暂时从抽象的认识论逃离,转向心理学这块肥沃、未知的领域。在这里,他不会因自我要求必须完成什么而感受直接的负担。他本就才华横溢,存有戒心,敏锐机警,兴趣广泛,在此过程中成为那个时代最有天赋的心理学家,当时他不过三十多岁。柯尔律治因其在出版的作品、信件、谈话和笔记中提供了大量的见解和观察而备受珍视。直至今天,这座心理观察的宝库本身也是无与伦比的。过去一个世纪积累起来的分析,尽管令人印象深刻,但在临床观察到的病人所提供的素材中,却屡遭智力极限的天花板。柯尔律治的素材里没有这种天花板。没有哪位像柯尔律治这样天才的艺术家或科学家,会更清楚地意识到他所做的事情所涉及的心灵功能,不管他在这些意识面前时常显得多么无助。然而他所理解的心理学——就这一点而言,正如我们自己所理解的那样,尽管我们对心理学有极大兴趣——对他更大的目标而言是有价值的,但只是作为一种补充,一种关乎人性和人类经验事实的实证提醒,否则我们可能会忽略这些事实。不管他的理解多么非凡,顾名思义它还是简化式的——至少对人类、人性的冲动和人性的反应而言是简化式的。它最热心的倡导者也难将其奉为人类解释客观宇宙的关键钥匙,甚至可能倾向认为,尝试解释客观宇宙以及人与宇宙的关系注

201

定遭遇失败。避免问题也是解决问题的方法之一。不管柯尔律治有什么别的兴趣，他被迫回到逻辑和认识论这两门古老的学科，而认识论是建立在逻辑之上并包括逻辑。他又陷入困境，要想摆脱，必须付出诚实、艰苦的努力。

十一

如果柯尔律治没有声明过自己的意图或希望，我们会以别样的眼光看待他，不仅对于他目前所处的阶段，而且针对他成年生活的大多数时期都如此。约翰逊在一篇精彩的道德论文（《闲谈者》第 2 期）中提到，我们大多数人与堂吉诃德何其相似，如果只是承认这一点——在想象中跃进，在"理念"中生活，梦想自己能给丰功伟绩添砖加瓦，并雄心勃勃规划工程。"情理告诉我们，他并不比我们自己更荒谬，只不过他**说出**了我们仅仅想到的东西。"柯尔律治在这方面非常脆弱，也许比其他主要作家都更脆弱。人类诚心的赞美能力非常有限，我们在评价个人成就时，习惯宽以待己严以待人，而非己所不欲勿施于人。柯尔律治担心自己的后半生一事无成，人们也忍不住对他指手画脚七嘴八舌,把他的后半生看作一败涂地。

202

但是我们应该记住,这部"巨著"的构想非常宏伟,如果柯尔律治没有成功,别人也没有成功。我们当然可以把它当作幼稚甚至不能实现的计划撇开,带着严厉的怀疑论,通过表现自己多么难以取悦或说服,来强化自己的重要性(或掩盖自己的微不足道)。然而只有那些至少尝试过的人,或者被类似的理想所激励的人,才有特权声称某事不可能。人类的经验也表明,有些人的目标通常被认为不可能实现,另一些人则渴望限制思想的可能性,而前者应得的钦佩不亚于后者。如果说柯尔律治似乎在门口徘徊,犹豫后退(几乎走一步退半步),退进认识论、逻辑和定义过程的前厅,那么自他所处的时代算起,历史上的哲学家们也做了同样的事情。在这方面,就像在许多其他方面,他会成为预测知识界风向的晴雨表。但是柯尔律治自然用更私人的方式来解释他多年来的困难,将其归咎于疾病,缺乏时间和平静的心绪,由于服用鸦片或其他习惯而无法集中精力,或者其他原因,这都是情有可原的。他辩护说困难是必然的,还须增添更多的真凭实据、更多的真知灼见,它们或许

（谁知道呢？）会是大厦的基石。

无论如何，他自一七九九年从德国回国后的二十年里所取得的成就仍然非同寻常。他留下了伟大的《沮丧：一首颂歌》；期刊《朋友》，《文学生涯》《政治家手册》《方法论》；关于莎士比亚和其他文学主题的讲座；后期的少量诗歌；还有大量的随笔。这其中的任何一小部分都足以让另一个人扬名立世。如果说我们在总结他的"巨著"计划时，耽于他在一八〇〇至一八二〇年这段时间的犹豫不决，那是因为在这二十年里，这些犹疑在柯尔律治的思想中变得如此重要。但传记作者不必盲目地追随其传主的疑虑和绝望，就像不必追随他们洋洋自得的估计（就柯尔律治而言，后者非常少，除了未完成或从未开始的作品以外）。我们有权期待传记作者能解释一个人的"内心生活"，包括对其所为所思的一些认识。

柯尔律治在生命的最后几年，完成了更多的作品，不仅有《思考之辅助》（1825），逝后出版的《求知者忏悔录》（1840），还有数百页尚未出版的神学思考（诚然支离破碎参差不齐），还有散布在数百本书中的旁注，以及丰富的对话或席间文谈集——自约翰逊以来的英国作家中无出其右。最后，他还有巨大的间接影响。约翰·斯图尔特·穆勒的分析令人难忘,他说柯尔律治和杰里米·边沁①一样,是"英国当代两位伟大的开创性人物",十九世纪的英国受惠于他们,"不仅因为他们大部分的重要观点已经在思想界流传,而且因为他们引发了思考和研究的整体方法的革命"。

----

① 杰里米·边沁(Jeremy Bentham, 1748-1832),英国哲学家、法学家和社会改革家,现代功利主义(亦称效益主义)的创始人。功利主义的基本原则,是以能否增进最大多数人的最大幸福为衡量对错的标准。他在《道德与立法原理》(1789)一书中首次详细阐述了功利主义,其思想影响了福利主义的发展。边沁的著作涉及伦理学、本体论、逻辑学、政治经济学、司法行政、监狱改革、国际法、教育、宗教信仰和制度、民主理论、政府和行政。他在这些领域做出的重大贡献为他赢得了现代哲学伟大思想家的名声。

第九章　柯尔律治在海格特(1821–1834)：
后期宗教思想;晚年

一

这时柯尔律治的生活进入了一种模式,卡莱尔对此   204
在《斯特林传》中有粗略而生动的描写,百年来一直入选
各类文选("那些年,柯尔律治端坐在海格特山的高处,俯
瞰伦敦及其烟雾喧嚣,就像一位逃离了生命的空虚之战
的圣人")。就在卡莱尔回忆的这段时间(1824 年至 1825
年)之前,柯尔律治就已经开始成为传奇,至少对当时的
年轻作家而言。海兹利特在他的《英国诗人讲稿》(1818)
一书中,怀旧地追述柯尔律治是"我所认识的惟一一位称

得上天才的人"，他的赞颂都用了过去时态：

> 他滔滔不绝；你也希望他永不止息……他的声音像风琴一般在耳边奏鸣，只有他的声音是思想的音乐。他的头脑披上了翅膀……在他的描述中，你看到了人类幸福和自由在光明和永无止境的更迭中进步，就像雅各的天梯，轻盈的阶梯上下起伏，在梯子的顶端有上帝的声音……那段日子已经一去不复返了，那个声音再也听不见了，但回忆仍随着多年的思绪涌过，在我耳边发出永不消逝的声响。

205　一八一九年春天，时年二十三岁的济慈与柯尔律治不期而遇，感觉自己是遇到了活生生的传奇。他在写给已赴美国的弟弟乔治·济慈的信中讲述了这件事。星期天（4月11日），济慈散步时穿过汉普斯特希思走向海格特，拐进一条小巷，突然看到柯尔律治和约瑟夫·格林医生迎面走来。济慈在盖伊医院和圣托马斯医院求学时记得格林这位外科医生：

我看了一眼，确认加入他们不会太唐突，就跟他们一起走了。我想我跟他一起走了将近两英里，他的步态就像酒足饭饱后的高级市政官。在那两英里的路上，他提出了上千个话题——我看能不能给你列张单子——夜莺，诗歌——论诗意感觉——形而上学——梦境的不同属类和种类——梦魇——伴随着触觉的梦境——单触和双触——一个相关的梦——第一和第二意识——怪物——北海巨妖——美人鱼——骚塞相信美人鱼的存在——骚塞的信念削弱了很多——一个鬼故事——早上好——他向我走来时我听到了他的声音——他走开的时候我也听到了——在交谈的间隙我也一直听到他的声音——如果说有过间隙。他很客气，邀请我去海格特拜访他。

柯尔律治的思维愈发抽象的一个典型特征是，他自己也记得这次会面，似乎只持续了"一分钟左右"——他们漫步两英里，大概延长到了将近一个小时。提及夜莺，我们要注意，在接下来的三四周内，济慈写了一首《夜莺颂》。从柯尔律治的一封信看来，这个季节时常有夜莺出没。他一直在服用甘汞，因为腹泻仍然困扰着他（他仍在偷偷服用一些鸦片酊）。五月十二日，他写信给剑桥的一位朋友——可能是在济慈写完《夜莺颂》一周之内："至于我们这儿的夜莺，数量之多，歌声不止，就像你们那里的青蛙一样。啊！（几天前的一个晚上，当泻药的作用使我痉挛不安时，我呻吟着说）啊！夜莺（Philomel）！你的曲调和甘汞（Calomel）多不协调！"

济慈提及的约瑟夫·亨利·格林在柯尔律治的晚年生活中占有重要地位。他是一位财力雄厚的外科医生，二十二岁时被任命为圣托马斯医院的解剖学示教（1813年）。他曾求学德国，在一八一七年结识了柯尔律治。格林时年二十六岁，此后他全力倾注于将医学、生物学与认识论、伦理学和心理学结合起来。他将成为柯尔律治忠实的文书助理，每周至少记录一次口述。后来他继承了一大笔财产，作为柯尔律治的遗稿管理人，退休后致力于系统地介绍柯尔律治的宗教思想。他全心投入的有力证据是，他为了准备这项工作开始了艰苦的学习过程。* 另

---

   * 他广泛阅读各种科学、哲学和神学，复习希腊语知识，在六十岁时学习希伯来语，甚至开始学习梵语。他于 1863 年去世，留下了未完成的《精神哲学：建立在已故的 S. T. 柯尔律治的教诲之上》。这本书在他逝后出版（两卷，1865）。

一位较年轻的朋友是托马斯·奥尔索普,一个商人,在一八一八年听过柯尔律治的演讲(奥尔索普当时二十三岁),给柯尔律治写信,逐渐认识了他,最终整理了一本文献(《S. T. 柯尔律治的书信集、谈话录和回忆录》,1836),这是我们了解柯尔律治晚年生活的主要原始资料之一。研究一七八〇至一八三〇年间英国文学的史学家会经常惊讶地发现,职员阶层和商业界处于中间层次的年轻人对文学和艺术很感兴趣——同样的事情也发生在同时期的美国。这些人包括乔治·济慈,以及约翰·济慈朋友圈中的查尔斯·迪尔克和查尔斯·布朗;或像格林自己,奥尔索普,下斯托伊的汤姆·普尔,或克拉布·罗宾逊。

柯尔律治的新朋友中有查尔斯·马修斯,他是一位出色的演员,也是杰出的喜剧演员和模仿家。马修斯的妻子在丈夫的回忆录中,讲述了柯尔律治来肯特郡造访他们家的情景。在一个风雨交加的冬夜,她生病了。柯尔律治从海格特山走下来,为她朗读一本新书并加以评谈,如此引人入胜,以至她完全忘记了自己的病痛。她认为这种随时准备施以"同情"或"怜悯"的特征,温柔到了"女性化"的程度。值得注意的是,她并没有使用"体恤"这个词,它在当时过于常见,几乎成了伪善的空话。在他

207

惯常的谈话中,他此时总处在一个更抽象的层次上,熟人们并不习惯这种说话方式。然而他是最没有威慑力的伟人,而且很容易被转移话题,部分是由于他的温慈。

马修斯夫妇都特别感兴趣的是柯尔律治头脑之抽象和性格之"单纯"的结合。在他们家的客厅里,有一面镜子铺满了整面墙。柯尔律治起身离开时,总是不可避免地走向镜子。他不像在德国那样,不安地瞥一眼自己的镜像,想知道自己给人留下了什么印象。现在他完全看不见自己,至少在任何实体意义上。他只是朝着一个看起来最空旷、最开阔的地方走去。

二

金钱对于柯尔律治仍然是个问题,但友人的资助使次子德温特得以进入剑桥的圣约翰学院(1820 年)。柯尔律治能感到的任何宽慰都被另一件不幸抵消了,那就是在同一年,长子哈特莱因酗酒被牛津的奥瑞尔学院开除。哈特莱在才华和弱点方面堪称他父亲的温和版本,在牛津大学很快就堕入了一种温和友好的波希米亚主义。在被录取后,他拒绝穿长袍出席宴会,这倒可以原谅。更糟糕的是,他饮酒无度——人们发现他烂醉在奥瑞尔巷的阴沟里。雪上加霜的是,他爱上了一个侍女。他的学生资格被取消了。柯尔律治不顾一切试图扭转这个决定,但徒劳无功。他不禁觉得父亲的罪孽现在报应到了孩子身上,自己也在某种程度上深感愧疚,最后终于在湖区安布尔塞德的一所学校给哈特莱谋了份教职。如果传记的篇幅允许,我们可以从心理学的角度来推测为什么柯尔律治和哈特莱此后再没见过面。他俩都天性热情,善解人意,彼此之间深有好感。或许是因为两人的生活都如此复杂,以至他们各自都本能地发现,通过避免频繁地与对方接触挥洒同情,他们反倒更容易掌控自己岌岌可危的生活,以免加剧其复杂性?

208

无论如何,令人放心的是,德温特的灵魂比哈特莱更自由,也较少受到自身或生活的困扰,现在已在剑桥确立了声名。最重要的是,他乐于得知女儿萨拉已经出落得卓尔不群,就像哈特莱和德温特一直声称的那样。柯尔律治夫人多年来坚信分居是件好事,性格已变得温和平静。她于一八二二年的圣诞节,带着时年二十岁的萨拉去海格特探望柯尔律治。在她们逗留的两个月里,萨拉的美貌和聪明才智令众人为之倾倒。

与此同时,柯尔律治与吉尔曼一家的平静生活仍在继续。现在几乎每年十月他们都会去拉姆斯盖特的海边。如果吉尔曼必须早点回去工作,柯尔律治就会继续留在吉尔曼太太身边,她像母鸡一样关照着他。他成了这个家庭里宝贵的一员,成了吉尔曼家两个儿子詹姆斯和亨利慈爱的朋友。一八二三年十二月,吉尔曼一家从他们原来的房子("莫顿之家")搬到了格罗夫3号。我们提到柯尔律治的海格特之年,通常想到的是这处居所。在这里,他如愿以偿,有了一个阁楼房间,西望卡昂林苑。他把这间房兼作书房和卧室。在楼下,有一间客厅专门供他自己使用。他在那里口授给文书助手——通常是格林,偶尔是吉尔曼——还接待友人。

在这段时间里,柯尔律治私下服用的鸦片酊比吉尔曼一家知道的要多。在海格特的托马斯·邓恩药店,一个叫西摩·波特的学徒记了一笔账。柯尔律治每隔五六天就会过来装满一瓶鸦片酊,这样就相当于他每天喝一杯多一点。* 这并不算多,尤其是和他来海格特之前几年

---

* 参见 E. L. 格里格斯, *Huntington Library Quarterly*, XVII(1953–54),357–378。

的摄入量相比。但他服用的剂量超出了吉尔曼一家的猜测，一种不安的负罪感继续困扰着他，与其说是因为他服用了鸦片酊本身（这能加以辩解或至少理性解释），不如说是因为他需要使用诡计，而这与他的本性格格不入。

三

早在一八二〇年，柯尔律治就给托马斯·奥尔索普写了一封长信，讨论四部几乎"准备付印"的作品，每部都以某种形式完成了多半，他只须将其组织起来。（1）一本关于"莎士比亚戏剧艺术的特点"的书（三卷，每卷五百页）。（2）一本"对但丁、斯宾塞、弥尔顿、塞万提斯和卡尔德隆的天才和作品的哲学分析"，附加对该主题的一般论述。（3）两卷本的《哲学史》，以他去年的演讲为基础。（4）"旧约和新约书简"。这四部作品完成以后，他会着手写作搁置已久的"巨著"，"我生命中二十多年都在致力为此做准备"。他所需要的只是一笔二百五十镑的年金，持续三四年。那是不太可能获得的。

为了刺激自己进入工作状态，同时也为了挣钱谋生，他在一八二二年年初决定办"班"，每周开班一次，并在

《信使》上登了一则这样的广告。他对少量报名学生口授的内容,包括康德的逻辑学著作(对柯尔律治而言,这显然是预备性质的),后来的一份副本显示其未完成。* 同时,他还计划写一本书作为副业——该书后来成为著名的《思考之辅助》。在这本书中,他打算编辑十七世纪苏格兰神学家罗伯特·莱顿大主教(1611-1684)的文选,并附以介绍和注释。他多年来一直钦佩大主教的思想和生活的纯洁性。整个一八二四年,他计划的工作开始变成我们现在见到的书。同年他当选新成立的皇家文学学会会员①,获得每年一百几尼的津贴。作为义务,他需要每年举办一次讲座,这令他倍感压力。如果让他自发演讲,他能口若悬河滔滔不绝。但**正式的**要求和明确的截止日期带来的负担,引发了终生的疲惫感和内在抗拒,使他无法履行职责。他忍受了多久啊!我们几乎可以追溯到最开始——他在奥特里和基督公学的时光。一个更宏大的自我要求,远超他的践行能力,对他造成的压迫难道还不够

---

* 大英博物馆保存了两卷本的手稿(Egerton 2825, 2826), A. D. 斯奈德对此有过描述,还选印了部分附在《柯尔律治论逻辑和学术》(1929)一书中,尤其是第50-105页。

① 英国皇家文学学会(Royal Society of Literature)成立于1820年。

残酷吗? 但他确实宣读了一篇文章,论"埃斯库罗斯的《普罗米修斯》"(1824年5月18日;"这是为埃及研究系列专题做准备,该专题与司铎神学有关,跟古希腊的奥秘形成对比")。

一八二四年,他也开始举办"周四晚间集会",几年内会吸引来自英国内外的许多天才人士。交谈于他就像一种释放,总是那么诱人,现在尤甚。二十多年来,他一直注意到谈话可能对大脑产生的长远欺骗,以及它不可否认的好处。就他自己而言,交谈激发了他的主要智性弱点——也许是其原因之一:他不能"一次只做一件事",然后以清晰明确的方式"持续地"做事。他属于那类"健谈之人",就像他在马耳他时代(1804年12月)的笔记本上写的那样,为了表达某一观点,使用的论证、图像和想法会比实际需要的多五百个,结果它们"吞噬"了他的中心论点。"从心理学上讲,我的大脑纤维,或存在脑髓中的精神之光,像可见光在各种腐烂的鲭鱼和其他粉碎性物质中表现的那样,与所有事物有着过于广泛的亲和力",导致他总是留意、分享、证明和提炼"事物的**不同**",尽管归根结底,他是在"追求相似之处,或毋宁说是共通之处"。交谈对他产生的影响与对塞缪尔·约翰逊产生的有益影响相反。柯尔律治认为，交谈使约翰逊总在其严肃写作中有所保留，变得更"连续"，能去发表一些简短尖锐、令人难忘的言谈：简而言之，他像一面"鼓"，与"风奏琴"形成对比——柯尔律治作为健谈者经常认为自己变成了风奏琴。是的，一辈子的谈话都没能弥补他的缺憾——他无法旗帜鲜明地逐点推进，变得富有"延续性"和建设性。这明显影响了他的散文风格。以他对插入语的热爱为例，他可以将其视作大脑思考的实际有机过程的一部分——作为"理性的**戏剧**"。但在别的时候，他认为自己好似"苏里南负子蟾"，幼蟾从母蟾的背上蹦出。"我羡慕亲爱的骚塞，他能用简短而贴切的句子一次说一句话，而我的思绪却像苏里南的负子蟾一样忙碌，幼蟾从母蟾的背后、侧面和腹部纷纷冒出，边爬边生长。"（这句话本身就是一个较长句子的插入成分。）

四

一八二五年五月，《思考之辅助》出版了，对有志从事圣职的青年可能产生深远影响。这部作品的完成，也刺激了他在这段时间偶尔进行少量的诗歌创作——虽然他并未考虑出版。* 但他内心并不轻松。主要的工作尚未完成，或至少某种形式的主要工作还有待完成，即便他开始删减计划中的"巨著"，转而专攻神学。与此同时，他的身体更加虚弱了。有段时间，他告诉侄子（1825 年）："每天212早晨我都在疼痛中醒来，或轻或重，并且持续一两个小时处在不适状态，这成了我的宿命。"可能是在这年和来年（1825 年至 1826 年），他整合了一部简短但重要的圣经评著，这就是他在一八二〇年写给托马斯·奥尔索普的信中承诺的作品，我们早些时候有所提及。这部作品是在他的遗稿中发现的，在他逝后六年出版，题为《求知者忏悔录》。

　　一八二五至一八二七年间，他还继续写作了——也许是认真地开始——三卷本的手稿（连同第四卷作为"补充"），标题定为"大作"（*Opus Maximum*），这是惯例，也许

---

　　* 1825 年至 1826 年间写作的诗歌，除了明确标注日期的《工作而没有希望》（1825 年 2 月 21 日）外，可能包括《多米尼奇的神圣披肩》，歌曲《尽管遮蔽在尖顶中》，《一个人物》，《最剧烈之痛》，《责任比自爱长久》和《有感于贝伦加尔的遗言》。至于经常收入文选的《理想目标之坚守》，E. H. 柯尔律治尝试将其创作日期定于 1825 年至 1826 年间，但是格里格斯教授指出，从柯尔律治写给 J. H. 格林（1825 年 6 月 11 日）的一封信看来，它可能作于更早时日，早至马耳他时期。这封信收录在格里格斯教授即将出版的晚年书信集中。

是不幸。我说"不幸",是因为一般学生会把它与计划了二十年的"巨著"（*Magnum Opus*）混淆。"大作"有更专门的目的。我们已经谈过了命名问题。* 但是,虽然把这部作品命名为"大作"有点过于随意,就某个重要方面而言算是合理的。它表明柯尔律治在五十多岁时开始从事的重要写作（他显然把这断章当作那部巨著的一部分）主要关于神学。以柯尔律治本人对区分的热爱和对符号的兴趣,我们可以说,这一变化标志着他在一八二〇年以后的思想转变:"巨著"代表他希望通过宗教来整合艺术、科学和哲学,而"大作"的关切更为集中。

无论他余生还有多少年,他现在都朝着自认为最根本的东西去努力。诗歌、美文以及通常意义上的艺术都不再是中心兴趣。他绝没有忘记它们:怎么可能忘记?但是生命的暗夜即将来临。现在他终于要像《天路历程》中的基督徒那样,以手捂耳屏蔽诱惑。如果这意味着戒断部分兴趣,它也意味着专注于重要事情。在这最后的十四年里,他还进一步集中精力,在生命的最后几年,主要投身于圣经研究和评论。柯尔律治似乎发现自己陷入

213

---

* 见第 182 页脚注。

了"生命的衰退"阶段，决心去做他知道自己能做的事，相信这种更具体的奉献仍然是"对基督教会的一些补偿，因为你托付给我的那些才能尚未使用"。

<h1 style="text-align:center">五</h1>

柯尔律治投入的结果，是留下了大量尚未完整出版的后期宗教著作和口述，它们精彩卓绝，深挖细究，思想保守，大胆揣测，(愈发)谦卑——在未知的奥秘之前，尤其是基督教的奥秘之前的谦卑。*

我们现在必须简略地谈谈这部作品——必须简略，因为截至上一章，本书的篇幅已经超出了此系列书籍的预计长度。然而，在任何一本关于柯尔律治的传记中，只要名副其实，不论篇幅多短，作者都不可能忽略这部作品，因为它开始再度引起广大读者的兴趣(就像在他去世三十年后)。在柯尔律治的精神朝圣中，我们看到了他真

---

* 此处我们涵盖了不仅柯尔律治本人出版的作品或他逝后三十年内出版的残篇，还有(1)剩下的旁注；(2)"大作"本身，计划出现在即将发行的柯尔律治作品集中，和(3)五十五本《随笔录》中的最后三十到三十五本，正由凯思琳·科伯恩编辑。

正的"内心生活",或至少是其最重要的部分。如果我们想要理解和评估柯尔律治一生的事业,必须至少在一定程度上考量对他而言最重要的东西:他希望自己的生活,无论有多少过失,最终在形式、意图和意义上都是虔诚的。

我们应该记住,他的宗教追求曾经是双重属性,至此依然如是。柯尔律治自己的宝贵原则是,分辨不一定是要分隔。如果我们也遵循这一原则,就该承认这双重属性。一方面,一切都与他的个体和心理需求有关——他对宗教之爱与信任的向往,内心对祈祷和救赎之可能性的深切希望。另一方面,他的才智要追求真理和确定性。从某种意义上说,柯尔律治一生的不懈努力是为了实现这两方面的和解与相互成全,这样信仰将以智力的终极法则和人性的最深需求为共同基础。限于篇幅,接下来的讨论只能集中在柯尔律治宗教哲学的一些关键点上,不以时间为序,重在解释说明。

正如我们所见,阻碍"巨著"的中心难题,是如何协调自然的"动态哲学"和基督教关于上帝与造物之间的二元论。尽管他试图重新解释"动态哲学",它似乎根深蒂固,执意要成为泛神化的一元论,其中精神是惟一的实体或存在,自然事物是其实现上升的步骤或阶段。但是在这样一个宇宙中,不会有人格化和超验的上帝,因此也就没有救赎、祈祷和宗教之爱的可能。此外,Weltseele 或"世界灵魂"通过自然的上升,意味着人类只是自我实现过程中的最后一个阶段或顶点,因此人类在本质上与自然界的其他物种并无区别。倘若果真如此,我们怎能声称人类有自由意志、道德与宗教责任、灵魂和未来生活? 然而,作为一门自然科学,作为洞察文学和艺术的基础,"动态哲学"似乎站得住脚。尽管如此,当柯尔律治全神贯注投入到基督教时,他觉得自己正在走向中心,但他不能简单地放弃其他领域看似正确的知识。不,"动态哲学"也必须被引导至终极的哲学-宗教范畴。

他不断地回到根本问题上来,这就是上帝和造物之间的关系。我们应当记住,对于柯尔律治来说,任何哲学建构必不可少的要点是:(1)自然的缘起:一个简单的问题是,宇宙为什么存在? 上帝存在的根基是什么? 或者更接近人类学的表述是,上帝为什么创造了宇宙? (2)上帝和宇宙的区别,否则柯尔律治就会陷入他所竭力避免的泛神论。(3)某种程度上,上帝同时内在于宇宙。这种传统的基督教信仰对柯尔律治来说同样必要,否则人类会发现自己在宇宙

215

中孑然独立格格不入，宇宙仅仅是自然的，因而与他的内在生命毫无关系。(4)科学的自主性。他从一开始就觉得，任何神学都必须保留对自然进行自由、科学解释的可能性。宗教和科学之间不可能存在冲突。鉴于柯尔律治在最后一个两难困境中挣扎，"科学"特指"动态哲学"，我们可以快速回顾这种自然观的要点，它们要以某种方式与基督教信仰"紧密结合"。第一个要点是，所有存在都有一个实体或本质，我们可以称之为存在的"一体性"(one-substantiality)。［发明这个词是为了与柯尔律治自己的"同体性"(consubstantiality)形成对比，它令人费解且模棱两可。］第二个要点是，现实本质上是**过程**或**行为**。"客体"或"物体"只是能量或力的阶段；它们作为相反力的动态平衡的"瞬间"而存在。最后一个设想是，自然作为一个整体有着目的论动力学，因为自然无数的形态似乎显示，存在呈现一种上升的等级，万物朝着更大的组织化和个性化方向发展。

他在最后十年出版的著作中，没有提及这种将科学的"动态"哲学与基督教信仰调和的希望，而调和二者多年来一直是他"巨著"梦想的基础。他还关心着其他问题，但他未发表的作品以及对话录表明，这仍然是一个根本问题。这些年来，他一直觉得自己在三位一体的概念中找到了线

216

索——三位一体是对神性的正统解释,它本身体现了在区别和差异中坚持统一的理想。他多么理解一位论可嘉的希望和清教徒的本质主义! 他亲历了这一切,并未视之为理所当然,对此已经言尽,难道不是吗? 但若能智慧地解释三位一体的概念,他便能从中找到真正需要的深层答案。我们可以从他有时使用的术语中看出其意图。他提到(1)同己性(ipseity;圣父不可改变的实相);(2)他异性(alterity),或其他性,即理性(logos)、圣子、道——产物和造物,既属于圣父,在定义上又"不同"于圣父;以及(3)团契性(community)——造物和上帝可以在圣灵或爱中相会。他认为,在科学和自然的领域讨论"动态"哲学时,若不加补充又缺乏经验,则难以避免"泛神论"。只有通过三位一体,我们才有可能在避免"泛神论"的同时又为它保留一席之地。如果他也把上帝是"绝对意志",是根本的"原因力或行动"这一前提作为起点或基本论断,这种认知尤为正确。顺便一提,我们应该注意到,柯尔律治对这一观点持开明态度,即上帝在《旧约》中逐步宣告了自己的"道"。这对当时的基督教神学家来说是离经叛道,但对当今的神学家却富有吸引力。这确实是犹太教的史诗;自从亚伯拉罕时代以来,拒绝接受除至高者以外的任何神;并且,随着人类精神视野的扩展,标准和期望的提升并加深,人对神的体验变成一种过程中的体验。

柯尔律治一次又一次精彩地推断三位一体概念的深刻性,把它应用到思想和存在的各个方面——逻辑学、认识论、形而上学。他寻求将这一概念的潜能复杂化和丰富化,以满足心灵的探索。然后不出所料,他试图进一步深化终极统一,并添加第四种元素。如果三位一体内部的各种含义比一般的神学家所坚称的更为重要,那么它们的统一也会比一般理解的更为深刻。他渴望一个哲学的**基础**来维系"三者"的统一:一个逻辑上先于"三"的"一致"(identity)——多样性中的统一的**基础**,三中之一的**同一性**(oneness)。当他试图解释这一点的时候,为了寻找一个提示性的符号,他回到了古老的毕达哥拉斯派的"圣十结构"概念(Tetractys,毕达哥拉斯学派以此符号起誓)。对于该学派而言,"圣十结构"的智性潜力之一是它按比例结合之程度。它由十个数字组成,排列如下:

· ·
· · ·
· · · ·

在它的其他潜力中,有**四**个单位作为几何模型三的**基础**,即一个等边三角形的基础。这样**四**和**三**相互包容彼此需要——这正是柯尔律治所想的。他在努力处理逻辑和认识论,试图建立一个更深层的统一基础,来预设并容许一个本质上是动态的上帝,所以这个符号对他有吸引力。我们能发现,与更正统的三位一体相比,"圣十结构"可能暗示了一种模态主义的倾向,不过是因为它特别强调**同一性**,不像三位一体中对同一和差异的同等强调。然而,这一猜测似乎被不恰当地稀释了。更重要的一点是,通过"圣十结构"的概念,柯尔律治似乎承认神格(Godhead)的**潜在性**(potentiality)和**生成性**(becoming)观念。然而柯尔律治并没有做出关于这些潜在性和生成性的推断,它们与他关于神性的正式声明相抵触。"动态哲学"所需的一切"基础",都基于定义上帝为意志。如果神性存在的本质是行动,那么解释自然的存在时就不必减损上帝的自足性。同样,由于上帝本质上是一种活动,自然也可以被想象为一种活动或过程。既然"原因力"是上帝的,"是不可减损的",自然的过程可以被认为是永无止境的,尽管时间的无限性只是人类用以表述永恒的图像语言。至于在目的论中,自然形态的升级以人类为顶点,只要还

218

记住人**不仅**是"自然的",而且是一种精神的存在,一个灵魂,就没有什么能妨碍基督教信仰。

然而,"动态哲学"也肯定了万物都是一个实体,在这里柯尔律治必须与之分道扬镳。上帝存在于自然,但这和把他**等同于**自然大不相同。可是如何表达这种不同,如何在神的存在中为不同找到根据呢? 不管人们满意与否,他的回答可以快速表述如下。柯尔律治在阅读新柏拉图主义哲学和经院哲学的过程中,早就吸收了造物"参与"神圣存在的概念。这个概念可以解释造物何以与上帝不同,但又并非完全不相容,而是一定程度上相似。那么他说的既不是同一性,也不是绝对的区别,而是一种"同质性"(consubstantiality)。这种同质性的基础,是他在三位一体的第二位身上发现的"他异性"。因为圣子或逻各斯属于上帝,是与上帝同样的"物质"或"存在",但又与圣父不同。正如柯尔律治所说,这一区别是所有其他区别的基础。

"恶"的问题也是如此。"原罪"——"道德之恶"——在《思考之辅助》中有所讨论,在"大作"中尤甚。* 有限的

---

* "自然之恶"的问题——"恶的根源,区别于原罪"——应该也是"大作"的主要话题之一,但是他一直避而不谈。

意志,经由"他异性"而产生,除非有一种能肯定自己而非上帝的潜能,否则不能得到自由。也就是说,它能决意成为**自己**而非存在于上帝。因此,恶的潜能是构成自由意志的必要条件,尽管这种潜能一旦实现,意志就不再自由,因为忤逆上帝不可能得到自由。需要强调的是,"原罪"并非如"圣经作者们"所声称的,是"继承而来的";它是构成"个体化"本质的一部分——这一点也与现代神学相关。

219

"救赎"的可能性对柯尔律治本人来说非常重要,它遵循并贯穿于"逻各斯"或"他异性"的概念。作为"逻各斯"的基督,既是来自天父的"他者"的原型,也是"同一性"的原型,他的生命是**范例**和答案。此处,借由基督教的中心教义,柯尔律治的个人需求和希望以最关键的方式结合在一起。对一位派信徒来说,"通过基督得到救赎"可能只意味着基督在塑造人格榜样方面的示范作用。然而,在神圣存在中的区别或他异性的概念,使得柯尔律治有可能把救赎的概念应用于所有造物。因为逻各斯是造物的原始范式,它也成为重新整合的范式。既然人的畸变是按意志的顺序进行的,那么他的救赎就是通过将人的意志融入神的意志实现的。此外,由于基督是将神性与人性统一在自己身上的调解者,这种意志的融合涉及存在的真正改变,是人类重新分有神的生命。

<h1 style="text-align:center">六</h1>

到目前为止,我们的讨论主要集中在柯尔律治本人所取得的成果上,它们异彩纷呈、富有启发,但未曾发表。有些结论隐含在其侄子 H. N. 柯尔律治在《文学遗稿》(1836–1839)中所收集的笔记和旁批中,但多数情况下,一般读者倘若没接触过主要包含在"大作"中的进一步阐释,便很难理解它们。因此柯尔律治更为正式的神学,无论现在多么引人入胜,对早先的几代人几乎没有影响。要理解他在整个十九世纪对宗教生活和思想的巨大影响,我们自然必须专注于三部相互关联的已出版作品:《思考之辅助》《论教会与国家的建制》和《求知者忏悔录》。在这些作品中,英国读者尤其会发现以下几点:(1)一种为基督信仰辩护的释经方法或途径——看似新颖且令人信服;(2)对"理性"和"信仰"之间关系的深刻分析——前者包含科学思维。柯尔律治在此敏锐地预见到了新世纪的核心宗教问题,那时信仰会腹背受敌,前有进化论等科学发现

的挑战,后有对圣经的全新评断性和历史性研究;(3)针对圣经的宗教权威性声明进行的不偏不倚的讨论,当时而言异常现代;(4)对教会在国民生活中的作用有了新的认识,这一认识作为柯尔律治社会或政治哲学的一部分,有助于激发维多利亚时期教会更紧迫的使命感。

柯尔律治释经的"主观"方法在《思考之辅助》中表现得最为明显。这次他扮演了仁慈的朋友的角色,向那些不信基督教却愿意反省的人讲话。他的第一个目的,就是激发一种反思活动,他定义为躬身自问:"我是否病了,因此**需要**医生?——我是否处于灵性的奴役中,因此**需要**一位救赎者?"对于了解当代基督教存在主义的读者而言,这些问题耳熟能详,但在柯尔律治的时代,这种内省和极其私人的方式几乎是闻所未闻。在过去至少一百年间,基督教的释经通常是从外部寻找经验"证据"开始。同样的论证方式从自我意识出发,贯穿于说理的每个步骤。基督的教诲赢得了虔敬的关注,并非人们通常认为的那样,归功于基督所行的神迹,而是因为这些教诲深入人心。个体内心"需要某物的经验"何曾在外界找到答案?"基督的承诺,倘若为真,对应于这种自我体验,是否就像良药之于疾病?"只有在这时,一个严肃的希望可能已经萌发之时,柯尔律治才会继续以更平常的方式论证:"这些声称是基督所教导的教义……在逻辑上和形而上学上都可能吗?"在《思考之辅助》整本书中,柯尔律治始终谨记,基督教不能被"证明"。人们可以提出赞成或反对的论点,但它们不可能是决定性的,而信仰与否并不仅是智性的选择。相反,它是个体存在的全部表达,即意志的行为。从历史的角度来说,柯尔律治的释经思想,一如他的上帝"理念",其中一个"浪漫"因素在于它主要强调意志而非理性。

这种论证方法预示了柯尔律治如何处理基督教的中心问题——理性和信仰,它们之间的关系和相互作用。当然,这个问题与基督教一样古老,但在自然神论中已成为新的突出问题。即使只是因为它在整个十九世纪困扰了更多的人,而且至今仍然作为基督教内部以及关于基督教的中心问题而存在,它也会变得更加尖锐。理性和信仰都声称是宗教知识的来源,问题是信仰在多大程度上可以超越理性,或理性在多大程度上能限制信仰。一个彻头彻尾的理性主义者只相信理性,因此主张人只相信理智所能推断的,而一个信仰主义者则认为理性本身无法获得任何值得一提的知识。对这样一个人来说,正如柯尔律治曾经断言的那样,"一切真理都是一种启示",一种超越理性的信仰飞跃。柯尔律治一如既往地寻求调解而非阻碍,承认每种立场提出的真理,同时拒绝过分强调。他坚持认为,"任何事物,如果直接与理性相矛盾的话,对人类心灵而言就不可能是真的"。但他同样坚称,宗教真理"可能而且必须超越"理性。有信仰倾向的启示很可能是"不可理解的",但如果它也是"荒谬的",就不可能是启示。(事实上,他对信仰的基本定义是"忠于我们自己的存在",其中包括忠于"理性"。)我们在宗教问题上能够做出决定,并确实做出了决定,包括信教与否的根本决定。为了表示我们在此过程中运用的能力或思维过程,柯尔律治用了"高级理性"一词。"高级理性"既不是非理性的思维,也不是简单的理性思维,而是人的整体存在,是意志、情感、良知和才智的结合。换言之,"高级理性"带来了对自我、自我处境和其自由的全面觉知,这正是柯尔律治在《思考之辅助》中所呼吁的。

222

基督教思想中一个长期存在的问题是权威的定位,也就是说,我们主要是该相信圣经、教会、个人理性、良知,还是一种不太明确的灵感或"内在之光"。对于柯尔律治同时代的大多数英国人来说,权威被赋予了圣经,因为它是按照上帝的口述写就的。因此，柯尔律治对当时宗教理念最强烈的一次冲击是他对"圣经崇拜"的批判，这种批判在《求知者忏悔录》一书中尤其具体和明确。柯尔律治认为，相信圣经的人类"作者"仅仅是上帝的抄写员或代笔人，导致了令人惊骇的结论。他竭力反对，提出异议，许多异议自此变得司空见惯。但是在否认神性口技默示的同时，他并没有滑向另一个极端，把圣经仅仅当作一本人类的文集。他认为，圣经以人类文献不可能的方式分析和回答了我们的精神状况；它的作者们不是代言人，但我们不能怀疑他们获得的神启。圣经可能经常被从字面意义理解，就像许多历史叙述里那样，但并不是每一词句都能如此解读。另一方面，我们也不能在其中自由挑选，只选用符合我们口味的那些篇章，认为它们是由上帝启示而作。因此柯尔律治辩称（尤其是在一八一六年的《政治家手册》中），应该对圣经进行象征性的解读。圣经的每个片段都推进了历史叙事，整个叙事揭示了上帝如何向人类逐步显现自身。每个片段都是一个过程的有机组成部分，这个过程对于精神有着取之不尽的意义，只要有选择地关注这个片段，它就成为整个过程的象征。拘泥于字面的读者忽略了其更深层的精神意义，

而自然神论者或理性的寓言家忽略了字面意义；但真正的、善于反思的基督徒会把圣经当作象征来解读，在具体的事件中默观无限的思想。柯尔律治释经的方法，试图维护经文本身和释经头脑的共同权威。他强调圣经中人²²³的因素，例如文学形式和惯例，以及特定作者的意图，因为他相信读者只有理解了神启借以呈现的人类形式时，才能正确解读神启的意义。尤其是在《求知者忏悔录》中，他阐释了"启示"（Revelation）和"启发"（Inspiration）之间的重要区别。从历史角度考量，他的成就在于用一般启发和特殊启示的概念取代了常规的字面主义。在这一点上，他为后世的英国人开辟了道路。后人在圣经的历史研究和文本研究成果中举步维艰，匆忙进入了柯尔律治早已提供的避风港。

柯尔律治的宗教思想没有形成鲜明的学派或教派，却改变了每个教派的观点。他最紧密的追随者是英国国教会内部的自由派或广教会团体，他们中的许多人会赞同朱利叶斯·黑尔的宣言，即他们"连自身"都归功于柯尔律治。除了柯尔律治支持的任何立场以外，他的著作使宗教讨论更具哲理性，并与精神的自我意识和经验有了更密切的联系。比起他身后的一代人，我们更能发现他的作品是有永久价值的典范。这里我们不仅指推测和逻辑力量（这并无特别之处）与开明而多样的智性兴趣的结合。我们特别要指出,这种结合本身已难能可贵,但使它在每一点上都进一步丰富和深化的,是我们感觉到的直接而个人的**体验**,而这种个人体验,正如理查德·尼布尔所说,使柯尔律治在寻求宗教意义的现代人中显得与众不同又令人信服。

七

柯尔律治还持续关注着当时英国的政治形势,尽管只是作为一种业余爱好,还是在政治哲学方面留下了极富启迪的影响。有一部作品特别值得一提,它不仅直接影响了整整一代人,还间接影响了我们现在的时代,并且再度引起积极讨论:《论教会与国家的建制》(1830)。柯尔律治的绝大部分出版规划都受到命运反复无常的捉弄,这部也不例外。议会已经提出了一系列关于天主教徒解禁的法案,柯尔律治虽然赞成解禁法案的总体目的,但反对提请审议的立法的一些细节。为了解释他的反对意见,他写了这部论著从根本上探究(像往常一样,是应

"一位缺席朋友的请求"而作），但一八二九年实际通过的法案消除了他的多数反对意见。就其要产生及时影响的目的而言，《论教会与国家的建制》尚未出版就已过时。但它仍与两篇《世俗的布道》一起，表达了柯尔律治政治哲学的基本观点。

当时多数有识之士认为，国家的产生和维系得益于其国民开明的自身利益。柯尔律治富有心理学洞见，认为国家也是一个共同的"理念"。换句话说，他强调意识形态在创建一个真正的"团体"中的作用。理念是"对事物的理解……来自对事物终极目的的认知"，而国家的终极目的是使每个国民实现其全部人性。在小酒馆里"讨论当前薪酬的不公"的劳工们充分意识到，人类个体应该被视为目的，而不是达成目的之手段，尽管他们不会以康德式的语言提出这个观点。柯尔律治所说的"全部人性"是指承担道德自由和责任的能力，而社会的任务是创造经济、社会和教育条件，保证和增加道德生活的可能性，也就是说，使人成为一个人，而不是别人手中的物品或工具。

柯尔律治把任何一个好的社会的建构——**构成**部分——都看作是两极力量的平衡，他称这两极为"持久"

（permanence）和"进步"（progression）。他将持久性原则定位在土地所有者身上，无论是大地主还是小农场主，并视进步为相反原则，体现在商业、制造业和各职业阶层，他们的力量源自"动产和私人财产"，不仅包括金钱，还包括习得的知识和技能。应该强调的是，这些认同仅仅是根据英国历史经验对一种理论的具体应用，同样的原则或力量可由多种方式驱动，关键是确保连续和变化。但是在这个国家，会有或者应有第三种力量，负责调解和完善。这种力量体现在思想家、教师和学者身上。这个团体的职能是保存和增加知识，并作为教师和牧师分散在乡村，履行一项不可或缺的教化使命。作为教育者，他们直接负责实现国家的最终目标，促进"人类特质和能力的和谐发展"。他称这一群体为**知识阶层**，即饱学之士，类似于中世纪的"教士"（clerks；考虑到英国国教在历史上履行这一职能的程度，他还称之为国家教会）。为了得到这一阶层的支持，应该拨出一笔特别的津贴。他并没有混淆国家教会与宗教——亦即基督教会。他牢记这一点：基督教会不包括在国家的建制中，除了"寻求保护和不被干扰"以外，对国家别无要求。知识阶层的概念和其应承担的角色，常被认为是柯尔律治对政治理论最具原创性的贡献。

柯尔律治的政治哲学,考虑到其直接的历史背景和影响,可以说是保守的,这与二十世纪中叶的观点形成鲜明对比。他既强调连续性,也重视变革,这涉及对沿袭制度的温柔保护,与当时盛行的功利主义完全相反。同样相左的是他另一观点:社会是一个有机整体,而不是平等个体的"集合体"。与此同时,他强调道德责任及权利,主张财产是公共信托,准备以社会目的之名义约束个人主义资本家,这使他完全违背了主流的自由放任经济学。他的影响是巨大的。没有柯尔律治,十九世纪早期的英国就不会有真正的哲学保守主义,也正因为有了他,维多利亚时代典型的保守主义和自由主义的对话才能深思熟虑。他的作品推动了约翰·斯图尔特·穆勒从简单的功利主义和自由主义走向更深层的团体意识。他为迪斯雷利及其追随者提供了丰富的知识储备。维多利亚时代的社会批评家卡莱尔[1]、罗斯

226

---

① 托马斯·卡莱尔(Thomas Carlyle, 1795-1881),苏格兰哲学家、讽刺作家、散文家和历史学家,堪称维多利亚时代最重要的社会评论家之一,主要著作有《法国革命》《论英雄、英雄崇拜和历史上的英雄事迹》和《过去与现在》等。

金①、纽曼②、阿诺德③也本着柯尔律治的精神工作,他们衡量国家的伟大时,强调的并非财富或机器,而是国民的品性和生活质量。同时,对于托马斯·阿诺德④这样的有识之士,柯尔律治提出了关于教会功能的新概念,并通过他们激发了广教会运动。

但从更广的角度来看,柯尔律治很难被称为保守派

---

① 约翰·罗斯金(John Ruskin, 1819-1900),英国维多利亚时代的画家、艺术评论家和社会思想家,写作题材包罗万象,从地质到建筑、从神话到鸟类学、从文学到教育、从园艺学到政治经济学,代表作有《现代画家》《威尼斯之石》等。他认为资本主义的政治经济原则是违反人性的,机械技艺的发展扼杀了工人的创造性。

② 约翰·亨利·纽曼(John Henry Newman, 1801-1890),原为英国国教会牧师,在1845年皈依罗马天主教,后被擢升为枢机,2019年被册封为圣人。他学问渊博,可以深刻讨论理性、情感、想象力与信仰的关系,曾发表自传《为自己的一生辩护》,历述自己宗教信仰变化的经过,广受宗教人士赞誉。

③ 马修·阿诺德(Matthew Arnold, 1822-1888),英国维多利亚时代重要的评论家。他长期担任皇家教学督导,四处巡查,只能在业余时间写作,但著作颇丰,是十九世纪享有盛誉的诗人和文学评论家,其代表作有诗歌《多佛海滩》和文集《文化与无政府主义》。阿诺德抨击英国文化生活的功利主义和市侩风气,主张通过文化追求完美。有学者认为他的思想与伯克、柯尔律治和纽曼一脉相承,强调整体和谐的发展过程。

④ 托马斯·阿诺德(Thomas Arnold, 1795-1842),马修·阿诺德之父,英国教育家和历史学家,著有《罗马史》。他在1828年至1841年间担任拉格比公学校长,引进了一系列重要改革,确定公学的教育目的为培养"基督教绅士",设置了历史、语言、地理、科学等课程,使拉格比公学成为众多学校的典范。

或自由派。他的政治哲学，像其思想的方方面面，源自兼收并蓄的思想习惯，源自起伏开放的思考进程，别人很难模仿。他拒绝仅从一个前提开始，而是着眼于相互竞争的前提，吸收每个前提中似乎有价值的东西，同时也贡献自己的见解。与许多有机主义思想家不同，他根本没有为极权主义提供任何基础，因为个人才是国家的最终目的，尽管他也坚称个人必须对整个社会承担责任。他同意功利主义者的观点，认为商业和制造业阶层在当时是社会的进步因素，但也主张地主阶层的积极作用。与一般的革命者不同，他不相信制度能够完全塑造人的情感和意见。他认为制度表达了当时的公众感受，但他愈发认识到，通过"知识阶层"，社会可以创造性地塑造民意。他不像葛德文和潘恩那样，认为单纯的理性可以引导转变；也不像晚年的伯克，强调非理性信仰或"成见"的价值。他的理想，无论关乎政治、诗歌还是逻辑，都是"渐进的转变"，但转变总是朝向某种道德目的。 227

当然，他的观点在当时不能满足任何一个党派，但长久以来都有现实意义。他发展了一种政治哲学，充满了英国人的战略妥协精神，但在基本原则上决不妥协。它可以说是采集、阐释并护佑辩解了英国民族的过去和现在,同时保存了随机应变、与时俱进的能力。在许多方面,它是柯尔律治最完整的思想呈现,也正因其完整,或许成了他思想中最令人满意的方面。

八

继续停留在柯尔律治生命的最后几年是很有诱惑力的。我们都渴望知道像他那样学富五车的人垂暮之年在想什么,尤其是宗教思想。此人阅历如此丰富,这种渴望尤其强烈。我们指的不仅是他天赋、兴趣、阅读、思索的横向广度——这是理所当然的,还有他的情感和心理体验的纵向深度,它有时与广度交叉,有时干扰广度,但在重要的方面使广度的潜在意义倍增。柯尔律治的阅历,先是达到了批判性思辨的程度,然后达到了宗教性思辨的高度(而且总伴随着私人的、同情的投入),在过去的两个世纪里,很少有人能与之媲美。但是他的日常生活也经历了最深的绝望和屈辱,这不仅是在黑暗时刻,甚至不是一次持续几周或几个月,而是贯穿了他一生中的关键二十年,从二十几岁到四十几岁这段时期。我们在渴求意义时,会自然而然以他为例,因为他所代表的人类体验的范围是如此广袤迷人。无论我们试图用怎样的冷漠或喋喋不休的辩护来掩盖自己的赤贫，我们开始思考约翰逊所言传记的首要目的和兴趣：什么"离我们最近"，"什么能够加以利用"。除了他的个人生活令人深感兴趣之外，他的思想至少有一部分对于十九世纪——更重要的是，对于我们自己的时代和下一代——有重要的历史意义。这种意义部分是由他的个人生活引起，并经由它而产生。

　　我们留恋柯尔律治晚年的另一个诱因是轶事之丰富。虽然有些是重复的，但所有都通俗易懂。同时代人写了一百多篇关于柯尔律治的叙述，一半以上是关于他生命中最后十四年的。大多数作者都是参加"周四之夜"聚会的访客。出席"周四之夜"者形形色色，令柯尔律治十分高兴。他向老朋友丹尼尔·斯图尔特描述了其中一夜，在场的有两位画家，两位诗人，一位牧师，一位著名的化学家和博物学家，一位游历甚广的海军上校，一位医生，一位少校，一位殖民地首席法官，一名律师，还有一群女士。每次聚会都不会少于五六人，通常更多。来访者多次把他的谈话比作河水的流动。然而他们强调其多样性——他可以拾起任何话题，侃侃而谈，充分展开，随后本能地开始尝试将话题导回意义的中心流。如果他滔滔不绝，那是因为如德昆西所说，别人经常鼓励他这样做。约翰·威尔逊说，柯尔律治的主要弱点是他"对同情的极度热爱"。正是这一点，而非"骄傲或虚荣心，使他乐于交谈"——他渴望"与别的心灵交流，就像与自己的心灵交流一样"。但是，如果在他交谈的对象中，有人"表现出丝毫的冷漠或不屑，人们会好奇他的声音是如何立刻消失的"。

不管他的口才如何流利，自从搬到海格特后，他的衣着就变得更朴素，甚至更严肃了——"黑色外套，"吉尔曼说，"黑色的裤子，黑色的丝织长袜和鞋子"。不知道他身份的人常常误认为他是一位不从国教派的牧师，甚至是一位巡回传教士。济慈在恩菲尔德的克拉克学校时的朋友和导师查尔斯·考登·克拉克，此时大部分时间都住在拉姆斯盖特，柯尔律治和吉尔曼一家常去此地度假。几年前（1821 年），克拉克一听母亲的叙述就怀疑是柯尔律治到了。克拉克的母亲说，

她听到公共图书馆里有一位老先生，看起来像一个不从国教派的牧师，说话的方式是她前所

未闻的。就像他笔下的"老水手",他一旦吸引
了你的目光就会让你如痴如醉。

克拉克以前从未见过柯尔律治,终于在拉姆斯盖特的东
边悬崖上遇见了他,正在凝视着大海。克拉克自荐是查
尔斯·兰姆的朋友和崇拜者,很快就确信他看到的是

他所处的时代**最**非凡的人……[他的天才总是
醒着;]就像兔子一样,睡觉都睁着眼睛。他在
任何时候都可以从形而上学中最微妙、最深奥
的问题转到一朵花的造型的建筑学之美。

有关他晚年的轶事层出不穷。柯尔律治的头发在他四十
多岁时很快变灰,到了二十年代中期已经完全花白。他
走起路来像是拖着脚挪动,膝盖稍屈,拄着手杖。他仍保
留着青年时代的德文郡口音。他的"r"发音很重,会把单
词中的"l"(如"talk")发出声,发"b"音时有些轻微的腺
样体问题。性急的卡莱尔说,他说"subject"和"object",
听起来像"sumject"和"omject"。他说话时,有时坐着,有
时在房间里走动,经常会漫不经心地抽着鼻烟,烟灰就会

落到身上,沾染了他整洁简朴的衣服。与此同时,他的交谈对象会被感染。约翰·洛克哈特(一位犀利而挑剔、难以取悦的证人)说:

> 当"他用闪亮的眼睛吸引着他们"时,他的整体精神和意图是明显的善良,他的微笑如孩童般友好纯真,他的声音有说不出的甜美,连他的语言都在丰富的音乐中流淌。所有这一切都构成了附带的魅力,连最愚笨、最冷酷的人都能感受到。如果这样一个人有机会在讲坛上或是在竞选中煽动民意,他将会有何等的威力!

一八二八年四月,威廉·索思比为招待沃尔特·司各特爵士举行了一场晚宴,席间美国小说家詹姆斯·费尼莫尔·库珀见到了柯尔律治。他们的谈话以讨论希腊萨莫色雷斯岛的神秘故事开始,然后转向荷马史诗的多位作者。他学识的广度,语言和思想的"富足",几乎催眠了库珀:

> 当我环顾四周时,我发现每双眼睛都在盯

着他。司各特坐着，一动不动，像尊雕塑……偶尔喃喃自语，"妙语连珠!""精彩绝伦!""非同寻常!"有一次，洛克哈特先生和我的目光相遇，他开怀大笑却一言不发，似乎乐见我的惊讶。

九

一八二八年夏天，柯尔律治和华兹华斯及其女儿朵拉一起去德国旅行。华盛顿·欧文的一位朋友托马斯·科利·格拉顿在布鲁塞尔遇到了他们，佩服柯尔律治能与任何人轻松交谈——这并非刻意为之，而是因为"他似乎在用语言呼吸"。他所触及的一切话题，似乎都在逐渐扩展到更广泛的意义范围。对语法的评论导向了对整个语法哲学的讨论，先从化学再从色彩理论中寻求例证。从那里，他又发散出"自然语法和颜色之间的类比"。

他们在波恩停留一段时间后，德国访客蜂拥前来看望柯尔律治。华兹华斯和颜悦色地静坐一旁，注视欣赏他的老友。奥·威·施莱格尔是访客之一，恳求柯尔律治说英语。不管柯尔律治的德语多么流利，距他上次来德国已快三十年了,他的发音让施莱格尔苦恼。施莱格尔本人不仅急于练习他的英语,还想在其他德国访客面前展示自己的英语——他们不懂英语,只为去看柯尔律治。

　柯尔律治回家时状态并不好。尽管朋友们一直在默默地帮衬他,他仍受资金问题困扰。他没有付足亏欠吉尔曼的费用,自己的家庭也有用度,他感觉有义务承担。这两三年来他一直在考虑一些较小规模的作品。与出版商打交道时,他一贯表现出不谙世事和不切实际。每年岁末出版的装饰性"茶桌读物"已成时尚,他便同意为这类读物贡献即兴诗歌。他收到的微薄稿酬总被随之而来的困惑、痛苦和长信抵消。他的一本诗集于一八二八年出版了,但选编过于马虎,几乎没带来收益。(一八二九年和一八三四年先后推出了更新和校对过的版本。)一八二九年,他的女儿萨拉嫁给了侄子亨利·纳尔逊·柯尔律治,这桩婚事使他不悦。他对堂亲之间的联姻感到不安,但非常纠结。他最终会应允这个天才女儿的一切希冀,而且禁不住对这个举止沉稳、满怀钦慕的侄子产生好感。他也能理解女儿对稳定的渴望。不管怎样,许多事情在早些时候或许令他不安,但现在开始显得不那么重要了。

正是在这段时间，他撰写或口述了《论教会和国家的建制》。我们刚才在总结他晚年整体思想时讨论了这本书。不论它有多大的价值和影响，他在上面都只投入了自己思想的一小部分。一八三〇年，国王乔治四世去世。次年，英国皇家文学学会成员的年金也随之取消。他的朋友约翰·胡卡姆·弗雷尔弥补了这笔损失，其他朋友也在暗地里巧妙地资助他。

十

一八三〇年，他的健康状况开始迅速恶化，他大部分时间都待在阁楼上。我们现在知道他患有高血压性心脏病，那时病势已经相当严重。从后来尸检中发现的大量积液看来，他胸部和胸部以下的疼痛也日益加剧。为了分散注意力，他偶尔会在房间里慢慢走上几个小时，有一天走了十七个小时之久。除此以外他经常卧病在床，但访客依然络绎不绝。无论感觉多么不适，他通常更喜欢在楼下客厅接待他们，还尽可能穿戴整洁。直到生命的晚期他才放弃努力，在自己的卧室会见访客。

232

一八三二年的来访者中,有哈丽雅特·马蒂诺①,至今仍以维多利亚时代的伟大改革家著称。她带着不满有备而来。哈丽雅特有颗务实的心,信仰功利主义,对形而上学和保守的宗教都有深刻的怀疑,她先入为主,想当然地认为她和柯尔律治不能就任何问题达成共识。"他看起来很老了,肩膀圆圆的,脑袋耷拉着,四肢极度瘦削。他的眼睛看上去和别人说的一样奇妙。"令她惊讶的是,他读过她的一些作品,然后,

> 在恭维几句之后,他承认有些地方我们意见不同……"例如,"他说,"你似乎认为社会是**个人的集合体!**"我回答说我确实**这么认为**。

他接着试图谈论"一个有组织的社会具有诸多方面的事实",在此过程中,讨论愈发形而上学,涨成了一个"气球"。然而她在随后的写作中(还严厉地批评了她所听说

---

① 哈丽雅特·马蒂诺(Harriet Martineau, 1802-1876),英国作家和社会理论家,被誉为首位女性社会学家。她从社会学、宗教、家庭和富有争议的女性视角写了大量的书和文章,足以靠写作谋生。维多利亚女王喜欢阅读她的作品,还邀请她参加了 1838 年的加冕典礼。

的他的个人生活），她记得他那"非同寻常的反思和类比能力，以及[他]惊人的语言能力"，这些记忆让她感觉不安。她不得不勉强承认——无论她多么强烈地反对他思想的形而上学基调和"他的生活方式"——她能明白为什么他"作为他人思想的**煽动者**会如此成功"。

到了一八三三年春末，他感觉好多了，与吉尔曼和约瑟夫·格林一起去了趟剑桥。八月份，年轻的爱默生①拜访了他——柯尔律治、华兹华斯和卡莱尔是爱默生在英格兰最希望见到的人。柯尔律治首先讨论了一位论教派的局限性。"当他停下来喘口气时，我插嘴说'虽然我高度重视他的所有解释，但我一定要告诉他，我是地地道道的一位论派'。'是的，'他说，'我想是的'；然后像以前一样继续说下去。"他接着谈到三位一体，然后又谈到"圣十结构"。他谈话的方式，爱默生若没有准备，很难指望跟得上。（约瑟夫·格林陪伴了柯尔律治十七年之久，并且可以自由查阅他的手稿，依然很难听懂。）这次见面，看

233

---

① 拉尔夫·瓦尔多·爱默生（Ralph Waldo Emerson，1803-1882），美国散文家、演说家和诗人，领导了十九世纪中期的超验主义运动。他和梭罗、霍桑等人一起创立了超验主义俱乐部，创办了期刊《日晷》。他 1837 年的演讲《美国学者》被誉为美国思想文化领域的"独立宣言"。

起来"与其说是交谈，不如说是一场奇观"。它给爱默生留下的印象是，柯尔律治"垂垂老矣，心事重重"，无法"屈就一个新的朋伴"，但这绝不影响他的信念——柯尔律治"写下和说出了他那个时代惟一的高级批评"。

十一

柯尔律治对爱默生的演说持续了大约一个小时，演说内容显示，柯尔律治当时满脑子想的是他刚刚开始的工作，体现在"大作"和随笔上：寻找一种哲学的方法，用它能够洞悉创世的奥秘（这将包括**为什么**和**怎么做**），同时还能满足这几个主张：（1）传统基督教神学；（2）现代认识论和逻辑学；（3）"动态哲学"，以及它所包含的科学和哲学发现——尽管一切都在其神学范围之内，这种包容还是宏大而成功的。

是的，这是真正的任务。尽管多年来，他一直在刻意退缩和集中精力——努力去贴近现实，尤其关注圣经批评和解释，他决心在有生之年最终学会"一次只做一件事"。但他是否可能在剩下的时间里，解决这个问题：鉴于我们在科学和人类历史上的作为，如何将它与宗教愿望更紧密地结合起来？在未来一两个世纪内，这必然会成为善于思考的哲学家们所关注的中心问题，他能否在解决这个问题方面取得一些进展？回到一八二八年，就在他和华兹华斯一起去德国西部莱茵河岸地区之前，他在笔记本上勾勒了理想"大作"的详细草图。* 我们从中看到他重申了其"巨著"的总体目标——若非扩展的主体。他将从"圣十结构"的概念开始，因为它支撑了三位一体。然后，通过"异己性"的概念——以及"绝对意志"需要在差异中并通过差异**起作用**，才能成为"原因"——他进而讨论"时间和自然经过混沌的两极分化而诞生"，然后（通过对"极性力量"和无机生命的讨论）到"植物生命"和"动物生命，从水螅虫到原始人类"的出现。此后他将转向人类的戏剧和直接历史：神启的逐渐展开和通过"道成肉身"得到再度结合或救赎的可能性。

234

　　一旦他真正开始释放野心，他会多么迅速地回到过去的中心问题上！他几乎像是回到了一八一六年完成的《生命的理论》的一些前提。但是现在有所不同。他开始更好地理解，可以借助更深刻、更包容的基督教神学来拯

---

　　* 载于 A. D. 斯奈德，《柯尔律治论逻辑与学术》，第 3-8 页。

救动态-科学的哲学。但必须有时间来解决逻辑和认识论上的困难。在他花了三天时间（1828 年 5 月 24 日至 27日）写就的提纲中，他冷酷地自谦，甚至自嘲。他玩弄自己姓名的首字母 S. T. C.（这三个字母总是很吸引人，因为它们显示出务实的干脆，不需要他做出"高度努力"）。他描述自己的计划为"Ēsstěcēan 的方法论，或时代和方法的哲学"，并把插入自嘲的双行体作为"格言"："大部头的作者，虽然并未失欢／公众知之甚少，出版商司空见惯。"他一生中有多少时间都在向出版商承诺——解释即将寄出的作品——而成果对于公众是多么微不足道！

　　他当然可以自嘲。如果一个人日渐变老而不能自嘲，这将是对自己的真正控诉。但这个话题已经够严肃了。创作是一出令人惊讶、让人费解的戏剧。在解读过程中，如果我们袖手旁观，放弃任何洞察未知奥秘的努力，就是不再把自己当合作者——不管多么无关紧要——这无疑是短视的自杀性行为。

十二

235　　柯尔律治似乎有着奇特的洞察力。爱默生拜访后不久,他意识到这可能是生命中的最后一个冬天,于是写下这篇著名的墓志铭,最后一次称自己为"S. T. C."。*

到了次年春天,明眼人及柯尔律治本人都能看出来,他生命漫长的朝圣已经接近尾声。五月,汤姆·普尔来伦敦看望他。这位相交四十年的智者朋友认为,柯尔律治展示了"一如既往强健的大脑",但"似乎对它的累赘感到不耐烦"。在他的后半生,下斯托伊的居住时光看起来如此遥远——他曾在花园里学习有用的体力劳作,种菜供家人食用,在一位论派教堂布道,沿着布里斯托海峡散步,写下《老舟子吟》。但是那些日子现在又回来了——它们和他早年的总体生活,曾有那么多样的可能性,或至少现在回想起来如此。七月十日,也就是柯尔律治去世前两周,他告诉侄子亨利·纳尔逊·柯尔律治:

---

* 留步,路过的基督徒!——留步,上帝的子民,
请耐心读一读。这块草地下
有位诗人长眠,或他曾经貌似诗人。
哦,在祈祷时请想一想S.T.C.,
他常年劳作气喘吁吁,
只寻得生中死,愿他在此找到死中生!
他曾想要赞美——他曾渴求声名,
为此他求基督宽恕。路人啊,愿你也如此!

我快死了,但并不期待迅速解脱。这难道不奇怪吗,不久前消失的影像和早年生活的场景,悄悄潜入我的脑海,就像从青春和希望的香料群岛吹来的微风,而青春和希望是这个虚幻世界的孪生现实!我没有加上爱,因为爱不就是青春和希望相拥而被视为**一体**吗?我说的是**现实**;因为现实是个程度问题,从《伊利亚特》到梦想都算现实……然而,严格来说,现实根本无法表述天底下任何事物……我承认,我希望还能利用残留的生命和力量来完成我的哲学,因为上帝听见了我:我心中最初的、持续的、持久的愿望和计划,就是要赞扬上帝之名的荣耀;也就是说,要促进人类的进步。但是上帝另眼看待,愿他的旨意实现。

九天后,他的病严重发作。为了让自己清醒过来,他要求暂时完全独处。他希望利用仅存的这段时间集中精力思考他的救世主,并且"以他逝世的方式来证明他信仰基督的深沉和真诚"。七月二十四日晚,他说他有一些遗言要口授给约瑟夫·格林,写进"大作"。他说得"极其艰难":

你一定要记住,在我死后出版的任何作品中,首先是绝对的善,它的自我肯定是"我是",它本身就是永恒的现实,也是所有其他现实的基础和来源。

其次,在这个观点中,必须小心地保存一种独特性,就像耶稣是道成肉身,永恒的现实通过他传递给其他所有的存在。

然后,他写了一张便条,要求为过去几年一直照料他的佣人哈丽雅特·麦克林提供给养。又过了半小时,他陷入昏迷,第二天早上六点半(1834 年 7 月 25 日)去世,享年六十一岁零九个月。医生遵照请求进行了尸检——我们此前谈及他的总体健康背景时讨论过该话题。他被安葬在海格特公墓(8 月 2 日)。华兹华斯听到柯尔律治的死讯时,想到二十五年前,在柯尔律治生命中最黑暗的时期,他们有过分歧,这时显得那么荒唐而无关紧要。他把这个消息转告给一个朋友时,声音哽咽了:这是"他所知道的最妙绝一时的人"。查尔斯·兰姆自孩提时代起就在基督公学见过柯尔律治的每一面,他试图说服自己没有理由悲伤。"在我看来,他早就置身另一世界——他渴望永恒。"但是兰姆——他自己也要在这一年年底离世——悲痛到无法参加葬礼。"他伟大而亲爱的灵魂萦绕着我……我从未见过像他那样的人,也许整个世界都再难见到了。"

柯尔律治几乎立即化为传奇,并且作为传奇流传于世,在此后一百五十年来的英语世界无人能及。他留下了现代经验史上最丰富多样的一部分思想和才智遗产。约翰·斯图尔特·穆勒几年后说:"他将由思想家阶层来评判,但那个阶层尚未兴起。"

索引[*]

（索引页码为原书页码，即本书边码）

---

　　* 具体作品索引在柯尔律治作品名录下。

Barbauld, A. L. 巴鲍德, A. L., 评《老舟子吟》, 56, 65, 67

Barth, J. Robert, S. J. J. 罗伯特·巴斯, 耶稣会士, xi;《柯尔律治与基督教教义》(*Coleridge and Christian Doctrine*), xi

Bartram, William: *Travels through North and South Carolina* 巴川姆, 威廉:《行经南北卡罗来纳之旅》, 77

Beaumont, Francis, and Fletcher, John 博蒙特, 弗朗西斯和弗莱彻, 约翰, 152

Beaumont, Sir George 博蒙特, 乔治, 爵士, 117, 120

Beauty 美, 柯尔律治论美, 153–157

Belisarius 《贝利萨留》, 2

Bentham, Jeremy 边沁, 杰里米, 203

Berkeley, Bishop George 贝克莱, 乔治, 主教, 柯尔律治对其愈发感兴趣, 31–32, 次子以其命名, 32;其他提及, 35, 113, 188

Birmingham 伯明翰, 柯尔律治在英格兰中部布道和游历, 24

Blake, William 布莱克, 威廉, 44–45

Bloom, Harold 布鲁姆, 哈罗德, xii;评《克丽斯特贝尔》, 73;评《忽必烈汗》, 79

Blumenbach, J. F. 布鲁门巴赫, J. F., 柯尔律治跟随其学习, 92, 95–96

Boehme [Behmen], Jakob 伯梅[贝门], 雅各布, 31, 35;在柯

Burnet, Thomas 伯内特,托马斯,《老舟子吟》和伯内特,57,77;《哲学的考古学家》(*Archaeologiae Philosophicae*),57;《地球的神圣理论》(*Sacred Theory of the Earth*),77

Burnett, George 伯奈特,乔治,17,20,22

Bush, Douglas 布什,道格拉斯,xii

Byron, Lord 拜伦勋爵,柯尔律治向其求助,139-141;其他提及,45,57,67,84,170-172

Calne 卡恩,柯尔律治在这里口授《文学生涯》,130,171

Cambridge 剑桥,柯尔律治在 1833 年重访,232;早年生活,**参见耶稣学院**

Carlyle, Thomas 卡莱尔,托马斯,187,204,226,229,232;《斯特林传》(*Life of Sterling*),204

Carlyon, Clement 卡尔里恩,克莱门特,记叙柯尔律治的旅德生活,94-95

Carmichael, Poll 卡迈克尔,波尔,150

Cary, H. F. 凯里,H. F.,柯尔律治阅读他翻译的但丁,135,174

Cato 加图,柯尔律治阅读其信札,9

Celtic 凯尔特语,柯尔律治学习凯尔特语,100

Chancery Lane 赞善里,14

Chasles, Philaréte 查萨尔斯,费拉雷特,195

年表

著作

174;柯尔律治帮他写《生命的理论》,173,191-192;其他提
及,103,134,208-209,228-229,231-232,235-237

Godwin, William 葛德文,威廉,25,100,226

Goethe, J. W. von 歌德,J. W. 冯,129-130,144,165,
168,182

Gothic 哥特语,柯尔律治学习哥特语,93

Göttingen 哥廷根,柯尔律治在哥廷根大学学习,92-96

Grasmere 格拉斯米尔,100,106,115,117

Grattan, T. C. 格拉顿,T. C.,评柯尔律治,230

Gray, Thomas 格雷,托马斯,35

Griggs, Earl Leslie 格里格斯,厄尔·莱斯利,x-xi,103,171,
208,211;《柯尔律治书信集》(Collected Letters of Samuel
Taylor Coleridge),x

Green, Dr. Joseph 格林,约瑟夫,医生,105,205-206,211,
233,236;《精神哲学:建立在已故的S.T.柯尔律治的教诲之
上》(Spiritual Philosophy: Founded on the Teaching of the Late S.
T. Coleridge),206

Hamburg 汉堡,92

Hammersmith 汉默史密斯,柯尔律治在此地,126

Hanson, Laurence 汉森,劳伦斯,75

Quarterly Review　《评论季刊》,171

Racedown　雷斯冈,柯尔律治造访此地,36,171

Ramsgate　拉姆斯盖特,柯尔律治和吉尔曼一家前往此地, 208,229

Raphael　拉斐尔,154

Ratzeburg　拉策堡,柯尔律治定居于此,92

Raysor, T. M.: *Coleridge's Shakespearean Criticism*　雷泽,T. M.: 《柯尔律治的莎评》,134

Reason　理性,信仰和理性,219-223;知性和理性,**参见"康德, 伊曼努尔"**

Religious thought　宗教思想,**参见基督教**

Rest Fenner (publishing house)　瑞斯特芬纳(出版社),173

Richards, I. A.　瑞恰慈,I. A.,xii

Robinson, Crabb　罗宾逊,克拉布,124-125,127,171, 175,206

Rome　罗马,柯尔律治在此地,118-119

Royal Institution　皇家学院,柯尔律治在此举办讲座,121

Royal Society of Literature　皇家文学学会,柯尔律治成为会员, 210,231

Rumford, Count　拉姆福德伯爵,25

Sympathetic identification 体认的同情,柯尔律治论其在艺术中,
166-169

Sypher, Wylie 赛弗,威利,77

416

图书在版编目（CIP）数据

柯尔律治评传/（美）沃尔特·杰克逊·贝特著；徐红霞译.—桂林：广西师范大学出版社，2021.1

（文学纪念碑）

ISBN 978-7-5598-2866-8

Ⅰ.①柯… Ⅱ.①沃… ②徐… Ⅲ.①柯尔律治（Coleridge，Samuel Taylor 1772-1834）-评传 Ⅳ.①K856.156

中国版本图书馆 CIP 数据核字（2020）第 090248 号

出品人：刘广汉　　　　　策　　划：魏　东

责任编辑：魏　东　　　　装帧设计：赵　瑾

广西师范大学出版社出版发行

（广西桂林市五里店路9号　　邮政编码：541004）

（网址：http://www.bbtpress.com）

出版人：黄轩庄

全国新华书店经销

销售热线：021-65200318　021-31260822-898

山东临沂新华印刷物流集团有限责任公司印刷

（临沂高新技术产业开发区新华路1号　邮政编码：276017）

开本：787mm×1092mm　1/32

印张：13.75　插页：8　字数：210千字

2021年1月第1版　　2021年1月第1次印刷

定价：78.00元

如发现印装质量问题，影响阅读，请与出版社发行部门联系调换。